KB062669

선물의 문화사

선물의 문화사

초판 1쇄 인쇄일 | 2019년 12월 5일   초판 1쇄 발행일 | 2019년 12월 10일

지 은 이 | 김풍기
펴 낸 이 | 강창용
책임편집 | 이윤희
디 자 인 | 김동광
책임영업 | 최대현

펴낸곳 | 느낌이있는책
출판등록 | 1998년 5월 16일 제10-1588
주 소 | 경기도 고양시 일산동구 중앙로 1233(현대타운빌) 407호
전 화 | (代)031-932-7474
팩 스 | 031-932-5962
이메일 | feelbooks@naver.com
포스트 | http://post.naver.com/feelbooksplus
페이스북 | http://www.facebook.com/feelbooksss

ISBN 979-11-6195-100-3 03910

* 잘못된 책은 구입처에서 교환해 드립니다.

이 도서의 국립중앙도서관 출판예정도서목록(CIP)은 서지정보유통
지원시스템 홈페이지(http://seoji.nl.go.kr)와 국가자료공동목록시
스템(http://www.nl.go.kr/kolisnet)에서 이용하실 수 있습니다.
(CIP제어번호: CIP2019047884)

선물의 문화사

조선을 이끈 19가지 선물

김풍기 지음

느낌있는책

물건에 정성을 실어
삶 속으로
들여보내는 마음

누구 집에 초대받아 방문할 때 고민 중의 하나가 선물로 무엇을 들고 갈 것인가 하는 점이다. 집단마다 나름의 문화가 있기에 똑같은 물건이라도 어떤 곳에서는 좋은 선물이 되지만 어떤 곳에서는 최악의 선택이 될 수 있다. 어떤 곳에는 꽃을 가져가야 하지만 어떤 곳에는 음식을 가져가야 한다. 우리나라 시골에서는 1980년대 전반까지만 해도 잔치나 제사를 치를 때 그 모임에 참여하는 사람들은 반드시 무언가를 들고 가야만 했다. 이때 사전에 상의해서 누가 뭘 가져갈 것인가를 정하기도 했지만, 대체로 그 집안의 사정을 고려해서 필요할 것으로 추정되는 물건을 준비했고 그 물건은 비교적 정확하게 필요에 부응했다. 그래서 집안이나 마을에 행사가 있으면 어른들은 행사일 직전에 열리는 장날, 자신이 생각하는 선물을 준비하곤 했다.

사전적 의미에서 '선물(膳物)'은 '남에게 어떤 물건 따위를 선사함 또는 그 물건'으로 정의되지만 적어도 일상에서 사용하는 언어적 용법으로서의 선물은 물건을 넘어 주는 행위까지 포함하는 개념이다. 생일을 맞은 친구에게 케이크를 '선물'한다고 해보자. 선물을 하겠다는 마음을 내고, 무슨 물건이 좋을까 고민을 하고, 케이크 파는 집에 가서 여러 종류 중에서 하나를 고르고, 경제적 지출을 해서 산 다음, 그것을 조심스럽게 들고 시간을 내서 친구에게 가기까지, 그 과정을 생각하면 작은 케이크가 어찌 그 물건에 한정된 의미를 지니겠는가. 거기에는 정성이 깃들어 있고, 받는 이는 그 정성에 감동한다. 선물이란 이렇게 하나의 물건으로 그치는 것이 아니라 그 물건이 한 사람의 삶 속에 들어가기까지의 과정을 포함하는 개념이다.

때로는 삶 자체가 선물인 경우도 있다. 중병에 걸리거나 심각한 사고를 당해서 죽음 직전까지 갔던 사람에게 지금 살아있다는 것은 그 자체만으로도 신의 선물이 아니겠는가. 선물에 대해 한 번도 생각해보지 않았더라도 고개를 조금만 돌려보면 우리의 일상이 선물로 가득 차 있음을 알아차릴 수 있다. 뒤집어 말하면 우리의 일상은, 나의 능력으로 꾸려가는 것이 아니라 다른 사람의 배려와 애정 덕분에 만들어진다는 뜻이다. 우리는 다른 사람과의 관계 속에서 '나'의 정체성을 만들어나가고 사회를 구성한다. 그 관계에 다채로운 빛을 발하게 만드는 것이 바로 선물이다.

이런 사정 때문에 선물의 문화사는 한두 마디로 쉽게 설명될 성질의 것이 절대 아니다. 선물은 문화권이나 시대, 그것을 주고받는 맥락 등에 따라 너무도 다양한 의미를 가지고 있기 때문에 단 하나의 의미를 정확하게 짚어내는 일은 어렵다. 똑같은 물건을 선물한다 해도 그것이 위치한 상황에 따라 전혀 다른 의미를 지니는 일도 허다하다. 꽃을 선물하는 것도 경우에 따라 다른 의미를 지니며, 꽃 중에서도 어떤 꽃인가에 따라 의도가 다르다는 점을 생각해보라. 선물의 문화사가 인간사의 무수한 실오라기들을 얼마나 복잡하게 얽으면서 구성되는지를 짐작할 수 있을 것이다.

❀ 옛사람들의 선물, 서로의 빈한함을 메운 하나의 경제 ❀

선물은 기본적으로 개인과 개인 사이에서 증여되는 물건으로 시대에 따라 다양한 기능을 해왔다. 지금이야 특별한 날을 축하하고 평소에 갖고 싶었던 것을 마련해주는 의미가 크지만 옛사람들에게 선물은 일상을 유지케 하는 하나의 경제방식이었다.

　화폐 경제가 발달하지 않았던 근대 이전에는 일상에서 소용되는 물건을 물물교환이나 직접적인 제작으로 충당하였고, 이러한 능력을 가지지 못한 사람들의 경우 증여의 형태가 아니면 살아가기가 쉽지 않았다. 실제로 선물을 통해 경제적 삶을 구성해나가는 것은 여러 사례를 통해 알 수 있다. 선물이 오갔던 정황을 가장 사실적으로 볼 수 있는 기록은 일기다. 일상을 자세히 써놓은 일기에는 어떤 물건이 누구에게서 어떤 연유로 왔는지 자세한 정보들이 들어있다. 그래서 이 일기를 통해 근대 이전 지식인들에게 선물이 어떻게 경제적 역할을 했는지 짐작할 수 있다.

　흔히 사농공상(士農工商, 선비·농부·공장·상인)의 사민(四民)을 가지고 조선 시대를 말하곤 한다. 그중에서 선비 계층은 직접적인 생산 활동에 종사하지 않는 사람들이다. 그들은 평생 공부하는 것을 업으로 삼는다. 경제적인 것은 주로 유산을 받거나 벼슬을 통해서 해결한다. 양반 집안에서 과거 급제하는 사람이 오랫동안 나오지 않는 것은 가문 전체에 위험을 끼치는 일이기 때문에, 어느 집안이나 과거 시험에 전력을 기울인다. 물론 정치 세계의 어지러움 때문에 자발적으로 포기하고 평생 학문 연찬과 후학 양성에 종사하는 사람도 있기는 했다. 그렇지만 벼슬에 나아가지 않는 한 집안의 경제를 해결하기란 무망한 일이다.

하지만 벼슬에 나아가서 녹봉을 받는다고 해도 그것이 집안을 꾸려 나가기에 넉넉한 것은 아니었다. 고을살이하는 지역에 따라 차이가 나기도 하지만, 조선 시대 관료들의 공식적인 수입은 녹봉에 의지하는 것이었다. 매월 지급받는 녹(祿), 매 계절 초에 지급받는 봉(俸)을 기본으로 하였고 지방 관청의 경비를 충당하기 위해 지급되는 토지에서 나오는 름(廩)이 일부 포함되어 관료의 경제를 구성하였다. '름'은 관청의 지출로 충당하는 것이었지만 해당 관청의 관료들이 사용하기도 했다. 그렇지만 가문에 많은 구성원이 있었기 때문에 녹봉만으로 생활을 유지하는 것은 어려웠다. 일상을 경영하면서 뜻하지 않게 용처가 생기는 것이 우리의 삶인데, 녹봉으로 모두 충당하는 것은 불가능한 일이었다. 그럴 때 그 틈새를 메워주는 것이 바로 선물이었다.

❊ 경제적 도움을 넘어 사회적 상징으로 ❊

조선 시대 선비들의 일기를 보면 그들의 생활 속에 선물이 얼마나 일상적으로 오갔는지 쉽게 발견할 수 있다. 쌀, 조, 수수 등과 같은 곡식은 물론이려니와 생선, 조개, 새우젓, 온갖 문구류, 옷감과 의복, 바느질 도구, 술과 음식, 서책, 시문(詩文), 종이, 짚신, 마구(馬具), 가축, 꿩, 참기름 등 생활에서 소용되는 물건 중에 선물로 사용되지 않은 품목이 없다고 해도 과언이 아니다. 이러한 선물은 상황에 따라 다양하게 증여되었다. 잔치를 벌이는 집에 갈 때는 잔치 음식을 중심으로 선물이 구성되었고, 친척집을 방문할 때는 거기에 맞는 품목이 선택되었다.

누구에게 증여되는 선물인가에 따라 선택되는 품목도 달랐다. 친척이라도 얼마나 촌수가 가까운지, 지인이라도 나보다 어른인지 아닌지가 고려되었고, 하인들에게도 거기에 걸맞은 선물이 증여되곤 했다. 조선 중기의 학자이자 관료였던 조극선趙克善은 일기를 쓰면서 누구에게 받은 선물인가에 따라 글자를 다르게 써서 구분하기도 했다. 윗사람에게 받은 것은 '사(賜)'와 '급(給)'으로 기록하고, 같은 위치에 있는 사람에게 받은 것은 '궤(饋)', '유(遺)', '이(貽)', '치(致)'로, 아랫사람이 준 것은 '헌(獻)', '진(進)', '납(納)'으로 표기하였다. 물건이나 증여 상황을 고려한 것이 아니라 신분이나 처지에 따라 다른 글자를 썼다는 것은 그만큼 사회적으로 선물의 증여가 계층과 신분을 넘어서 일상적인 일이었음을 보여주는 것이기도 하다.

개인적으로 주고받는 선물은 경제를 보완하는 기능과 두 사람 사이의 정서적 특별함을 의미하는 것이지만, 동시에 사회적 상징을 함축한다. 하찮아 보이는 물건이라도 어떤 맥락에서는 중요한 의미를 가지고 있는 경우가 허다하다. 선비가 매화 가지를 선물로 보냈을 때는 매화가 가지는 절의(節義), 고결함 등이 그 안에 들어있다. 왕이 신하들에게 앵무배(鸚鵡杯)를 하사했을 때는 이 술잔에 술을 마시면서 한껏 즐기라는 풍류 넘치는 당부가 들어있는 것이다. 그들은 〈한림별곡〉이 만들어내던 풍류방의 문화적 풍토를 공유하고 있으며 내용을 충분히 이해하고 있기에, 앵무배를 받는 순간 어떤 의미의 선물인지 알아차린다. 이처럼 선물을 주는 사람이나 받는 사람이 이런 상징적 의미를 공유하고 있어 선물로서의 기능을 하는 것이다.

◉ 받으면 갚아야 하는 것이 당연한 도리 ◉

선물을 받았으면 어떤 형태로든 갚아야 하는 것이 사람 사는 도리다. '호혜성(互惠性)'이란 선물을 구성하는 중요한 요소다. 똑같은 물건이라도 호혜성이 없으면 상품이 되지만 호혜성을 동반하는 순간 선물이 된다. 호혜성이란 내가 받은 선물과 똑같은 물건으로 갚는다는 뜻이 아니다. 자본의 크기로 보면 차이가 나더라도 그 안에 담긴 정성에는 차이가 없는 것으로 인식되는 것이 선물에서 강조되는 호혜성의 원리다.

이별의 자리에서 떠나가는 사람이 금반지를 주었을 때 남아있는 사람이 버드나무 가지를 꺾어서 답하는 경우에도, 그 안에 담긴 의미와 정성이 등가적이라고 생각한다면 호혜적 선물이 된다. 말하자면 호혜성이란, 선물이 교환되는 순간 생성되는 당사자 간의 심리적 혹은 상징적의미다. 이렇게 해서 두 사람 사이에 새로운 관계가 형성되는 것이다. 이런 원리에 주목한 사람이 바로 《증여론》으로 유명한 프랑스의 사회학자이자 인류학자인 마르셀 모스(Marcel Mauss, 1872~1950)다.

모스는 북아메리카 북서해안의 원주민들의 증여 문화를 연구하면서 포틀래치(potlatch)에 주목했다. 포틀래치는 개인의 일생에서 중요한 날, 예컨대 결혼, 장례, 성년식 등과 같은 날에 사람들을 초대해서 음식과 선물을 나누어주는 것을 통칭하는 말이다. 이런 자리에서 선물을 받은 사람은 언젠가는 다른 사람들에게 음식과 선물을 나누어야 한다. 심지어 받은 것보다 더 많은 선물을 주는 것이 자랑스러운 행위로 인식된다. 선물 증여 행위가 사회 전반으로 이어지면서, 사회 구성원들은 서로 복잡한 관계망 속에서 유대감과 정체성을 가지게 된다. 그런 점에서 모스는 구성원들이 세 가지 의무를 가진다고 보았다. 주는 의무, 받는 의무 그리고 답례 의무가 그것이다.

이러한 세 가지 의무가 우리에게 낯선 것은 아니다. 내가 어렸을 때

할머니는 집에 찾아오는 걸인들을 최선을 다해 대접하셨다. 가난한 살림에 먹을 것이 부족했지만 음식을 모아서 그들을 접대했다. 식구들 먹어야 할 음식을 왜 걸인들에게 모두 주느냐고 툴툴거리기라도 하면, 할머니는 늘 이렇게 말씀하셨다. 지금은 우리가 그나마 먹을 수 있는 처지로 살아가지만 언젠가 어려움에 처하면 누군가가 이렇게 도와줄 수 있기를 기대하는 것이라고. 세월이 오래 흘러서야 할머니의 그 말씀을 이해하게 되었지만, 당시 어린 내 생각에서는 쉽게 이해되지 않았다. 그렇지만 그런 행동을 보여줌으로써 윗세대에서 아랫세대로 전승되는 선물의 전통을 자연스럽게 만들 수 있었으리라. 크게 보면 이런 행위 역시 포틀래치의 구조로 설명이 가능하다.

근대 이전 우리 선조들의 기록에 등장하는 선물 품목과 상황을 살펴보면 포틀래치가 단순히 어느 지역의 인디언에게만 나타나는 게 아니라는 점을 알 수 있다. 그것은 인간이 가지고 있는 고귀한 품성의 발현이다. 물건을 독점하지 않으면서 필요한 사람과 나눌 수 있는 마음이 얼마나 소중하고 아름다운가. 선물을 통해서 조선 지식인들은 부족한 일상을 채웠으며, 어려운 처지의 주변 사람들을 도왔다. 이 때문에 연구자들은 특히 조선의 선물 문화를 '선물경제(膳物經濟)'라고 명명하기도 한다. 그만큼 조선 사회에서 선물의 증여는 경제사회를 구성하는 중요한 요소였다.

　예나 지금이나 선물은 우리 일상을 활기차게 만들어주는 좋은 요소이기도 하고 동시에 경제 생활을 원활하게 만들어주는 것이기도 하다. 선물을 주는 계기는 참으로 다양해서 한두 단어로 정리하기는 불가능하다. 누군가의 궁핍한 생활을 도와주려는 의도부터 자신의 욕망이나 목표를 달성하기 위한 목적을 감추고 주는 행위까지 그 스펙트럼은 매우 넓다. 심지어 어떤 의도도 없이 '그냥' 주는 경우도 있다. 그러니 선물이야말로 인간의 삶을 바라보는 좋은 창이 아닐까 싶다. 그 과정에서 주고받은 선물들을 보면서 우리는 인생의 큰 재미를 느끼는 것이다.

김풍기

차 례

3장

의복에 담아 보내는 멋과 바람

4장

맛 좋고 귀한 것을 나누고 싶은 인심

1장

시절과 벗하고 싶은 마음의 징표

달력

내 시간 속으로
그대를 부르는 초대장

🌸 변방의 젊은이가 간곡히 부탁한 귀한 '책력' 🌸

1780년 6월 28일, 연암燕巖 박지원朴趾源(1737~1805)은 부푼 가슴을 안고 연경(燕京, 지금의 북경)을 향해 가고 있었다. 이미 중국에 다녀온 경험이 있는 홍대용이나 박제가 등의 이야기를 들으면서, 자기도 중국의 지식인들과 만나 학문을 나누어보고 싶었던 그는, 어느 곳을 지나든 사람들을 눈여겨보면서 사귈 만한 사람을 찾고 있었다. 마침 이날은 서양금을 잘 연주하는 한족 출신 강영태康永泰의 집에서 점심을 먹게 되었다. 박지원은 사신단의 총책임자 격인 정사(正使) 박명원의 자제군관(子弟軍官, 수행원으로 삼은 친인척) 자격으로 따라간 터라, 공식 사절단이라고 할 수는 없는 처지였다.

연암 박지원 초상

6월 24일 압록강을 넘어 처음으로 청나라 땅을 밟은 지 5일째, 이 자리에서 공식 사절단의 부사(副使) 정원시와 서장관(書狀官) 조정진과 처음으로 인사를 했다. 박지원은 정원에 핀 흰 석류꽃을 두고 한담을 나누는가 하면, 주변의 집들을 살피면서 구조와 규모를 기록하기도 했다. 강영태와는 무슨 책을 읽었는지, 그들의 공부 방법은 어떠한지를 알아보기도 했다. 한참을 그곳에서 지내다가 일행이 출발하게 되어 자리를 뜨는데, 강영태가 문밖까지 나와서 정중하게 인사하며 아쉬운 빛을 보인다. 그러면서 연경을 다녀오시면서 책력(冊曆) 한 벌을 사다 달라고 부탁을 하는 것이다. 박지원은 '청심환'을 한 알 그에게 주면서 이별의 인사를 대신했다.

청나라에 살고 있다고는 하지만 이곳은 중국 변방 중의 변방이었다. 해가 바뀔 무렵 적절하게 책력을 구해야 자신의 새로운 한 해를 계획하며 살아간다. 그에게 책력이란 새로운 시간을 자기화하기 위한 도구다. 18세기 동아시아 사회에서 청나라의 책력은 시간의 준칙으로 작동했지만(어쩌면 조선만이 그것을 철저히 따랐을지도 모른다), 변방의 젊은이가 책력을 구하기란 어려웠으리라.

원래 책력을 반포하는 것은 황제의 권한이다. 황제의 시간을 만방에 반포함으로써 백성이 자기의 신민(臣民)이라는 것을 명확히 알리는 행위다. 조선 역시 대한제국이 성립되기 전까지 중국에 사신을 보내서 책력을 받아왔는데 이는 황제를 중심으로 구성되는 중세를 잘 보여주는 사건이다. 중국의 책력이 공식적인 경로로 한반도 지역에 들어온 것은 연구자에 따라 약간의 이견이 있을 수는 있지만, 고려 시대만 하더라도 무작정 중국의 책력을 기준으로 삼지는 않았던 것으로 보인다.* 조선 시대 들어와 중화주의적 사유가 확산되면서 중국 황제에게서 책력을 받아오는 것은 권력의 위계를 드러내는 문화 상징적 사건이 된다. 황제에게 받아온 책력을 다시 조선의 신하들에게 하사하는 행위를 통해서 중세의 권력을 실현했던 것이다. 책력에 표현되어 있는 시간의 획정이

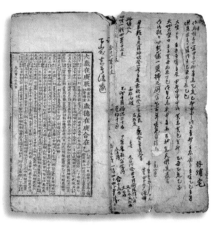

경진력 대통력

대통력은 명나라의 역법으로 고려 말인 공민왕 19년(1370)에 수입되어 조선 효종 4년(1653)에 시헌력을 채용할 때까지 근 300년간 우리나라에서 사용된 역법이다. 경진년 대통력은 관상감에서 임진왜란 이전에 활자로 찍은 유일한 역서이다. 국립민속박물관 소장.

---

* 박성래, 〈한국 전근대 역사와 시간〉(《역사비평》, 2000년 2월), 176쪽.

만국래조도
청나라 때 모든 조공국이 참여하는 조회를 그린 그림이다. 고대사회의 조공
은 무역을 의미하는 것이기도 하여 조공품을 바치면 사신에게 회사품(回賜
品)을 내려야 한다. 북경고궁박물원 소장.

나 기준은 전적으로 천하의 중심으로 여겨졌던 황제가 가지고 있는 것이고, 조선에서는 그 권력을 이어받아 왕이 가지게 된다. 그러므로 개인적 의견으로 시간을 획정하거나 책력을 출판하는 행위는 당연히 처벌의 대상이다.

1777년 2월 28일자 《일성록(日省錄)》에는 형조가 이동이(李同伊) 사건을 보고하면서 법에 의해 처분해야 한다고 아뢰는 기사가 나온다. 이후의 기사에서는 그를 참형으로 처분해야 한다고 형조가 의견을 올리기도 했다. 워낙 짧은 기사이기 때문에 이 사건의 전모가 무엇인지 정확하게 알기는 어렵다. 이 사건은 《일성록》과 《심리록(審理錄)》에서 산견되는데, 두 기록을 합쳐보면 사건 개요를 짐작할 수 있다. 이동이는 서운관(書雲觀)에 소속된 노복으로, 자격장(自擊匠)이다. 책력이나 택일, 시간 관리 등을 관장하는 서운관에서 자격루를 담당하던 노복이라는 뜻이다.

그는 전치학(全致學, 기록에 따라 金致學으로도 나옴) 등과 함께 관인(官印)을 위조하고 개인적으로 책력을 판각해서 인쇄했다는 죄로 심문을 받은 것이다. 이 사건은 그해 11월 28일까지 꾸준히 조정에서 논의되었는데, 형조의 의견은 사형에 처하는 것이었지만 정조는 그를 살려주자고 했다. 그가 책력을 사사로이 판

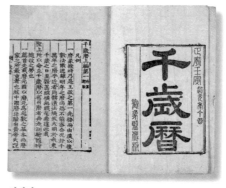

천세력

조선 후기 정조의 명에 따라 만든 책력으로 다가올 100년간의 달력을 미리 계산하여 편찬한 역서이다. 국립민속박물관 소장.

각해서 인쇄한 것은, 제대로 관리되지 않은 관청 물건의 수량을 채우기 위한 것이었으므로 정상 참작을 해야 한다는 것이었다. 정조와 신하들 사이에 의견이 오랫동안 오가다가 결국은 정조의 주장대로 멀리 유배 보내는 것으로 종결된다.*

이 사건에서 우리는 책력을 사사로이 인쇄하는 것이 얼마나 엄중한 일인지 짐작할 수 있다. 물론 관청의 물건을 한 노복이 사사로이 다루는 것에 대한 강한 처벌로 볼 수도 있지만, 관련 기사에서는 책력을 마음대로 인쇄한 죄를 명확하게 묻고 있기 때문이다.

책력을 국가가 나서서 관리하는 것이 동아시아만의 사정은 아니었다. 서양의 경우도 해당 문화권의 시간 계산법에 따라 서로 다른 달력을 만들었고, 그것을 황제의 권위로 널리 반포하여 사용하도록 했다.** 달력은 시간과 공간에 따라 서로 다른 모습으로 나타남으로써 절대적 시간은 존재하지 않는다는 것을 명확히 보여주었다.

❂ 길흉을 가늠하고 비망록 기능을 한 사대부의 책력 ❂

국가가 책력을 관리한다고 해서 일반 사대부가에서 책력을 사용하지 않았던 것은 아니다. 당연히 책력은 사용하라고 있을 뿐 아니라 모든 백성이 그 책력대로 살아가기를 권력은 원하고 있었다.

새해가 되면 왕은 상징적으로 신하들에게 그해의 책력을 하사하고,

---

* 이 사건의 전개 및 의미에 대해서는 김상호의 〈정조연간의 사각역서발매사건 연구〉(《서지학연구》 제66호, 한국서지학회, 2016)에서 자세히 다룬 바 있다.
** 서양 권력이 만든 달력의 역사에 대해서는 이정모의 《달력과 권력》(부키, 2001)에서 자세히 다루었다.

신하들은 잘 받아서 주변 사람들과 나눈다. 근대 이전 책력은 필사에 의해 널리 퍼졌겠지만, 18세기 후반 이후로 가면서 다양한 경로를 통해 판각된 책력이 인기를 끌었다. 국가는 해마다 책력을 4천 부가량 인쇄해서 배포했고, 18세기 말이 되면 16,000~18,000축(軸)을 발간했으니 그 양이 상당했다.*** 그렇지만 대도시 같은 경우야 제법 빨리 새해 책력을 구했겠지만, 시골로 가면 갈수록 구하기가 쉽지 않았을 것이다. 새해가 지난 지 한참 되었어도 여전히 책력을 구하려는 사람들이 꽤 있었던 것은 그런 탓이었다.

조선 후기 문신 농암農巖 김창협金昌協은 1708년 말 전라도 장성에 살고 있는 김극광金克光에게 보낸 편지를 남긴 바 있다. 당시 김창협은 모친상을 당해 시묘살이를 하는 중이었던 데다 딸의 병이 나빠져서 힘든 시기를 지내고 있었다. 그는 김극광이 평소에 종이를 보내준 것에 감사한 마음을 가지고 있었는데, 그에 대한 답례로 책력을 보낸다고 했다.

책력을 서로 주고받은 기록은 일일이 거론하기 힘들 정도로 많다. 그렇다면 날짜를 보는 달력에 불과한 이 책을 어째서 그들은 이토록 주고받았으며, 그 책력은 어떤 의미를 가지는 것일까?

조선 후기의 대표적 성리학자 우암尤庵 송시열宋時烈(1607~1689)의 문집에는 그의 제자 최신崔愼(1642~1708)과의 대화가 수록되어 있다. 1666년 5월 15일, 송시열은 삼산의 종가에서 시제를 지내고 자신의 거처인 침류정으로 돌아갔다. 그때 최신이 '분지(分至: 춘분, 추분, 하지, 동지)라든지 해정일(亥丁: 해나 정이 들어있는 날)도 아닌데 어째서 시제를 지냈는지'

*** 정성희, 〈조선후기 역서의 간행과 배포〉《조선시대사학보》제23집, 조선시대사학회, 2002), 133쪽. 여기 등장하는 '축'이 정확히 몇 권을 의미하는지 알려져 있지는 않다고 한다.

물었다. 송시열의 대답은 간단했다. 책력에 '제사 지내기에 마땅하다'고 되어 있기 때문이라는 것이다. 이는 주역에 의한 점이라든지 다른 방법은 우리나라에서 사용하지 않고, 책력에 표기된 것을 기준으로 시제를 지내는 날짜를 잡았음을 말해준다. 《송자대전》 부록 제17권 어록4)

김정중金正中도 연경을 다녀오면서 남긴 《기유록(奇遊錄)》(1791년 11월 27일자)에서 책력을 구매하여 여러 사람과 이야기를 나눈 일을 기록한 바 있다. 압록강을 건너 살이 에이는 듯한 북풍을 맞으며 만주 벌판을 지나다가 동지를 맞는다. 주방에서 올린 팥죽을 먹고 나니, 창밖에서 웬 소리가 들린다. 내다보니 하인이 새해 책력을 사 온다. 그것을 보면서 한해의 아름다운 절기를 점치면서 웃음 가득한 한때를 보냈다는 것이다.

책력을 보면서 제사 지내기에 적절한지 여부를 살피고 아름다운 절기를 점치는 것은 바로 책력의 기능에서 비롯한다. '책력'을 지금은 달력으로 번역하지만, 그 단어에 '책(冊)'이라는 글자가 들어있는 것을 주목해야 한다. 한 해의 날짜를 나열한 것을 책으로 만들었다는 의미인데 이 책력에는 단순히 날짜만 들어있는 것이 아니었다. 책력에 수록된 것을 차례로 보면 옛사람들이 책력을 날짜를 보기 위해서만 필요로 한 것은 아니었음을 알 수 있다.

조선 시대에는 대통력(大統曆), 숭정력(崇禎曆), 시헌력(時憲曆) 등을 사용했는데, 시헌력은 18세기 후반부터 〈시헌서(時憲書)〉라는 제목으로 유통되었던 책력이다. 이 책의 첫 페이지에 해당 연도의 연대가 표기되어 있고, 정월부터 12월까지 큰 달과 작은 달의 표시, 윤달, 분지 등 절기

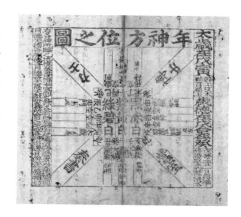

〈시헌서〉 중 연신방위지도
'연신'이란 한 해 동안 지정된 방위에
자리를 잡고 있으면서 길흉을 관장하
는 신을 말한다. 이 그림을 보면 한
해 동안 각 방위의 길흉을 짐작할 수
있다. 국립민속박물관 소장.

및 그것의 정확한 시각이 자세히 기록되어 있다. 그 끝으로는 그해의 총
날짜 수가 적혀있고, 이어서 연신방위지도(年神方位之圖)가 수록되어 있
다. '연신'이란 한 해 동안 지정된 방위에 자리를 잡고 있으면서 길흉을
관장하는 신을 말한다. 그러니 이 그림을 보면 한 해 동안 각 방위의 길
흉을 짐작할 수 있다. 그리고 페이지를 넘기면 우리가 알고 있는 달력이
나온다. 1행마다 하루씩 배정한 뒤, 날짜를 나타내는 숫자 아래쪽으로
'역주(曆註)'라고 부르는 작은 글씨의 주석이 달려있다. 거기에는 해도 될
일과 해서는 안 될 일이 표시되어 있다. 예컨대 1895년 2월 2일은 제사
지내기에 좋고 표장(表章: 임금에게 올리는 여러 종류의 글을 통틀어 일컫는 말)
올리기에 좋으며 친구를 만나기에도 좋고 옷을 마름질하기에도 좋다고
되어있다. 그러나 파종하기에는 적절하지 않다고 되어있다.

이런 식으로 날짜 하나하나에 자연 현상의 변화뿐 아니라 일상생활
에서 닥치는 일들에 대해 대응해야 할 기준을 제시하고 있다. 송시열이
시제를 지낸 날짜에 대해 묻는 제자의 대답에서 책력을 따랐노라는 것

은 바로 이러한 책력의 기능 때문이었다.

책력의 기능은 여기에서 그치지 않는다. 사람들은 해당 날짜의 빈칸에 그날 했던 일이나 앞으로 할 일을 기록함으로써 플래너나 비망록의 역할을 하도록 했다. 근대 이전의 책력을 살피노라면 그것을 사용했던 사람이 붓으로 군데군데 메모를 했던 흔적을 볼 수 있다. 다양한 내용을 써넣고 나서 책력을 그대로 보관한다면, 그 자체만으로도 훌륭한 비망록이 된다.

● 자신의 시간으로 불러들이는 선물, 달력 ●

1970년대만 해도 시골 마을에서는 한 장짜리 달력을 선물로 받는 일이 흔했다. 가운데에는 근엄한 표정의 지역 국회의원 사진이 자리하고 있었고, 그 주변에 작은 글씨로 빽빽하게 열두 달이 인쇄되어 있었다. 연말에 이런 달력을 받으면 어른들은 누추한 벽에 붙여진, 이제는 곧 잊힐 올해의 달력 위로 정성스럽게 붙인다. 그리하여 우리 식구들은 저 국회의원이 보여주는 근엄한 얼굴과 함께 한해를 지내는 것이다. 국회의원이 연말 선물로 보내주는 한 장짜리 달력이 그리 대단해 보이지 않았음에도 늘 가장 잘 보이는 벽에 붙여두었던 기억이 난다. 그것은 달력의 외관이 훌륭해서가 아니라 '국회의원'이라고 하는 권력자가 선물로 '하사'한 것으로 여겼기 때문이 아닐까 추정된다. 그들의 권력이 자신의 손에서 비롯하는 것인 줄은 꿈에도 몰랐던 시골 노인들의 머릿속에는 그 하사품이야말로 함부로 취급해서는 안 될 물건이었던 것이다. 중세는 지나갔어도 그들은 여전히 중세의 시간을 살고 있었다. 국회의원뿐 아니라 대통령부터 면장에 이르기까지, 중세의 벼슬아치들이었고 자신들 위에서 권력을 마음껏 행사하는 자들로 인식되었다.

권력자들은 자신의 달력을 선물함으로써 자신의 시간 속으로 사람들을 불러들인 셈이다. 중국의 황제는 조선을 자신의 시간으로 불러들이고, 조선의 왕은 조선의 백성들을 자신의 시간으로 불러들인다. 그 시간의 분할 속에 다른 사람의 삶을 구성하도록 함

1960년의 정치인 달력. 국립민속박물관 소장.

으로써 자신의 권력을 증언하고 행사한다. 적어도 근대 이전의 책력은 바로 그런 맥락에서의 상징성을 가지고 있다.

시대가 달라져서 이제는 달력을 선물하는 경로가 다양해졌다. 심지어 달력을 대체할 수 있는 무수한 기기들이 있다. 그만큼 시간을 통한 권력화의 방식이 다양해졌다는 의미이기도 하겠다. 그러나 우리가 삶의 한고비를 넘으면서 선택의 기로에 놓였을 때, 비록 진지하게 믿을 것은 아니지만 적어도 한두 마디 충고해줄 수 있는 달력이 있다면 얼마나 좋을까.

중국의 달력에서 대한제국의 달력으로, 다시 일본 제국주의자들의 달력을 거쳐서 단기(檀紀)의 달력을 지나, 이제는 전지구적으로 강요되

고 있는 서양의 달력이 만든 시간을 우리는 살아간다. 촘촘한 시간의 그물이 삶을 분과 초 단위로 옥죄고 있고, 그 시간의 미세한 분할은 점점 우리 삶의 속도를 가속시킨다. 그 시간의 그물 사이를 슬며시 빠져나가 전혀 새로운 시간, 누구도 경험하지 못했던 시간의 분절과 여유를 꿈꾼다. 새해 달력을 선물로 받으면서, 권력을 넘어서 새로운 세상을 구성해보고 싶은 마음을 그 달력 귀퉁이에 담아 본다.

단오부채

호된 더위와 함께
나쁜 기운을 날려 버리리

❀ 부채, 옛사람들의 여름 준비물 ❀

대문 앞에서 여름이 서성거리는 단오 무렵이면 사람들은 더운 시절을 맞아 땀 흘릴 준비를 한다. 요즘처럼 냉방장치가 발달하지 않았던 옛날에는 여름을 상징하는 것이 더위였고, 더위를 어떻게 잘 견디며 뜨거운 계절을 보내는가 하는 것이 큰 관심사였다. 무더운 여름철을 지나면서 알곡들은 여물어갔고 새까만 몸뚱이에 하얀 이를 드러낸 아이들은 조금씩 어른이 되어갔다. 농부들의 허리는 더욱 휘어졌고 숲은 더욱 무성해졌다. 무더위에 힘겨워하던 것은 어른 아이 할 것 없었고 상놈과 양반을 가리지 않았다.

형편에 따라 여름을 준비하는 것에 차이가 있었다. 물론 신분이 낮은 사람들이야 특별히 준비할 것도 없었으리라. 살림살이의 옹색함을 생

'현정승집도' 일부

강세황, 초복날 양반가의 풍습을 그린 것으로 부채를 든 선비의 모습이 보인다.

각하면 더위와 추위 때문에 삶의 형태에 영향을 줄 여유 있는 물건이 없었을 테니 말이다. 마음의 준비 외에는 딱히 할 것도 없었던 하층민들과는 달리, 양반들은 여러 가지를 준비했다. 그들의 기록을 통해서 확인해보면, 준비물로 가장 사랑받았던 것은 부채였다.

❁ 일 년 내내 만들어 하사하는 '단오선' ❁

단오 무렵에 선물로 주고받던 물건 중에 단연 최고의 인기는 부채였다. 단오선(端午扇)이라고도 하고 절선(節扇)이라고도 하는 이 부채는, 이제 막 여름으로 첫발을 디딘 사람들끼리 더위를 무사히 견뎌내자고 하는 차원에서 주고받는 것이었다.

중국과 조선에서 널리 유행하던 이 풍습에 대한 기록은 차고도 넘칠 정도다. 임금이 신하에게 주기도 하고 신하가 임금에게 진상하기도 했다. 조선 후기 서울 지역의 풍속을 기록한《열양세시기(洌陽歲時記)》에서는 단오선과 관련된 풍속을 이렇게 기록하고 있다.

> "공조(工曹), 호남과 영남의 감영 및 통제영에서는 단오에 즈음하여 부채를 만들어 진상하였다. 조정에서는 시종신(侍從臣) 이상과 삼영(三營)에 모두 관례에 따라 차등을 두어 선물한다. 부채를 받은 자는 이것을 다시 친척이나 친구, 묘지기, 소작인 등에게 나누어 준다. 그래서 속담에 '시골 생색은 여름 부채요, 겨울 책력이다'라는 말이 있다."

이런 풍속을 반영이라도 하듯, 공조에 소속된 장인 중에 부채 만드는 일과 관련된 장인으로는 두 분야를 두었다. 첩선장(貼扇匠)과 원선장(圓扇匠)이 그것이다.《신증동국여지승람》〈한성부〉에 수록된 공조 소속 장인들의 목록을 보면 두 분야에 각각 2명씩 총 4명이 있었다. 첩선장은 부챗살에 종이나 비단을 붙이는 장인이고, 원선장은 둥근 부채를 만드는 장인이다.《열양세시기》에 나오는 시종신이란 홍문관의 옥당, 사헌부·사간원의 대간, 예문관의 검열, 승정원의 주서 등을 일컫는 말이므로, 위의 기록을 토대로 국왕이 신하들에게 하사하는 부채의 양을 얼추 계산해 보더라도 굉장히 많은 양이었을 것이다. 그러니 장인이 필요했을 것이고, 그들은 아마 일 년 내내 부채를 만들어서 단오선으로 쓸 양을 비축했을 것이다.

국왕이 신하들에게 부채를 하사한 것처럼, 각 고을의 관아에서는 그들 나름대로 아랫사람들에게 단오선을 선물로 주었다. 글의 내용을 보

윤선
왕실 유물 수장고에도 보관되어 있는 아름다운 부채로 28개의 댓살로 이루어진 접이식 부채(접선)다. 길이 55.5cm, 지름 90cm의 대형 윤선은 크기가 커서 햇빛을 가리는 용도로도 사용했다 한다. 국립민속박물관 소장.

아 한두 개 정도의 부채를 준 것이 아니라 꽤 많은 양을 사람들에게 선물했던 것으로 보인다. 부채를 받은 사람은 그것을 혼자 사용하는 것이 아니라 다시 아랫사람들에게 선물했다. 심지어 친구뿐만 아니라 가문의 선산을 지키는 묘지기나 땅을 부쳐 먹는 소작인들에게까지 선물할 정도였으니 조선 땅 안에서 한 해 동안 소용되는 부채의 양은 엄청났을 것이다.

❀ 중국을 뒤흔든 고려 부채의 품격 ❀

부채의 종류는 상당히 많다. 그만큼 부채의 역사가 오래되었고 일상생활에서의 쓰임새가 높았다는 의미기도 하다. 조선 후기 학자 한치윤韓致奫(1765~1814)의 《해동역사(海東繹史)》에 보면 부채에 대한 동아시아의 여러 기록을 모아놓은 대목이 있다. 《계림지(鷄林志)》, 《고려도경(高麗圖經)》, 《화계(畫繼)》, 《현혁편(賢奕編)》 등 많은 서책에서 뽑은 기록을 모아놓았는데, 그것을 바탕으로 어떤 부채가 있었는지를 짐작해볼 수 있다.

우선 고려 시대를 대표하는 이름난 부채로 송선(松扇)을 들었다. 송선은 부드러운 소나무 껍질(혹은 물버들 껍질)을 이용해서 만드는 것인데, 무늬도 아름다웠을 뿐 아니라 붉은색으로 물을 들이기도 했다. 껍질을 얇고 가늘게 깎아서 줄처럼 만든 다음 그것을 두드려 부드럽게 해서 실처럼 만든 것으로 부채로 짜는 방식으로 송선을 만들었다고 한다. 물론 절판(節板)이라고 해서 얇고 넓적하게 소나무를 깎아서 그것을 활용하기도 했지만, 대체로 앞의 방식으로 만들었던 것 같다. 송선의 명성은 중국까지 퍼져서, 송나라 문인 소동파蘇東坡는 고려 백송(白松)으로 만든 송선에 대한 기록을 남긴 바 있다. 고려 선종 1년(1084)의 대신이자 시인 전목보가 고려에 사신으로 갔다가 받아온 송선을 시인 황산곡에게 선물로 준 기록도 있다.

명나라 때의 명필이자 문인 관료였던 육심陸深은 중국에서 유행하고 있는 접첩선(摺疊扇)이 고려에서 들어온 것이라고 했다. 물론 어떤 사람은 당나라 때부터 이미 사용하고 있었다는 기록을 남기기도 했지만, 전반적으로 고려에서 널리 사용되다가 중국에 이름을 떨치게 된 내력은 있었던 것으로 보인다. 어떻든 육심은 그 접첩선이 바로 소동파가 말하던 백송선(白松扇)이라고 함으로써 이 부채가 접부채, 즉 합죽선과 같은 형태였다는 사실을 드러냈다.

접부채는 접선(摺扇), 살선(撒扇) 등으로 불리었다. 아마도 고려 시대에 널리 사용되다가 조선에 와서는 하층민들에게까지 일상적으로 사용하는 물건이 된 것으로 추정된다. 이 부채의 또 다른 이름은 '취두선(聚頭扇)'이다. 한치윤이 《천록지여(天祿識餘)》에서 인용해 놓은 글을 보면, 취두선은 원래 하인들이 사용하던 부채였다고 한다. 그들이 존귀한 사람을 만나면 자신의 얼굴을 가려서 보이지 않도록 해야 하는데, 부채가 그런 용도로 편리해서 널리 사용했다는 것이다. 평소에는 접어서 소매 속에 넣어두었다가 존귀한 분을 만날 일이 있으면 얼른 꺼내서 사용하니 참으로 편리했을 것이다. 이 역시 고려에서 송나라에 공물로 보내서 널리 퍼졌다고 한다. 이런 자료를 모아놓고 보면 고려에서 전해진 접부채가 중국에 영향을 주었던 것은 어느 정도 사실인 것 같다.

송선처럼 소나무나 물버들 껍질을 잘게 다져서 실처럼 만든 뒤 그것을 꼬거나 엮어서 부채를 만드는 방법도 쓰였지만, 고려 이후 종이로 만든 부채도 사용되었다. 그러다 보니 종이로만 되어있으면 밋밋해 보여서 그 위에 은으로 장식을 하거나 그림을 그려서 모양을 냈다. 이러한 전통이 중국에서는 15세기에 널리 형성된 문화라고는 하지만, 이미 그 이전부터 지식인들 사이에서 유행하던 것이었다. 우리나라 역시 고려 시대 이후 이러한 문화가 널리 퍼져 있었지만, 아무래도 부채 선물이 널리 이루어졌던 조선 시대에 와서 한층 번성했다. 조선의 선비들은 부채를 보내면서 선면(扇面)에 시를 지어서 쓰기도 하고 가볍게 문인화를 그리기도 했다. 평범한 부채를 보내는 것보다 훨씬 성의가 있고 보내는 사람의 후의가 담겨있어서 선물로 인기가 있었다.

❀ 정성이 부담이 되고 관행이 폐해가 될 때 ❀

이직李稷(1362~1431)은 고려 말 관직에 진출했다가 이성계를 도와 조선 건국의 공신이 된 인물이다. 그는 법림사의 월창회장月窓會長과 깊은 교유를 맺었다. 월창회장은 이직에게 여러 가지 선물을 보내주었는데, 그 중에 부채도 있었다. 그는 부채를 선물하면서 시를 써주었고, 이직은 그 시에 차운하여 보냄으로써 월창회장의 후의에 고마움을 표시했다.

정선필선면산수도
정선, 부채에 그린 산수화. 국립중앙박물관 소장.

松竹陰中澗水聲 　송죽(松竹) 그늘 속에 계곡물 소리 들려오니,
幾思禪榻十分淸 　맑디맑은 선방을 그 얼마나 생각했던가.
感師幻出涼風便 　스님께서 홀연히 보내주신 시원한 바람 감격하나니,
分及村翁拂小楹 　시골 노인 작은 집에도 바람 불어주기를. *

　두 수의 연작으로 이루어진 작품 중 첫 번째 수다. 이직의 생애야 널리 알려졌지만, 월창회장은 누구인지 알 수 없다. 스님이었을 월창회장이 이직에게 부채를 선물하면서 시를 한 편 보냈는데 고마운 마음에 이직이 그 시에 차운해서 보낸 것이다. 그 작품에는 부채 선물이 그저 여름나기를 위한 작은 물건이 아니라 스님이 지내는 산속의 서늘한 바람과 계곡물 소리가 함께 담겼다는 의미가 실려있었다. 부채의 바람에 스

＊ 이직, 〈월창 회장이 부채를 선물하고 시를 써 주었기에 감사를 표하며 차운하다[月窓會長惠扇子幷詩次
韻奉謝]〉, 《형재시집(亨齋詩集)》 제4권.

님의 서늘한 마음이 고스란히 담겨, 부채질을 할 때마다 이직은 스님이 거처하는 선방을 떠올리고 그 주변의 경관을 떠올린다.

조선 중기가 되면 사대부들 사이에 부채 선물이 성행하기 시작한 것으로 보인다. 원래는 부채 선물을 통해서 단오 명절을 기념하기도 하고 작은 물건에 마음을 담아 안부를 전하는 목적으로 행해졌을 것이다. 그런데 아무리 작은 선물이라 해도 하나의 관행이 되면 늘 번거로워지는 법이다. 처음에는 부채 선물을 주변의 몇몇 분에게만 하다가, 해가 거듭될수록 보내야 하는 범위가 늘어난다. 작년에 보냈는데 올해 보내지 않거나, 어느 사람에게는 보냈는데 그 옆 사람에게는 보내지 않으면 오히려 선물 때문에 잡음이 날 수 있다고 생각이 미치고, 그러면 선물의 범위는 늘어날 수밖에 없다.

조선 중기의 유학자 권상하權尙夏가 자신의 둘째 아우인 권상명權尙明의 아들 권섭權燮에게 보낸 편지에는 다음과 같은 대목이 있다.

> "이곳에는 금년에 부채가 매우 적게 와서 겨우 한 집에만 나누어 쓰기에도 부족하여, 삼대같이 밀려드는 고을 사람들의 요구에 응할 수가 없었다. 또 생각건대, 나의 소싯적에는 사대부의 집에 부채를 사들이는 풍습이 없었다."
>
> 《한수재집》 권20)

이는 자신의 조카 권섭이 아마 선물을 가지고 고관의 집에 가보는 일이 있었고 그 일 때문에 민망해하자 충고하는 과정에서 나온 말이다. 우리는 이 편지글에서, 권상하도 여러 자루의 부채를 받아서 주변 사람들에게 나누어주는 처지라는 점, 그럼에도 부채를 달라고 하는 사람들이 너무 많아서 그 수요를 충족할 수 없다는 점을 알 수 있다. 나아가 이러한 요구에 응하기 위해서 요즘 사람들은 부채를 대량으로 사들이는 풍습이 있다는 점을 드러낸다. 자기가 어렸을 때는 없던 풍습인데 요즘 생긴 새로운 풍습이라는 표현에서 그런 점을 엿볼 수 있다.

이렇게 많은 양의 부채가 필요하다 보니 품질 역시 천차만별이었다. 좋은 종이로 만든 것도 있고 아주 부실하게 만든 것도 있었다. 그렇지만 이들 부채는 대부분 한 해 여름을 나면 해져서 못쓰게 되었다. 권상하와 비슷한 시기에 활동했던 유학자 윤증尹拯 역시 1698년 자신의 아들 윤행교尹行敎에게 보낸 편지에서 부채를 선물로 보낸 것을 언급하고 있다. 아들이 서울로 부채 선물을 올린 것은 문제가 없지만 예의를 제대로 갖추어야 했다고 말한다.

"부채가 비록 하찮은 물건이기는 하지만 예모와 인사를 행할 수 있는 것이다. 예의가 예물을 따라가지 못하면 그 양이 아무리 많더라도 진헌하지 않은 것이 되니, 예물의 다소가 문제가 아니다. 편지가 이렇게 짧고 종이 품질이 낮은 것은 한집안끼리 안부를 묻는 편지에나 쓰는 것이지 어찌 예물을 봉하여 보내는 데에 쓰겠느냐."

(《명재유고》 권28)

윤증은 윤행교가 선물을 보내는 정성과 예의 문제를 말했다. 아무리 물건을 많이 보내도 그것이 예의에 어긋난다면 보내지 않은 것이나 다름없다는 것이다. 여기서도 17세기에는 부채 선물이 일반화되면서 많은 양이 유통되었다는 점을 짐작할 수 있다.

오죽하면 조선 중기 문신 이직언李直彦(1545~1628) 같은 사람은 호남의 어떤 관리가 부채 한 자루를 선물로 받았다는 사실을 들어서 탄핵을 하기까지 했다. 동료들이 너무 심한 것이 아니냐고 하자, 이직언은 "지금이 어떤 때인데 안부를 물으며 선물을 줄 수 있단 말인가. 아예 근원을 막아 버려야지 그렇지 않으면 마구 흘러넘치게 될 것이다"하고 말했다. (장유, 〈찬성이공행장(贊成李公行狀)〉, 《계곡선생집》 권15) 임진왜란을 겪으면서 국가의 재정이 피폐해지고 기강은 문란한 상황이라 강직한 성품의 관리가 사회적으로 절실하게 필요했다. 그런 점을 염두에 둔 것이기도 하지만, 적어도 부채가 사회 통념상 심각한 선물은 절대 아니었다는 것을 알 수 있다. 그러나 사소한 것 하나를 무심히 받는 순간 관료들의 청빈은 무너지리라는 이직언의 말은 시대를 넘어 지금까지도 우리의 폐부를 깊이 찌른다.

● 부채 바람에 담긴 또 하나의 바람 ●

중국도 마찬가지지만, 조선에서 부채는 여러 가지 역할을 한다. 단오 무렵에 부채를 선물로 주고받는 것은 나쁜 기운을 떨치라는 의미를 가진다. 더위에 밀려서 생기를 잃기 쉬운 여름이므로, 부채를 통해서 더운 기운이 가져올 병과 쇠약함을 물리치고 생명력을 보존하려는 의도를

합죽선
대나무로 만든 접이식 부채. 국립중앙박물관 소장.

생각하면 부채에서 사기(邪氣)를 몰아내는 역할을 떠올리는 것은 당연한
일이다.

　부채, 특히 우리의 합죽선은 대나무를 쪼개서 만든다. 그래서 부채는
늘 두 가지 의미를 떠올리게 한다. 우선 대나무에서 고죽국(孤竹國, 중국
요서 지역에 위치했던 제후국)을 생각하고, 나아가 고죽국의 이름난 현인 백
이(伯夷)와 숙제(叔齊)를 연상한다. 주나라 무왕이 군대를 일으키자 수양산
에 들어가 고사리를 따먹다가 굶어 죽었다는 만고의 충신이 백이와 숙
제 형제 아니던가. 그러므로 부채에서 꼿꼿한 절의를 생각하는 것이다.
또 하나는 맑은 바람에서 유추된 의미다. 조선 사대부들의 시에 자주 등
장하는 부채 이미지가 '원풍(袁風)'인데 이는 진나라 원굉(袁宏)의 바람이
라는 뜻이다. 원굉이 동양군수로 부임할 적에 당대 최고의 시인이자 명
사인 사안(謝安)이 부채 하나를 선물로 주었다. 그러자 원굉이 "어진 바람
을 일으켜 저 백성들을 위로하겠다(當奉揚仁風, 慰彼黎庶)"라고 대답하였
다. 《세설신어(世說新語)》에 나오는 고사다. 이 때문에 원풍은 어진 정치

를 상징하는 말이 되었다. 부채를 선물로 받은 관료들의 마음에는 그 바람이 선정에 대한 소망 혹은 요구로 읽혀졌던 것이다.

어떤 의미로 읽든 선물은 주는 사람과 받는 사람 사이의 의사소통의 한 과정이다. 옛사람들은 부채를 통해서 한여름의 나쁜 기운을 떨쳐내고 더위를 이겨내어 한여름을 잘 보내라는 뜻을 담았다. 어쩌면 상대방의 절의에 대한 존경을 담았을 수도 있고, 선정을 펼치라는 소망을 담았을 수도 있다. 작은 선물일망정 안부를 묻고 자신의 정성을 담아 부채를 보냈다. 거기에 시 한 수, 그림 한 편이 소박하게 담겨있었으니, 받는 사람의 고마움이야 말해 무엇 하겠는가. 그리 보면 부채 선물이 새삼 풍류롭고 뜻이 깊어 보인다.

지팡이

어디든 걸림 없이 다니다
내게도 찾아와주오

❀ 사회적 맥락에 따라 달라지는 지팡이의 모습 ❀

스핑크스에게 질문을 받은 오이디푸스는 특유의 기지를 이용하여 해답을 찾아낸다. 워낙 유명한 질문이라 많은 분이 알고 있겠지만, 첫 문제는 이런 것이었다. 아침에는 네 발로 걷고 점심에는 두 발로 걷고 저녁에는 세 발로 걷는 것이 무엇이냐는 것. 답은 바로 사람이었다. 태어나서는 기어 다니니까 네 발이고, 자라서는 두 발로 걸어 다니고, 늙어서는 지팡이를 짚고 다니니 세 발로 다니는 셈이다. 이 수수께끼를 읽은 것은 초등학교 5학년 무렵이었는데, 얼마나 강렬했던지 지금도 나는 스핑크스가 낸 세 개의 문제 중에서 이것만 기억한다. 그처럼 지팡이는 연로한 분들의 필수품처럼 여겨졌다. 모습이 제대로 보이지 않아도 지팡이를 든 모습만 보면 노인일 것이라고 짐작하던 시절이었다. 지금은 나이가 들어도 건강관리를 잘한 탓에 멀리서 보고 노인인지 여부를 알아차리는 것이 쉽지 않지만, 예전에는 자연의 흐름에 따른 몸의 노쇠함 때문에 허리가 굽어 지팡이에 의지하는 것이 일반적이었다. 그들에게 지팡이란 몸을 지탱하는 도구였고 노인으로서의 사회적 지위를 드러내는 지표였으며 때로는 자신의 몸을 지키는 무기의 역할도 했다.

　지팡이는 필요한 사람의 체형이나 수요에 따라 적당한 것을 주변에서 구해 사용하면 된다. 길옆에 삐쭉 튀어나와 있는 나뭇가지 하나를 꺾어서 사용해도 되고 버려진 작대기를 사용해도 된다. 어떤 물건이든 길쭉하게 생긴 것이라면 무엇이든 지팡이로 사용할 수 있다. 그러나 지팡이는 단순히 실용적 목적으로 사용된 것은 아니다. 어떤 물건이든 비슷하겠지만, 지팡이도 처음에는 실생활에서의 쓰임 때문에 사용되다가 시간이 흐르면서 사회적 맥락과 문화적 의미가 착색되어 다양한 해석을 담지하게 되었다. 지팡이 해석의 프리즘은 워낙 광범위하게 형성되어 있어서 어떤 맥락에서 어떤 사람과 함께 등장하느냐에 따라 의미가 달라진다.

❁ 궤장, 원로대신을 치하하는 겸을 품은 지팡이 ❁

지금은 제목도 잘 기억나지 않지만 어린 시절 보았던 무협영화의 장면만은 언뜻 생생하게 떠오를 때가 있다. 높은 담장을 손쉽게 휘리릭 넘어간다든지 죽음 직전까지 몰렸던 주인공이 단 한 방으로 강력한 적을 물리치는 장면은 지금 생각해도 신기하다. 주인공은 늘 호젓한 산길을 혼자 가다가 여러 명의 적에게 둘러싸이는 상황이 많았는데, 그때마다 그는 치열한 접전 끝에 그들을 물리치고 위기를 벗어난다. 지팡이를 들고 산길을 가던 주인공은 갑자기 나타난 적들을 여유롭게 상대하다가, 중과부적이라고 생각되는 순간 갑자기 지팡이에서 칼을 뽑아 들었는데 그 장면이 참 신기했다. 지팡이 속에 칼을 넣어서 다닌다면 아무리 어두운 산길이라 해도 마음이 든든하지 않았을까 싶다.

　오랫동안 칼이 든 지팡이는 깜찍한 아이디어를 가진 영화의 소품으로만 생각하고 있었다. 그런데 우연히 그런 지팡이가 있는 것을 발견하고 깜짝 놀랐다. 보물 제930호로 지정된 이경석李景奭(1595~1671) 궤장(几杖) 중에 그런 지팡이가 있었던 것이다. 도장(刀杖)으로 불리는 이 지팡이는 총 길이 80.4cm 안에 60cm 길이의 칼날이 내장되어 있다. 이 지팡이는 1668년(현종 9) 11월, 왕이 원로대신이었던 이경석에게 예우하는 의미에서 하사한 것이다. 도장을 포함하여 총 4점의 지팡이와 접이식 의자인 궤(几), 이들 물건을 하사하는 장면을 그림으로 그린 화첩 등과 함께 전승되고 있다. 궤장이라는 단어에서처럼 두 물건이 일반적으로 병칭되는 것에서 알 수 있듯이, 노인을 공경하는 의미를 담고 있기 때문에 흔히 노인을 지칭하는 경우가 많다. 조선의 왕은 원로대신 중에서 70세가 넘는 사람에게 궤장이나 가마 등을 하사하는 전통이 있었는데, 이경석도 이런 관례에 따라 왕에게 하사받았다. 이 지팡이 안에는 도장 외에도 오리로 추정되는 새를 장식품으로 붙여놓은 조두장(鳥頭杖) 1점과 특별한 장식이 없는 지팡이 2점이 남아있다.

이경석 궤장 및 사궤장 연회도 화첩
보물 제930호, 현종 9년(1668) 당시 원로대신이었던 이경석에게 공경의 뜻으로 궤 1점과 장 4
점을 내리고 이 장면을 그림으로 남겼다. 문화재청 제공.

이경석이 하사받았던 지팡이는 대체로 나무와 쇠를 이용해서 몸통과
장식을 만들었다. 그렇지만 지팡이를 만들 수 있는 재료는 매우 다양하
여, 주변에서 볼 수 있는 물건 중에 길쭉하고 가벼운 것은 모두 활용할
수 있다. 그중에서도 특히 지팡이 재료로 사용되는 물건이 아주 없는 것
은 아니다. 앞서 말한 것처럼 지팡이는 가벼워야 하므로 특별한 경우가
아니면 나무 재질로 된 것을 선호하기 마련이다.

● 유랑길의 동지이자 외로움을 위로해주는 일상용품 ●

지팡이로 가장 널리 선호된 재질은 역시 대나무다. 곧은 성질에다 내부

이경석 궤장 중 '궤'
앉을 때만 펴고 평상시에는 접어둘 수 있게 만든 의자다. 문화재청 제공.

이경석 궤장 중 '도장 및 장'
칼과 칼집으로 이루어졌으며 칼날의 길이가 60㎝로 손잡이를 포함하면 총 길이가 80.4㎝이다. 끝부분에는 무쇠삽이 달려있다. 문화재청 제공.

가 비어 있고 탄력까지 있어서 지팡이로 사용하기에는 제격이다. 죽장이라 칭하는 대나무 지팡이는 그 색깔과 나무 종류에 따라 여러 이름으로 불린다. 외형이 약간 각이 진 것처럼 보이는 방죽(方竹)으로 만들면 방죽장, 공죽(筇竹)으로 만들면 공죽장 혹은 수공장, 공장, 푸른색 대나무(靑竹)로 만들면 청죽장, 아홉 개의 마디를 가지고 있는 촉(蜀) 지방의 특산 구절장(九節杖), 반죽으로 만든 반죽장(斑竹杖, 斑杖이라고도 함) 등 많은 종류가 있다. 죽장은 죽책(竹策), 간수(竿殳) 등으로도 불렸다. 조선 후기 문인 김창협金昌協의 글에는 승잠 스님에게서 자죽(紫竹)으로 만든 자죽장을 선물로 받은 기록이 남아있다.

사실 대나무라고 해서 모두 지팡이로 만드는 것은 아니었다. 대나무의 특성상 나무가 마르고 나면 끝부분이 작은 충격에도 쉽게 갈라지고,

그것은 지팡이 전체로 뻗어가면서 쪼개진다. 쪼개진 작은 조각들은 날카로워서 손에 상처를 내기도 한다. 이 때문에 대나무를 그냥 잘라서 지팡이로 만들지는 않는다. 끝부분에 약간의 처리를 해서 쉽게 갈라지지 않게 만든다. 대나무가 자생하는 지역에서는 대나무가 주변에 널려있어서 재료를 구하기가 용이하다. 그러다 보니 대나무 지팡이는 은거하는 가난한 선비들의 벗으로 여겨졌다. 또한 죽장망혜(竹杖芒鞋)라는 말처럼, 천하를 유랑하며 살아가는 지식인들에게 대나무 지팡이는 외로운 세상에 자신을 지탱해주는 일상용품이었다.

대나무 상장
국립광주박물관 소장.

죽장은 상가에서도 요긴하게 쓰였다. 상례를 주관하는 사람들, 특히 상주의 경우에는 거친 베옷과 함께 대나무 지팡이를 늘 가지고 있었다. 부친이 돌아가시면 저장(苴杖)을 짚고 모친이 돌아가시면 삭장(削杖)을 짚는다. 《예기(禮記)》에 의하면, 대나무로 만들면 저장이라 하고 오동나무로 만들면 삭장이라고 하였다. 특히 저장은 아주 조악하고 나쁜 색깔로 된 대나무 지팡이를 지칭하는 것으로, 부친의 죽음 앞에 어떤 장식이나 좋은 느낌의 빛깔로 된 물건이라도 사용하지 않는 것을 도리라고 여겼던 옛사람들의 마음이 담겨있다.

대나무 지팡이는 아니지만 이와 비슷한 것으로 도죽장(桃竹杖)이 있다. 두보의 시 〈도죽장〉 때문에 우리나라 선비들에게 널리 알려진 이 지팡이는, 겉모양은 대나무와 비슷하지만 속이 꽉 차 있어서 지팡이로 이용하였다. 어떤 기록에는 도죽이 대나무의 한 종류로 도지죽(桃枝竹), 종죽(椶竹) 또는 도사죽(桃絲竹)이라고도 불렸다고 되어 있다. 그러나 성호

星湖 이익李瀷은《성호사설》에서 도죽이 어떤 나무인지 정확하지 않다면서 의문을 표하기도 했다. 또한 대나무와 비슷하게 마디가 있는 영수목(靈壽木) 역시 지팡이를 만들기에 적당했다. 영수장이 바로 그 나무로 만든 것인데, 한나라 때 공자의 후손 공광孔光에게 하사하여 널리 알려진 지팡이다.

이 외에도 옛 기록을 살펴보면 선비들이 즐겨 들고 다녔던 지팡이 중에 청려장(靑藜杖)과 등장(藤杖)이 있다. 청려장은 여장(藜杖), 환장(環杖)이라고도 하는데, 대체로 지팡이를 쥐는 윗부분이 굽어져 있다. 산속에서 만난 신비한 노승이나 도사가 들고 있는 지팡이 중에 그런 이미지로 형상화되는 경우가 많다. 등장은 등나무로 만드는 것인데, 색깔에 따라 몇 가지가 있다. 당나라 백낙천白樂天의 시에 소재로 쓰여서 이름이 나게 된 주등장(朱藤杖)은 붉은빛의 등나무로 만들었다. 주등은 '홍등'이라고도 하는데, 중국 남방 지역에서 생산되는 것으로 그 즙을 내서 마시기도 하고 벌레를 쫓는 데 사용하기도 한다. 이것으로 만든 지팡이는 아주 부드러우면서도 탄력이 있어서 사용하기에 좋다고 한다. 이에 비해 검은빛이 도는 오등장이 있는데, 널리 사용된 것 같지는 않다. 등나무는 주로 바짝 마른 것이 가볍고 단단하기에, 이를 활용하여 만든 지팡이를

대나무 지팡이
국립민속박물관 소장.

고등장이라고 한다.

죽장이나 청려장, 등장 등은 그 모양과 색깔에 따라 다양한 것들이 있으며 우리나라뿐 아니라 중국에서도 널리 사용되었다. 그런데 우리나라에서 사용된 독특한 지팡이가 있다. 바로 '척촉장(躑躅杖)'이다. 철쭉나무를 이용하여 만든 이 지팡이는 우리나라에서도 키가 큰 철쭉이 자라는 곳에서 만들어졌을 것이다. 조선 중기 문신 허목許穆(1595~1682)의 《기언(記言)》을 보면 구정봉 아래에서 쉬다가 희극熙克 스님에게서 철쭉 지팡이를 선물로 받고 지어준 시가 수록되어 있다. 그는 선물로 받은 철쭉 지팡이가 고마워서, 북으로 태백산을 유람하게 되면 아마도 이 지팡이 덕분에 신선이 될 것이라면서 시를 마무리한다. 이 철쭉은 오랜 세월 동안 바위 틈새에 위치해 있어서 뿌리가 밖으로 드러났고 이 때문에 제대로 자라지 못해 구불구불한 모습이 되었다. 흰 마디는 바닷가 서리에 노출되었고 말라비틀어진 잎사귀는 겨울바람에 스산한 소리를 낸다. 희극 스님이 그 나뭇가지를 잘라 지팡이를 만들어 선물한 것이다. 허목은 작품에서 이렇게 말한다.

老僧拔取以爲杖　　노승이 (철쭉 나뭇가지를) 뽑아서 지팡이 만들어주어
拄過碧海烟霞生　　푸른 바다에 짚고 다니니 안개와 놀 일어난다.
遇我慇懃持贈我　　나를 만나 은근한 마음으로 선물을 주니
使我履險心愈平　　험한 곳 밟고 다녀도 마음 더욱 평안하다.
(허목, 《기언》 권63)

❈ 구장(鳩杖), 고관대작의 자랑거리 ❈

나무로 만든 지팡이 외에 옥으로 만든 옥장(玉杖)이 있다. 조선 중기 문신 정경세鄭經世(1563~1633)는 박한朴瑊(1576~1652)의 부탁을 받아 녹옥장에 관한 글을 한 편 남긴 적이 있다. 박한의 부친인 박선장朴善長이 지방관으로 부임하게 되어 이호민李好閔(1553~1634)에게 하직 인사를 하러 갔다. 그때 이호민은 중국에서 들어온 것이라면서 96세인 박선장의 모친을 위하여 녹옥장을 선물로 준다. 그것을 짚고 다니다가 세상을 떠나시면 다시 귀학주옹龜鶴主翁에게 주라는 말도 덧붙였다. 101세가 되어 모친이 돌아가셨을 때는 박선장 역시 세상을 떠난 뒤라서 박한은 귀학주옹에게 지팡이를 보냈다. 그러나 얼마 뒤 귀학주옹마저 돌아가시자 녹옥장을 다시 박한이 보관하게 되었다는 것이다. 이 말을 들은 정경세는 지팡이를 살펴본 뒤 가벼우면서도 단단해서 지팡이로는 최고라는 것, 녹옥으로 만든 것이 아니라 나무로 만들었다는 것 등을 발견한다. 지팡이를 두드리면 마치 옥을 두드리는 것 같은 소리가 나서 녹옥장이라는 이름이 붙은 것으로 추정된다는 말도 덧붙인다.

물론 박한이 보관하고 있던 녹옥장은 옥으로 만든 것은 아니지만, 그렇다고 옥으로 만든 것이 없었던 것은 아니다. 지팡이 전체를 옥으로 만들어서 옥장이 아니라 나무 재질의 몸체에 옥으로 장식한 것을 대체로 옥장이라 부른다. 고대 사회에서 옥은 귀족들을 위한 것이므로, 평민들이 함부로 사용하기가 어려웠다. 그러한 상황을 반영하듯, 옥장은 원래 한나라 때 천자가 신하에게 하사하는 것이 대부분이었다. 조선에서도 국왕이 원로대신에게 구장을 하사하는데, 이는 나무로 만든 몸체에 비둘기 모양으로 조각한 옥을 지팡이 머리 부분으로 장식한 것을 지칭한다. 그래서 구장을 옥구장(玉鳩杖)으로 부르기도 한다.

《태평어람(太平御覽)》(권92)에는 구장과 관련된 당시의 속설을 소개하고 있다. 한고조 유방이 항우가 천하를 두고 다투다가 전투에서 패하여 우거진 덤불 속에 숨었다. 항우가 유방이 숨어있는 곳까지 거의 추격을 하였는데, 때마침 비둘기 한 마리가 그 위에서 울었다. 추격군들은 새가 있는 것을 보고 사람이 없다고 판단하여 다른 곳으로 갔고, 유방은 그 덕분에 무사히 탈출할 수 있었다. 후에 그가 황제로 즉위한 뒤 이 새를 기이하게 여겨서 비둘기 장식을 한 구장을 만들어서 연로한 사람들에게 하사하기 시작했다고 한다. 비둘기는 원래 목이 메이지 않는 새라서 노인들 역시 목이 메이지 말고 숨을 잘 쉬라는 뜻에서 비둘기 장식을 했다는 《자치통감(資治通鑑)》의 기록도 있다. 어느 설이 맞는지는 모르겠지만 중요한 것은 황제가 연로한 대신들에게 옥구장을 하사했다는 사실이다. 그것을 받은 사람과 그 가문은 이 사실을 영광스럽게 생각하여 사용하지 않고 대대로 집안에 보관했다. 앞서 말한 이경석의 지팡이 역시 이렇게 해서 지금까지 전승되어 온 것이다.

국왕이 신하에게 지팡이를 선물로 내렸다는 것은 그만큼 지팡이의 문화적 의미가 상당했다는 것을 뜻한다. 그저 늙은 몸을 지탱하라는 의미보다는 국왕의 은혜를 드러내는 여러 방식 중의 하나로 기능했다는 점이다. 그러니 지팡이 혹은 궤장을 하사받은 사람 입장에서는 가문의 영광이요, 후세에 자랑할 만한 일이었다. 국왕이 나이 든 신하에게 지팡이를 하사하는 것은 원로대신을 우대하는 의미도 있지만, 그 이면에는 나라의 노인에 대한 공경의 의미를 담은 것이었다. 《맹자》에서도 노인을 잘 봉양하는 것을 태평성대의 조건으로 제시한 바 있고, 천고의 충신으로 칭송받는 백이伯夷와 숙제叔齊가 나라를 빠져나와 문왕 밑으로 가게 된 것도 문왕이 노인을 잘 봉양한다는 소문을 들었던 탓이었다. 사회적 약자에 대한 권력자의 배려를 보면 그 나라의 수준과 정치적 지향점을 짐작할 수 있었던 것은 예나 지금이나 다르지 않았다.

고대 동아시아에서는 지팡이를 짚는 데에도 나이에 따른 등급을 정했다. 이는 지팡이를 통해서 노인으로서의 권위를 드러내기 위함이었으리라. 《예기(禮記)》〈왕제(王制)〉편에 이런 말이 있다.

> "50세에는 집 안에서 지팡이를 짚고, 60세에는 고을에서 지팡이를 짚고, 70세에는 도성에서 지팡이를 짚고, 80세에는 조정에서 지팡이를 짚는다. 90세가 된 자는 천자가 문안할 일이 있으면 그 집으로 찾아가되, 진수성찬이 뒤따른다."
>
> (五十杖於家 六十杖於鄕 七十杖於國 八十杖於朝 九十者 天子欲有問焉 則就其室 以珍從)

이를 통해서 중세 사회의 엄정한 계층적 질서를 볼 수 있다. 이러한 질서를 지금 우리가 부러워할 것은 아니지만, 근대 이전 사회에서 지팡

임금의 궤장 하사를 기념하고
기로회를 축하하는 그림 중 일부

조선 중기의 문신 이원익이 1623년 인조로부터
궤장을 하사받았다. 이를 계기로 한동안 폐지되
었던 기로회가 다시 열리게 되었다. 기로회란
정2품 이상의 관직을 지낸 사람 중 70세 이상의
덕망 높은 원로 문인들의 모임이다. 국립중앙박
물관 소장.

이가 단순히 실용적 물건의 차원으로 받아들여진 것은 아니었던 것이
다. 몸이 딱히 불편한 것도 아닌데 지팡이를 들고 다니는 풍속에서 우리
는 지팡이가 하나의 예절 범주 안에서 의미를 획득하고 있다는 점을 알
수 있다.

◉ 만년에 사귄, 가장 아름답고 고마운 벗 ◉

노인들의 구부정한 모습을 보면 지팡이를 떠올리는 것은 일상에서 가장
자주 목격하는 지팡이의 쓰임새가 신체적 불편함을 보완하기 위한 것임
을 짐작하게 한다. 노쇠함이 인간의 숙명이라면 지팡이는 인간의 숙명
을 극적으로 보여주는 소품이라 해도 과언이 아니다. 그렇지만 노인이
아니라 해도 지팡이는 우리 신체의 단점을 보완하는 쓰임새를 가진다.

등산을 하는 사람들이 사용하는 지팡이는 산을 오르내릴 때 도움을 주며, 걷는 운동을 하는 사람들에게도 지팡이는 큰 도움이 된다. 손에 지팡이를 드는 순간 우리의 팔은 지팡이의 길이만큼 길어지는 효과를 가지기도 한다.

그렇지만 기록에서 충분히 드러나는 것처럼, 동서양을 막론하고 지팡이가 하나의 액세서리처럼 이용되면서 문화적으로 그 사람의 사회적 신분이나 예절 의식을 드러내는 물건으로 사용되었다. 예컨대 영국 신사가 소지하고 다니던 모자와 지팡이라든지, 일제 강점기에 점잖은 노인들이 모자와 지팡이를 장식품처럼 가지고 다녔다는 점을 떠올려보면 쉽게 이해가 될 것이다. 지팡이를 통해서 자신의 신분이나 문화적 계층을 슬며시 드러내는 것은 고금이 동일했다. 이런 점을 감안한다면 지팡이를 선물하는 것은 상대방에 대한 공경을 표시하는 방식이었다.

근대 이전의 문집에서 종종 등나무 지팡이를 선물한 기록을 발견한다. 거기에는 등나무 지팡이를 선물한 사람에게 고마움을 표하는 내용이 가득 들어있지만, 그 이면에서 우리는 선물을 받을 사람에 대한 존경과 은근한 정을 발견한다. 그 지팡이로 어디든 걸림 없이 다니라는 의미와 함께 자신에게도 한번 찾아오면 고맙겠다는 뜻도 담았다. 등나무 굽은 줄기를 잘 말려서 옻칠을 곱게 하고, 머리 부분에는 새 모양을 비롯한 여러 조각을 해서 손잡이를 만든다. 사용하는 사람의 편의를 생각해서 그렇게 발전해 온 것이리라. 그 모습이 마치 고무래와 같아서, 고무래를 뜻하는 한자 '丁'을 활용하여 별칭을 붙였다. 지팡이를 정공(丁公)이라 부르는 것도 이 때문이다. 고려의 스님이었던 식영암息影庵은 지팡이를 의인화한 가전체 작품을 남겼다. 〈정시자전(丁侍者傳)〉(《동문선》 권101)이 바로 그것이다. 그는 이 작품에서 지팡이의 덕을 이렇게 칭송했다.

"몸에 옷칠하여 은혜와 원수를 생각함은 신(信)과 의(義)요, 쇠주둥이로 민첩히 묻고 대답함은 지(智)와 변(辯)이요, 붙들어 모심을 직책으로 함은 인(仁)과 예(禮)요, 돌아가 의지할 것을 택함은 정(正)과 명(明)이다."

인생의 황혼에 가까운 벗으로 지팡이만 한 것은 흔치 않다. 고려 말 유학자 이색李穡은 금강산에서 자란 나무로 만든 지팡이 선물을 받고 그것이 명마 한 필의 값과 맞먹는다고 했다. 같은 시기에 활동했던 이숭인李崇仁은 정련鄭連에게 선물로 받은 지팡이로 중국과 고려를 두루 돌아다녔는데 어느 날 그것을 잃어버리고 아쉬운 마음에 시를 지은 적도 있다. 홀연히 사라졌으니 아마도 비장방과 같은 신선을 따라 용이 되어 날아갔으리라는 말로 그 아쉬움을 표현했다.

어찌 보면 작은 물건이지만 그 안에 담긴 마음을 생각하면 결코 작지 않은 물건이 지팡이다. 내가 왕성하게 활동을 할 때는 나의 사회적 지위와 문화적 계층을 드러내 도와주고, 일어나지 못할 때는 내 몸을 부축해준다. 그리고 보니 지팡이야말로 만년에 사귄 가장 아름답고 고마운 벗이었던 셈이다.

분재기

이승에서의 내가
마지막으로 전하는 고마움

❀ 영원히 떠나며 남기는 것들에 대한 기록 ❀

긴 여행을 이제 마무리하려 한다. 살다 보면 누구나 마주하는 순간, 바로 죽음이다. 아무도 경험해보지 못한 길, 그러나 누구도 피할 수 없는 길. 인간은 태어나는 순간 죽음을 향해 살아간다. 기나긴 인생길에서 수많은 사람을 만나고 수많은 일을 경험하지만, 죽음은 누구나 한 번 겪는다. 그 경험은 순식간에 일어나는 사건이지만 그것을 기점으로 이승에서의 삶을 끝내기 때문에 실제로 어떠한지 사람들에게 이야기할 수 없다. 간혹 죽음을 경험했다는 사람들이 있지만 그의 임사체험이 과연 죽음에 근접한 것인지조차 우리는 확신할 수 없다.

평생의 기억들이 주마등처럼 뇌리를 스쳐 지나가면서 희로애락의 순간들이 온몸을 휘감을 것이다. 그 순간 나는 무엇을 떠올릴까. 알 수는 없지만 적어도 나를 이렇게 살아갈 수 있도록 도와준 고마운 존재들을 생각하지 않을까. 회한과 복수를 떠올린다면 내 삶은 얼마나 불행할 것인가. 오히려 고맙고 소중한 것들을 떠올리면서 비록 찰나의 순간이지만 나는 행복함 속에서 죽음을 대할 것 같다.

우리는 언제 죽음과 마주할지 아무도 모른다. 세상은 마치 무심하게 지뢰밭을 걸어가는 것과 같아서, 어느 순간 죽음이라는 지뢰를 밟고 이승을 떠날 것인지 예견할 수 없다. 누구도 앞일을 장담할 수 없기에 어떤 사람은 살아있는 이 시간을 즐기라고 권하고 어떤 사람은 금욕의 삶을 통해 정신의 고양을 꾀하라고 권한다. 어떤 삶이 가치 있는 것인지 누가 판정할 수 있겠는가. 그러나 적어도 인간으로서의 품위를 지키면서 세상의 아름다움을 위해 살아갈 수만 있다면 그 역시 고귀한 삶으로 칭송받을 것이다.

한동안 유언장을 써보는 열풍이 불었던 시절이 있었다. 살아있는 내가 죽음을 목전에 둔 마음으로 쓰는 글이라서 그런지, 자신의 삶을 돌아보며 지금의 나를 반성하거나 결의를 다지는 마음가짐을 만들 수 있었다. 꼭 그 목적만은 아니었지만 유언장을 작성해보는 방식의 글쓰기는 사람들에게 여러 가지 상념을 불러일으켰다. 살다 보면 삶의 큰 고비에서 유언장을 써보고 싶은 순간이 있을 것이다. 대부분의 사람은 그 욕망을 억누르고 새삼 삶의 욕구를 강렬하게 일으킴으로써 극복하지만, 실제로 어떤 사람들은 유언장을 쓰거나 혹은 쓴 뒤에 자신의 생을 마무리하는 경우도 있다. 개똥밭에 굴러도 이승이 좋다는 말로 죽음에의 유혹을 버리라고 말하지만, 그 유혹에 거의 넘어간 사람에게 이승이 좋다는 말이 얼마나 신빙성이 있을지는 알 수 없다. 어차피 그 말을 하는 사람조차도 저승의 세계를 경험한 것은 아니니까 말이다.

죽음에 관련된 글을 쓰다 보면 나도 모르게 마음이 차분해지고 무거워지는 것을 느낀다. 그만큼 죽음은 모든 인간이 마주해야 할 숙명이지만 동시에 알 수 없는 근원적인 공포나 사유를 불러일으키는 엄청난 사건임이 틀림없다. 그 사건에 당면해서 혹은 그 사건을 염두에 두고 작성하는 것이 바로 유언장이다. 개인의 성향, 공간적 배경, 문화권마다 다르겠지만 유언장에는 그것을 작성하는 주체의 복잡다단한 심경이 들어갈 수도 있고 이승에서의 자신을 정리하는 것들이 간결하게 들어갈 수도 있을 것이다. 거기에 빠지지 않고 등장하는 것이 바로 재산 문제다. 자신이 이승을 떠난 뒤에도 여전히 남아서 한동안 영향력을 행사할 것들이 바로 재산이라 어떻게 처리할 것인가를 유언장 속에 포함하기 마련이다. 물론 재산이 거의 없는 사람은 굳이 재산 처리에 관한 내용을 쓸 필요가 없겠지만, 어쩌면 가난한 사람이 남긴 유언장은 상대적으로 그리 많이 전해지지 않는다는 점을 감안하면, 대부분 유언장은 재산과 관련된 이런저런 사정을 정리하려는 목적에 큰 의미를 두게 된다.

◉ 3년 상을 치른 후에야 작성되는 분재기 '화회문기' ◉

분재기(分財記)라는 문서가 있다. 근대 이전에 작성된 분재기가 상당량 남아있고, 우리는 그 문서를 통해서 한 시대를 읽어낸다. 그동안 많은 양의 분재기를 통해서 우리는 선대로부터 다음 세대로 재산이 넘겨질 때 어떤 방식으로 분할되었는지 논의를 해왔다. 예컨대 16세기까지는 남녀 구분 없이 형제들이라면 균등분배 방식으로 재산이 상속되었는데

17세기 이후에는 장자에게 더 많은 재산이 상속되면서 봉제사(奉祭祀)의 의무가 함께 부과되는 과정을 분재기 기록으로 증명해왔던 것이다. 법적으로는 아들과 딸 사이에 재산 상속의 차별이 없어졌지만 여전히 관행처럼 아들에게 더 많은 재산을 남긴다든지, 아들 중에서도 장자에게 더 큰 몫을 남기는 사회적 관행이 어떤 과정을 거쳐서 형성되었는지를 논의하는 중요한 자료였다.

처음 분재기를 만난 것은 바로 율곡 형제들의 것이었다. 율곡의 부친 이원수李元秀(1501~1561)가 세상을 떠나자 그의 자녀들이 유산을 나누어 가지면서 남긴 문서가 바로 '이이남매화회문기(李珥男妹和會文記)'(보물 제477호)였다. 흔히 율곡 이이 선생가 분재기로 알려진 문서로, 건국대 박물관에 소장되어 있다. 율곡 이이의 7남매가 모여서 작성한 이 문서를, 영인본이기는 했지만 오죽헌 경내에 있는 지금의 강릉시립박물관에서 처음 접하면서 참 신기하게 생각했던 기억이 있다. 재산의 대부분이 토지와 노비였던 것이다. 지금도 부동산이 유산의 중요한 부분이라는 점에서 토지의 상속은 충분히 수긍이 갈 만했다. 하지만 노비는 선뜻 동의하기가 어려웠다. 그들이 나누어 가졌던 노비의 숫자는 무려 119명, 7남매와 그들의 서모들이 각각 나누어 가졌고(!) 봉사(奉祀)와 묘직(墓直) 몫으로 떼어놓은 것을 합치면 적지 않은 숫자의 노비들이 흩어진 셈이었다. 그 사실이 나로서는 낯설기도 하고 심지어 불편한 마음까지 생겼다. 그만큼 나는 조선 시대 사대부들과는 완전히 다른 종류의 근대인이었던 모양이다.

율곡 집안의 분재기는 순서대로 어떻게 재산을 나누었는지를 기재하

이이남매화회문기
보물 제477호. 율곡의 부친이 세상을 떠나고 5년 후, 그의 자손인 7남매가 모여 재산 분배에 대한 문서를 남겼다. 문화재청 제공.

는 방식으로 작성되었다. 그런데 이 문서는 이원수의 유언장이 아니다. 그는 죽음을 맞이하기 전에 유언장을 작성한 적이 없다. 이원수가 세상을 떠난 지 5년쯤 지난 1566년 5월 21일에 만들어진 것이다. 《경국대전》에 규정된 상속 관련 법규를 따른 것으로 보이는 분재기는 남자 형제들의 수결(여자들은 수결하지 않았다)로 끝을 맺고 있다. 부친이 졸세하면 3년간의 상을 치러야 하기 때문에 재산 분배는 이루어지지 않는다. 상 치르는 기간이 지나면 형제자매들이 모여서 재산을 어떤 방식으로 나눌 것인가를 결정하게 된다. 《경국대전》이 근거로 삼았던 《대명률(大明律)》에 의하면 부모가 돌아가셨을 때 재산 분배가 되어 있지 않은 경우에는 3년 상을 치른 뒤에 분배해야 하고, 그 이전에 하면 법에 의해 처벌을 받게 되어있었다. 그러니 이러한 분재기는 유언장이 아니라 이승에 남아있는 자녀들의 논의와 합의에 의해서 만들어진다. 이런 형태의 분재 방식을 '화회(和會)'라고 하고 이런 과정을 거쳐서 작성된 분재기를 '화회문기'라고 부른다.

● 노년을 돌봐준 조카딸 내외에게 남긴 '정'과 '의리' ●

모든 분재기가 화회문기의 형식으로 남아있는 것은 아니다. 유언을 하면서 거기에 분재의 내용을 덧붙이는 경우도 꽤 있었다. 16세기 중반 전라도 부안 지방에 살았던 김석필金錫弼 가문의 문서를 예로 들 수 있겠다.* 이 가문에는 상당량의 분재기가 전하는데, 그중에서 김석필의 손자인 김경순이 강주신의 딸과 혼인하면서 처숙부인 강주보 내외를 모시고 살았다. 오랫동안 이렇게 살았던 탓에 이들은 정이 깊이 들었고, 죽음을 앞두고 있던 강주보는 1564년 유언장을 남긴다.

> "내 나이 50세가 되니 병이 든 데다 슬하에 자식이 없어서 조카딸인 김경순의 처를 데려다 함께 살았노라. 여러 가지로 효성스러운 봉양을 받아서 정의(情義)가 깊고 중하였다. 이에 내가 갈아먹던 논 16마지기를 남겨준다."

적지 않은 토지를 질녀 내외에게 주면서 쓴 내용은 참 감동적이다. 노년의 병과 쇠약함으로 자신의 삶이 이제 곧 끝나리라는 것을 직관적으로 알아차리고, 자신을 지성으로 봉양해 준 조카딸 부부에게, 자신의 삶을 지탱해 준 토지를 나누어 준다는 글을 남긴 것이다. 이 글에서 내 눈에 깊이 들어온 것은 '정의심중(情義深重)'이라는 표현이었다. 자식 없

---

* 이후에 다루는 분재기의 내용은 《부안김씨우반고문서》(한국정신문화연구원, 1983)에 수록되어 있는 것이며, 전경목 선생의 논문 〈분재기에 나타난 조선시대 생활 풍속의 변화〉《대동사학》 제1집, 대동사학회, 2002)에서 자세히 다룬 바 있다.

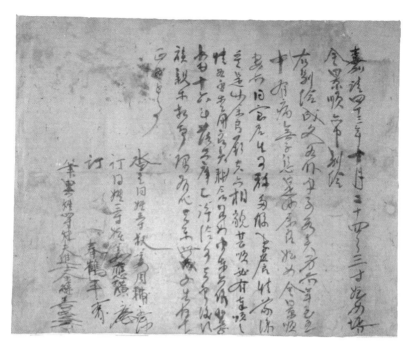

강주보 별급문기, 한국학중앙연구원 고문서연구실 제공.

이 홀로 살아가는 숙부를 위해 조카딸 부부가 온갖 정성으로 자신을 봉양해 준 것, 그렇게 살아오는 동안 그들에게서 느꼈을 고마운 마음이 저 네 글자 안에 오롯이 스며있다고 느껴졌던 탓이다. '정과 의리가 깊고 무겁다'는 표현이 일견 관용적으로 보일 수는 있지만, 분재기가 가지고 있는 문서로서의 성격 때문에 딱딱하게 표현되었을 수도 있지만, 문맥 이면에 자리하고 있는 강주보의 따뜻한 마음이 여기에 스며있는 듯했다.

⚘ 의지처가 되어준 수양딸, 그 정성에 답하는 고마움 ⚘

이 집안의 분재기 중에 감동적인 문서가 또 있다. 김명열金命說의 처 전주이씨의 경우다. 그녀는 원래 이방춘의 딸인데, 숙부인 이시춘이 슬하에 자식을 두지 못하자 그의 수양딸이 되었다. 김명열과 혼인한 것은 양녀가 된 이후의 일이다. 김명열과 그의 처 전주이씨는 혼인 이후 양부인 이시춘 부부를 성심껏 모셨을 뿐 아니라 이시춘이 세상을 떠난 뒤에는 그의 제사까지 도맡아 지내는 등, 친자식처럼 모든 정성을 아끼지 않았다. 세월이 흘러 양모에게서 노비 10여 명을 받게 되는데, 이때 작성된 분재기가 남아있다. 거기에는 이런 구절이 있다.

"내가 슬하에 자녀를 두지 못하여 우리 부부가 서로 마주 보며 통곡하고 지낼 때 네가 비로소 태어났다. 세 살이 되기 전에 내 무릎에 앉히고 너와 더불어 벗이 되었으니, 그 정은 깊고 사랑은 중하여 내가 낳은 자식과 다름이 없었다. 가옹(家翁: 남편)께서 돌아가신 후에 3년 상을 너는 지극 정성으로 잘 치러주었다. 또 오늘에 이르도록 40여 년 동안 효성이 지극하여 살아있는 나를 봉양하는 일과 죽은 가옹의 제사를 받드는 일을 세월이 갈수록 더욱 부지런히 하였다. 나는 그 마음에 감탄하여 매번 고마운 정을 표시하려고 했다. 가옹께서는 대종(大宗)의 제사를 받들어야 하는 종손이어서 대를 이어야 하기 때문에 어쩔 수 없이 예조에 글을 올려 양자를 정해야만 했다. 그래서 너의 오라버니 정아(涏兒)를 양자로 결정하고 밭과 노비를 나누어 준 뒤 남은 약간의 노비를 너에게 주노라."

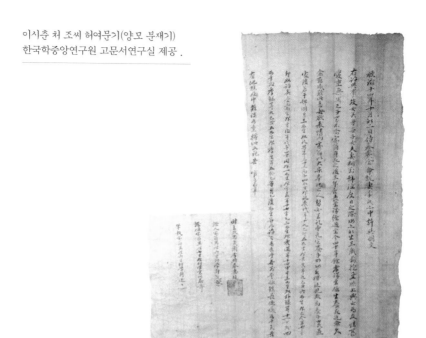

이시춘 처 조씨 허여문기(양모 분재기)
한국학중앙연구원 고문서연구실 제공 .

　　분재기의 전문은 아니지만, 위의 글을 읽어보면 어떤 연유로 재산을
물려주게 되었는지 소상하게 나타난다. 양부모인데도 친부모처럼 지성
으로 봉양했고, 세상을 떠난 남편의 상례와 제사를 부지런히 해주었다.
40년이 넘도록 그는 홀로 늙어가는 한 여인의 삶을 충실히 지키면서 생
사고락을 함께해 왔을 것이다. 앞의 분재기에도 비슷한 말이 나왔지만,
이 분재기에서도 '정심애중(情深愛重)', 즉 정은 깊고 사랑은 중하다는 말
이 등장한다. 분재기라는 글의 성격상 아주 딱딱하고 메마른 글이어서
특별히 어려운 표현을 쓰기란 어렵다. 어쩌면 그런 조건 때문에 나에게
는 평범한 저 구절이 마음에 깊이 와닿는 것인지도 모르겠다.

가까운 친척 관계였으니 충분히 모시고 살 수 있지 않겠느냐고 말할 수도 있다. 그렇지만 예나 지금이나 자기 부모 모시기도 바쁜 세상에 친척 어른을 모시고 사는 일은 쉽지 않다. 16세기 후반이 되면 조선의 유학이 사회 전반으로 퍼져나가서, 유교 윤리가 본격적으로 생활 속에 깊이 스며들기 시작한 것은 어느 정도 인정할 만하다. 일상생활의 여러 부면으로 유교 윤리가 새로운 삶의 기준으로 제시됨으로써 지식인들은 생활 문화의 새로운 패러다임을 받아들이기 시작했던 것이다. 조선은 이를 위해 오륜을 비롯한 유교 윤리의 초보적인 조항들을 중심으로 역사나 현실에서 좋은 사례들을 발굴해 널리 알리려는 노력을 꾸준히 했고, 그 과정에서 이전과는 다른 예교(禮敎)의 패러다임이 사회 전반에 영향을 본격적으로 끼치게 되었다. 그렇다 해도 어느 사회에서나 사람과의 관계란 험악한 상황을 연출하기 일쑤인데, 평생을 함께 살아가면서 나의 의지처가 된 사람에게 고마움이 얼마나 크겠는가. 그 고마움의 표시를 하고 싶어도 어떻게 해야 할지 모르니, 결국은 전답과 노비 같은 것으로 고마움을 표시하는 것이다.

◉ 평생 간직한 사랑을 도움으로 남겨주고픈 마음 ◉

이제 한 번도 가본 적 없는 새로운 길을 떠나려는 순간이다. 이승에서 인연을 맺었던 사람들을 떠올리면 고마움과 회한이 교차하면서 착잡한 심정이 된다. 그중에서도 정말 고마웠던 사람은 누굴까. 아마도 내 옆을 지키면서 인생의 수많은 굴곡을 함께 걸어온 사람일 것이다. 고맙다는 말 한 마디로는 도저히 표현할 수 없는, 그러나 고마움을 표현하고

〈기산풍속도첩〉중 '소대상', 김준근

싶은 그 순간이 있다. 그에게 선물을 해야겠구나, 하는 생각이 들 것이다. 많은 경우 유산을 나누어주는 분재기는 이런 맥락에서 작성되는 문서다. 이승에서의 내가 마지막으로 주는 선물, 그것을 우리는 유산이라고 부른다. 소중한 가르침이나 무형의 가치와 같이, 유산이라고 해서 반드시 경제적 가치가 있는 물건으로 주어지는 것은 아니다. 그렇지만 분재기로 작성되는 유산은 모두 경제적 가치를 지닌 유형의 물건이다. 그 물건을 선물함으로써 평생 마음속에 간직해 왔던 고마움을 조금이나마 표시하고 싶었을 것이다.

전답이나 노비(인간을 물건으로 취급하는 것이 끔찍하긴 하지만 그 시대의 관행에 따라 표현하면 유산으로서의 대상이 된다) 등을 주는 것이 어떤 경우에는 천박한 짓이 될 수도 있지만, 죽음을 앞둔 사람의 손에서 나오면 그 고마운 마음을 드러내는 상관물이 되기도 한다. 고마운 마음을 어찌 재물로 표현할 것이냐는 비난이 있을 수 있지만, 그게 아니면 무엇으로 드러낼 것인가. 게다가 전답과 노비는 선물을 주는 사람 입장에서 보면 이승에서의 긴 삶을 지탱하게 해준 물적 토대였다. 경제적 차원에서 말하자면 그의 삶을 구성하는 가장 핵심적인 것이었다. 그것을 선물로 받는 사람에게는, 이제는 이승에 없는 사람을 추억하고 그에 대한 고마움을 동시에 가질 수 있도록 만들어주는 것들이다. 우리가 미처 인식하지 못할 뿐, 원래 선물이란 경제적 교환을 전제로 이루어지는 행위가 아니었던가. 그렇게 보면 저세상으로 가는 사람이 전해주려는 마지막 선물은 얼마나 귀한 것이며 고마운 행위란 말인가.

버드나무

새잎 나거든
저를 생각해주세요

◉ 추운 겨울 버텨내고 봄을 여는 생명의 나무 ◉

봄이 되면 창밖 들판 쪽으로 푸른빛을 가장 먼저 보이는 것이 버드나무다. 집 뒤쪽은 제법 넓은 밭이 펼쳐져 있고 그 너머로 야산이 나지막이 연이어 있다. 산의 초목들이 겨울을 나느라 황량한 모습으로 서 있을 때 들판 한가운데 버드나무는 일찌감치 물을 뽑아 올려 푸른빛 잎사귀를 피워내기 위해 애를 쓴다.

버드나무에 눈길이 가는 것은 들판 한가운데 우뚝 서 있는 그 자태 때문만은 아니다. 혹독한 겨울바람을 맞으며 온, 겨울을 견디기에도 가녀린 가지들이 힘에 부쳤을 터인데 어떤 것보다 먼저 봄빛을 띠는 품새는 자못 감동적이기까지 하다. 수양버들이 아닌 물버들이라서 바람에 살랑이는 멋은 좀 떨어지지만, 아무 가지나 뚝 꺾어서 땅에 꽂으면 원래

정황필산수화
지금의 청계천에 버드나무를 심은 것을 그림으로 남겼다. 화가라 추정되는 '정황'은 겸재 정선의 손자이다. 국립중앙박물관 소장.

그 자리에 자라고 있었던 것처럼 땅속의 물을 끌어 올려 잎을 피우고 가지를 뽑아낸다. 그 생명력이 참 대단하지 않은가.

우리 주변에서 흔히 볼 수 있는 나무라서 그런지 옛 고전에 자주 등장하는 나무 중의 하나가 버드나무다. 판푸준潘富俊 선생의 《당시식물도감(唐詩植物圖鑑)》에 의하면, 중국 한시에서 소재로 가장 많이 활용되는 나무가 버드나무라고 했다. 유(柳), 양류(楊柳), 수양(垂楊), 양(楊) 등으로 불리는 이 나무는 물기가 있는 곳이면 어디서나 발견할 수 있다. 수나라의 제2대 황제 수양제는 엄청난 국고를 투입하여 운하를 파고, 운하 주변 제방에 버드나무를 심었다. 그는 제방의 수류(垂柳)에 양(楊)이라는 성을 하사하였는데, 이후로 '수양(垂楊)'이라는 이름이 붙었다고도 한다. 그 외에도 여러 설화가 전하는 걸 보면, 명칭이나 어원은 아마 설명하기 힘든 것이 아닌가 여겨진다.

◈ 묏버들에 담은 기생 홍낭의 사랑 ◈

조선 중기 삼당시인(三唐詩人, 조선 중기 선조 때의 세 시인 최경창, 백광훈, 이달을 칭한다) 중의 한 사람인 고죽孤竹 최경창崔慶昌(1539~1583)과 기생 홍낭洪娘 사이의 애틋한 사연은 비교적 널리 알려진 이야기다. 최경창은 1568년(선조1) 문과에 급제한 뒤 선조의 신임에 힘입어 순조롭게 승진하면서 관직 생활을 한다. 그는 예조와 병조의 원외랑을 지내다가 1575년(선조8) 사간원 정언으로 발령이 났다가 이듬해 영광군수로 좌천되자 사직했다. 1년쯤 뒤에 복직했는데 1582년 선조가 종성부사에 임명했다. 그러나 갑작스러운 승진을 문제 삼아 조정에서 비판이 이어졌고, 결국 그의 벼슬을 성균관 직강으로 바꾼다. 정신적으로 충격을 받은 최경창은 한양으로 가는 도중 객관에서 갑자기 세상을 떠난다.

남학명南鶴鳴의 문집인 《회은집(晦隱集)》에는 최경창이 홍낭에게 주는 시의 서문(崔孤竹贈洪娘詩序)을 인용하여 두 사람의 내력을 기록해 놓았다. 최경창의 《고죽유고》에는 없는 글이기는 하지만, 아마도 남학명이 다른 책에서 이 글을 보고 기록해 둔 것으로 보인다. 1573년, 최경창은 북도평사로 부임하였는데 홍낭은 그를 따라서 함께 군막에 거처하였다. 이듬해인 1574년 봄, 최경창은 한양으로 돌아가게 되었고 홍낭은 쌍성까지 따라와서 이별하였다. 그녀가 혼자 몸으로 돌아가는 길에 함관령에 이르자 마침 날이 어두워지면서 비가 내리기 시작했다. 그래서 노래를 지어서 최경창에게 보낸다. 우리에게 널리 알려진 홍낭의 시조 작품이 바로 그것이다.

묏버들 가려 꺾어 보내노라 님의손대

자시는 창밖에 심어두고 보소서

밤비에 새잎곳 나거든 날인가도 여기소서

이 작품은 현재 〈번방곡(飜方曲)〉이라는 제목의 칠언고시(七言古詩)로
번역되어 《고죽유고》에 수록되어 있다.

折楊柳寄與千里人   버들 꺾어 천 리 밖 그대에게 보내오니

爲我試向庭前種   저를 위해 뜰 앞에 심어 주세요.

須知一夜新生葉   당연히 아시겠지요, 밤새 새로 잎이 나면

憔悴愁眉是妾身   초췌하고 근심어린 모습이 저라는 걸요.

(최경창, 〈번방곡(飜方曲)〉, 《고죽유고(孤竹遺稿)》)

　　내용으로 보나 제목으로 보나 이 작품은 홍낭의 시조를 번역한 것이
다. 최경창과 헤어져서 지내는 자신의 모습을 초췌하고 근심 어린 눈썹
으로 표현했다. 관기 처지에 자신이 모시던 분과 헤어지면 그다음을 기
약하기 어렵다는 점을 본인은 너무도 잘 알고 있었을 것이다. 쌍성까지
따라갔다가 돌아가는 길, 빗소리 들리는 어둑한 방에서 문득 그녀는 자
신이 선물을 하지 않았다는 걸 알아차렸을 것이다. 얼른 묏버들 한 가지
를 꺾고 노래 한 수를 지어서 한양으로 돌아가는 최경창에게 보낸다. 헤
어진 여자에게 무슨 즐거움이 있겠는가. 그저 초췌하게, 늘 얼굴에 수
심을 가득 띠고 지낸 것이다. 그녀는 노래와 함께 버드나무가 창밖에서
푸른 잎을 틔우면 자기를 생각해 달라고 말하는 것이다. 뒤에서 언급하

겠지만, 그런 점에서 절류 풍습이 가지고 있는 일반적인 의미, 건강한 여행을 기원하거나 무사귀환을 기원하는 의미와는 조금 다른 맥락에서 지어진 것으로 보인다. 그 점이 또한 홍낭의 시조를 한층 새롭게 읽도록 하는 문학적 힘이기도 하다.

어떻든 홍낭은 따라갈 수 없는 처지라 버드나무 가지를 대신 전해주면서, 밤비에 새잎이 나면 나라고 생각해 달라고 했다. 이별의 정표로 널리 사용되는 버드나무 가지를 소재로 자신의 절절한 마음을 잘 담은 작품이다. 시조를 한 편 지어서 쓰고 그 안에 버드나무 가지 하나를 곱게 넣어서 보내는 그 날 밤, 홍낭의 심사를 어찌 짐작이나 하겠는가. 날은 저물고 비는 내리는 함관령 객관에서 혼자 최경창을 그리는 마음이 시와 버드나무 가지에 담뿍 담겨있는 듯하다.

1575년, 최경창은 병으로 아주 고생을 한다. 그 소식을 들은 홍낭은 즉시 한양으로 출발한다. 7일 밤낮을 쉬지 않고 달려서 한양에 도착했는데, 마침 나라에 큰 변고가 생겨서 관청 소속 기생이었던 홍낭은 함경도로 돌아갈 수밖에 없었다. 이때 홍낭에게 지어준 최경창의 한시 작품이 〈증별(贈別)〉이라는 제목으로 2수가 문집에 수록되어 있다.

이 내력을 기록으로 남긴 남학명이 최경창의 후손에게 들었다는 말에 의하면, 최경창이 세상을 떠난 후 홍낭은 자신의 아름다운 용모를 스스로 훼손한 뒤 경기도 파주에 있는 묘소로 와서 시묘살이를 했다고 한다. 또한 임진란이 발발하자 최경창의 문집 원고를 챙기는 바람에 다행히 전쟁통에 불타버리는 화를 면했다고 한다. 이런 연유로 홍낭은 죽어서 최경창의 묘소 아래에 묻히게 되었다는 것이다. 홍낭의 애절한 이야기를 읽으면서 나는 새삼 버드나무의 푸른빛이 눈에 삼삼해졌다.

❀ 고전문학의 단골손님 '이별의 버드나무' ❀

버드나무 가지를 꺾어서 이별의 증표로 삼는 것은 중세 동아시아 문학에서 널리 사용되는 비유다. 당나라 때에는 장안을 떠나는 사람을 전송하기 위해 성 밖까지 나가는 일이 많았다. 술을 가지고 가서 헤어지기전에 한잔하기도 하고, 그 자리에서 시를 지어주기도 했다. 이런 행사를 가장 많이 했던 곳은 바로 장안성의 동쪽에 있던 파교(灞橋)다. 이곳은 겨울이 완전히 가기도 전에 매화가 많이 피어서 봄을 그리는 지식인들이 한겨울에도 찾는 곳이기도 했지만, 전송하는 장소로도 애용되었다. 파교에서 사람들은 버드나무 가지를 꺾어서 자신의 마음을 담았다고 한다. 《삼보황도(三輔黃圖)》의 기록에 의하면 이런 풍습은 이미 한나라 때 만들어졌다고 한다. '절류(折柳)' 혹은 '절양류(折楊柳)'로 표현되는 이 말은 악부(樂府)의 중요한 계열을 이룰 정도로 보편적인 표현이다.

우리 고전문학에서는 이 작품과 관련하여 많이 인용되는 것은 왕유王維의 명편 〈송원이사안서(送元二使安西)〉다. 전별하는 술자리에서 노래로 널리 불렸던 것은 말할 것도 없거니와 앞부분의 구절, "위성 아침비 가벼운 먼지 적시니, 객사의 푸르고 푸른 버드나무 빛이 새로워라.(渭城朝雨浥輕塵, 客舍青青柳色新)"하는 부분은 버드나무의 푸른빛 안에 이별의 슬품이 가득한 느낌을 준다. 춘향이가 이도령과 이별할 때도 이 작품이 인용되었고, 조선 후기 풍류방에서 기생들이 이 작품을 시조로 번안하여 무수히 노래한 바 있다.

이별하는 자리에서 왜 버드나무 가지를 꺾어서 주었을까? 그것은 선물의 일종이었을까, 아니면 그냥 관습적으로 주었을까. 선물도 시대적 의미가 착색되는 것은 당연한 일이고, 공간적 상징을 가지는 것도 납득할 만한 일이다. 같은 물건이라도 시대에 따라 혹은 지역에 따라 그 의미가 달라지는 것을 우리는 더러 목격한다. 그런 점에서 버드나무 가지는 선물의 역할을 했을 것이지만 그것이 하나의 관습적 행위처럼 행해지기도 했다.

이와 관련해서 조선 후기 문인 성호 이익이 흥미로운 글을 남긴 적이 있다. 그는 버드나무 가지를 꺾어서 길 떠나는 사람에게 주는 것에 대해 〈절류증행(折柳贈行)〉《성호사설》 권9)이라는 글로 생각을 남겼다. 이익은 이 글에서 '버드나무를 꺾어서 길 떠나는 사람에게 주는 것은 일반적으로 행해지는 예절이지만 그 의미를 알지는 못한다'고 전제한 뒤 자신의 생각을 진술한다. 길을 떠나는 사람을 전송할 때에는 누구나 선물을 증정한다. 그렇지만 가난한 선비 입장에서 선물을 준비하는 것은 경제적으로 부담이 되기도 하고 형편상 준비하지 못하는 경우가 흔하다. 그러나 선물을 하지 않으면 이는 예에 어긋나니 고민이 된다. 이 상황에서 시냇가 다리 옆에 피어나는 버드나무 가지는 어디서나 쉽게 구할 수 있

버드나무 밑 말탄 선비
정선, 국립중앙박물관 소장.

는 것이므로, 나뭇가지를 꺾어서 증여함으로써 자신의 정성을 표현한 것이다. 선물의 내용은 정말 보잘것없지만 그 안에 담긴 정성만은 어느 선물 못지않다는 점을 생각해야 한다. 버드나무 가지야말로 돈을 들이지 않고도 정성을 전달할 수 있는 일이니 그 뜻이 참으로 간절하다고 했다.

이익은 몇 사람의 예를 들기도 한다. 오나라 계찰季札이 정나라 자산子産을 만난 뒤 호대(縞帶)를 선물하자 자산은 저의(紵衣)로 답례를 했다. '호'와 '저'는 서로 다른 비단의 종류를 뜻하는 글자다. 오나라에서는 호를 귀하게 여기고 정나라에서는 저를 귀하게 여긴다. 자기 나라에서 귀하게 여기는 물건으로 선물을 했으니, 이것은 경제적인 이득을 고려한 것이 아니라 선물을 주는 사람이 귀하다고 여기는 물건을 선택한 것일 뿐이다. 선물은 경제적 이익을 염두에 두고 하는 것이 아니라고 이익은 굳게 믿고 있는 셈이다. 그렇게 보면 선비란 모름지기 재물만을 폐백으로 삼지 않는다. 마음을 담을 수만 있다면 그 물건이 무엇이든 선물로 선택하는 것에 특별히 문제는 없다. 버드나무 가지가 비록 강가에 흔히 자라는, 쉽게 구할 수 있는 사소한 것이라 해도 거기에 담긴 마음을 알아볼 수만 있다면 선물로서 충분하다.

❁ 툭 꺾은 나뭇가지에 담은 무사귀환의 마음 ❁

버드나무가 많은 곳을 생각하면 가장 먼저 떠오르는 곳은 평양이다. 근대 이전까지 대동강은 풍류재사들의 유람처로 널리 알려져 있었다. 조선 시대 선비들에게 평양은 금강산 유람과 함께 풍류남아라면 누구나 한 번쯤은 가보기를 소망했던 곳이다. 술과 음악과 기생들의 노랫소리와 호탕한 뱃놀이와 명승 탐방 등 놀이의 모든 것이 모여 있으니 얼마나 마음을 설레게 하는 곳이었겠는가. 대동강은 풍류가 넘쳐나는 곳이라 인생의 즐거움을 노래하는 소리가 드높기도 했지만, 늘 이별의 눈물이 넘치는 곳이기도 했다. 고진감래(苦盡甘來)가 인생이라지만 흥진비래(興盡悲來)도 역시 인생의 한 모습이다. 바로 이 순간 대동강변에 일렁이는 버드나무 가지는 훌륭한 이별의 징표가 된다. 지금도 평양의 모습을 전하는 사진을 보면 대동강변에 줄지어 있는 버드나무들이 보인다. 그만큼 이곳의 버드나무는 천 년이 넘도록 수많은 재자가인의 이별과 눈물을 보면서 세월을 견뎌온 것이다. 버드나무가 많다고 해서 평양의 다른 이름을 '유경(柳京)'이라고도 했다. 북한이 평양에서 운영하고 있는 유경호텔도 바로 거기서 온 이름일 것이다. 버드나무가 많은 평양의 이미지는 이미 고려 시대의 글에서도 보이는 것을 보면 정말 오래된 유래를 가지고 있다. 고려 후기 문인인 최자崔滋가 지은 〈삼도부(三都賦)〉에서도 대동강을 노래하면서 "대동강 양쪽 언덕의 수양버들은 온종일 바람에 춤을 춘다"(兩岸垂楊 終日舞風)고 했다.

중국 한문학의 전통이라고는 하지만, 왜 이렇게 버드나무를 이별의 증표로 삼았을까. 버드나무 가지를 이별의 징표로 삼은 것은 아니지만,

〈겸재화첩〉 중 '연광정'

정선, 버드나무가 일렁이는 대동강변의 풍경을 그린 산수화이다. 그림 속 누각은 '연광정'으로 조선 시대에 연회 등이 열리던 곳이며 관서팔경(평안남북도에 있는 여덟 곳의 명승지) 중 하나다. 베네딕도 왜관수도원 소장.

《시경》에서 이미 길을 떠나는 사람이 버드나무를 기억하는 내용을 담은 노래가 실려 있다.

昔我往矣	옛날 내가 출정할 때엔
楊柳依依	버드나무 가지 하늘거렸지.
今我來思	지금 내가 돌아와 보니
雨雪霏霏	눈이 펄펄 날리는구나.

(《시경》〈소아(小雅)〉〈채미(采薇)〉)

　버드나무는 고향의 봄을 그대로 전해준다. 봄이 되자 물이 올라 파랗게 잎이 퍼지기 시작하는 풍경은 약동하는 생명을 보여준다. 모든 생명이 푸르게 되살아나는 계절에 자신은 죽음이 가득한 전쟁터로 나가는 신세다. 눈이 휘날리는 겨울에 돌아왔지만 그동안 목마르고 굶주렸던 어려움은 말도 못 할 정도이리라.

　문학 작품 속으로 버드나무가 들어온 것은 아주 오랜 옛날이지만, 절류 풍습과 관련해서 기록을 살펴보면 한나라 시기에는 온전히 자리 잡았음을 알 수 있다. 길 떠나는 사람을 성 밖에서 전송하면서 길가의 버드나무 가지를 꺾어서 선물하는 것은, 앞서 이익이 말한 의도처럼 '예경정의중(禮輕情意重)', 즉 예의는 가볍지만 마음은 정중하고 무겁게 한다는 점을 뜻한다고 한다. 이러한 풍속은 지식인들의 격조 높은 행동으로 자리를 잡았다.

　이별의 증표로 버드나무를 선택한 까닭은 정확하게 알려져 있지 않다. 다만 버드나무를 뜻하는 '류(柳)'가 '머무른다'는 뜻의 '류(留)'와 발음이 같아서 떠나지 말라고 만류하는 의미를 담았다고 전한다.

또한 앞서 언급한 것처럼 버드나무는 굉장한 생명력을 보여준다. 나뭇가지를 꺾어서 땅에 꽂으면 즉시 뿌리를 내리고 왕성하게 자란다. 이 때문에 길을 떠나는 사람이 어느 곳에 가든 잘 적응해서 건강한 모습으로 여행할 뿐 아니라 무사히 돌아오기를 기원하는 마음을 담았다. 게다가 버드나무 가지는 악귀를 쫓아내는 능력을 가진 것으로 여겨졌다. 우리나라에서도 널리 읽혔던 책 중에 북위(北魏) 때의 가사협(賈思勰)이 지은 《제민요술(齊民要術)》이 있다. 이 책의 〈종류(種柳)〉 대목에는 정월 초하루 아침에 버드나무 가지를 꺾어서 방문 위에 걸어놓으면 한 해 동안 온갖 귀신이 침입하지 못한다고 썼다. 이렇게 보면 버드나무를 통해서 길 떠나는 사람의 건강과 무사귀환을 기원하는 셈이 된다.

또 하나의 풍속이 전하고 있다. 이별하는 사람에게 버드나무 가지를 꺾어서 그냥 건네주기도 하지만, 그것을 둥글게 말아서 마치 반지나 팔찌처럼 만들어서 주기도 한다. 이것은 '둥글다, 반지' 등을 뜻하는 한자어 '환(環)'이 '돌아오다'는 뜻의 한자어 '환(還)'과 발음이 같아서, 가는 즉시 돌아오라는 의미를 담았다고 한다.

어느 쪽을 의미하든 세월이 흐르면서 이 풍속은 하나의 관습적 행위로 굳어지면서 많은 사람의 마음을 전하는 증표가 되었고, 이별을 아쉬워하는 많은 시문에 소재로 등장해서 사람들의 감동을 자아냈다.

2장

사대부의 품격을
두루 살펴 가치

매화

분매가 필 때 우리,
술과 붓을 들고 만나오

퇴계退溪 이황李滉(1501~1570)을 비롯하여 근대 이전의 많은 문인이 매화를 좋아했다. 매화를 보면서 그들은 늘 절의와 아름다운 심성을 떠올렸을 뿐 아니라 매화가 만들어내는 사계절의 풍광을 사랑했다. 시문을 쓰는 중에도 매화는 중요한 소재로 사용되었다. 어린 시절 마을에서 자주 마주치던 커다란 매화나무와 희디흰 꽃을 생각하면, 10대 시절의 내게 매화란 일상의 풍경을 만들어내는 여러 사물 중의 하나였을 뿐이다. 그런데 고전문학 작품을 접하면서 매화의 이미지는 새롭게 구성되었다. 중고등학생의 머리에 절의의 상징 매화가 자리하기 시작했고, 일상에서 늘 보던 매화는 새로운 개념으로 덧칠되었다.

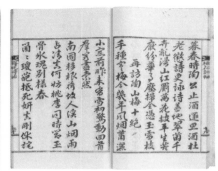

매화시첩
이황이 매화를 읊은 시조만 모아서 펴낸 시첩을 목판으로 찍은 책. 1933년 12월
6일 진진당 발행본이다. 국립민속박물관 소장.

어떤 사물이든 그것이 내게 특별한 의미가 되기 위해서는 구체적인
계기가 있어야 한다. 매화와 절의를 동일시하면서 시험문제를 풀던 고
등학생의 머리에 들어있는 매화는 매우 유형적이고 구태의연한 이미지
로 자리를 잡았다. 일상에서 무덤덤하게 보던 매화는 더는 내 관심을 끌
지 못했다. 이른 봄 매화가 활짝 피면 바람결에 설핏 코를 스치던 향기
도 10대 후반이 되면서 매력적이지 않았다.

이황의 매화시를 만난 것은 20대 후반이었다. 이황은 매화를 아주 사
랑해서 많은 시문을 남겼다. 이정형李廷馨(1549~1607)의 《동각잡기(東閣雜
記)》에 의하면, 이황이 세상을 떠나던 날 아침 시자(侍者)를 시켜 매화 화
분에 물을 주도록 하고 저녁 무렵 자리를 정돈한 뒤 부축하여 일으키게
한 후 조용히 숨을 거두었다고 한다. 그만큼 이황의 매화 사랑은 널리 알
려질 만큼 정평이 나 있었다. 대학원 시절 수업 시간에 강독을 하게 되어
본격적으로 읽게 되었고, 그때 비로소 나는 매화의 여러 이미지와 다양

한 고사를 접할 수 있었다. 언젠가는 내 방에 매화 화분을 들여놓고 함께 살아보려는 소망을 막연하게나마 가지게 되는 계기를 만들었다.

❀ 사모하여 만났지만 돌보는 방법은 몰랐던 나의 '매화분' ❀

내가 매화분(梅花盆)을 뜻밖의 선물로 받은 것은 40대 중반이었다. 평소에 늘 매화와 관련된 화제가 나오면 매화를 길러보고 싶은 소망을 이야기했더랬다. 그 말을 잊지 않고 있다가 후배가 문득 매화분을 선물한 것이다. 지나가는 말을 잊지 않았던 후배가 고맙기도 했지만, 매화분을 보는 순간 나는 드디어 내게도 멋진 벗이 생긴다는 생각에 가슴 가득 설렘이 넘실거렸다. 낮은 장방형의 화분에 굵고 뒤틀려 올라간 줄기, 거기서 뻗어 나온 서너 개의 가지, 푸른 잎 몇 개. 지금도 내 눈에 선연히 떠오르는 그 모습처럼 내가 마음속으로 상상하던 분매의 자태였으므로 설렘 가득한 기쁨이 더했던 듯하다. 그것을 연구실에 모신 뒤 나는 정말 애지중지하며 매화를 돌보았다.

매화의 성정이 원래 까다로운 탓인지는 모르겠으되, 내게 있어 매화는 친해지기 어려운 벗이었다. 어쩌면 그건 내 탓이었을 수도 있다. 눈앞에 있는 현실의 매화를 관념으로 대했기 때문이다. 분매를 어떻게 관리해야 하는지 구체적인 방법은 전혀 물어보지도 않고, 그 화분을 연구실 창가에 놓았으니 그 이후의 일이야 불문가지였다. 자주 물을 주거나 뿌리를 덮은 이끼가 마르지 않도록 스프레이로 물을 뿌리는 것이 고작이었다. 게다가 출장을 가거나 해외 나들이를 하느라 여러 날씩 연구실을 비웠다가 돌아와 보면 화분은 바짝 말라 있기 일쑤였다. 이런 생활이 반복되면서 3년을 넘기자 서너 개의 가지가 시들었고, 급기야 힘없는 잎 몇 개를 남기고 매화가 죽어갔던 것이다. 어찌할까 생각하던 끝에 버리기로 결심했다. 그렇지만 기왕 버릴 요량이면 땅에 심어보자는 생각이 들었다. 그날 나는 매화분을 들고 처가로 가서, 화분에서 매화를 꺼내 앞마당에 심었다. 바쁜 일상에 쫓겨 그 사실을 까맣게 잊고 지내다가, 몇 달 지나서 우연히 보니 매화는 마당가에서 싱싱한 푸른 잎을 자랑하며 새로운 자태를 뽐내고 있었다.

❀ 한겨울 견딘 매화, 선비의 고결함 상징한 시적 상관물 ❀

매화의 문화적 상징이 늘 한결같은 것은 아니었다. 시대마다, 혹은 나라마다 서로 다른 상징으로 사용되었다. 조선에서만 하더라도 매화는 절의와 고결한 성정의 상징으로 쓰였지만 기생들이 선호하는 소재이기도 했다. 조선 말기 유명한 고전소설 〈강릉매화타령〉에서의 매화는 얼마나 유머 넘치면서도 색정적인 여인이었던가. 중국에서의 매화는 신선의 상징이기도 하고 매실은 장생불사약으로 인식되기도 했다. 일본은 무사들의 상징으로 널리 사용되었다. 일본 전국시대나 에도 시대에 우후죽순처럼 발흥한 무사 가문에서 문장(紋章)을 만들 때 가장 널리 사용된 소재가 바로 매화였다. 이처럼 매화의 상징적 의미는 시공에 따라 다양한 형태로 변용되어 나타났다. 그렇지만 그 이면에 들어있는 의미를 따져보면 역시 매서운 눈보라와 추위를 견디고 꽃을 피우는 이미지가 근간을 이룬다. 그 상징이 문맥에 따라 다양한 모습으로 변용되어 사람들의 사상과 감정을 드러내는 매개체가 되었다.

다양한 상징적 의미를 거론한다 해도 조선 지식인들에게 매화란 역시 고결한 성품을 드러내는 시적 상관물이었다. 이 때문에 꽤 많은 사람이 매화를 선물로 주고받았다. 그중에 꽤 드라마틱하면서도 가슴을 울리는 이야기는 15세기 후반에 활동했던 문인 이행李荇(1478~1534)과 박은朴誾(1479~1504) 사이의 일화다. 흔히 해동의 상서시파(江西詩派)로 불리는 두 사람은 자주 만나 시와 술을 나누면서 깊은 교유관계를 만들었다. 그들이 살았던 시기는 조선의 사화(士禍)가 처음으로 역사의 전면에 부상하던 어지러운 때였다. 연산군이 통치하던 이 시기에, 권력을 쥐고 있던 훈구파 출신 관료들은 새롭게 관료 사회에 진출하면서 세력을 형성하던 사림파 출신의 관료들을 정치적으로 공격했고 이 때문에 많은 사람이 피해를 당한 것이 사화였다. 1498년(연산군4) 무오사화를 시작으로 1504년(연산군10) 갑자사화, 1519년(중종14) 기묘사화, 1545년(명종1) 을사사화로 이어지면서 많은 지식인이 큰 피해를 입었다. 이행과 박은은 바로 사화가 시작되는 시기를 살아가면서 뛰어난 시문 창작 능력을

겨울산 속의 매화에 둘러싸인 서옥
전기, 국립중앙박물관 소장.

선보였던 절친한 벗이었다.

1504년, 이행은 박은에게서 잠시 맡아두었던 매화 화분을 다시 돌려주면서 시를 한 편 짓는다. 이 매화는 원래 남산의 심거사沈居士라는 분이 1498년 화분에 심어서 허암虛庵 정희량鄭希良(1469~?)에게 선물로 준 것이었다. 그런데 정희량이 무오사화 당시 탄핵을 당해 장(杖) 100대에 3천리 유배형을 받고 의주와 김해 등지에서 유배생활을 한다. 그러다 1501년 유배에서 풀려난 이후 고양에서 모친의 묘를 지키던 중 산책 나간 뒤 소식이 끊겼다. 정희량은 아마 유배형을 당하게 되자 자신이 아끼던 매화를 가까이 교유하던 박은에게 선물로 준다. 그러다가 박은이 서울을 떠날 상황이 되자 자신의 절친한 벗 이행에게 맡긴다. 아마 선물로 주었을지도 모를 이 분매는 이행에게 늘 박은을 생각하게 하는 꽃이었을 것이다. 봄에 맡았던 분매는 가을 중양절(세시 명절의 하나로 음력 9월 9일) 무렵 다시 박은에게 돌려주는데, 그때 지은 시가 문집에 남아있다. 이행은 이 작품에서 매화가 성색(聲色)의 티끌이 없음을 말하면서, 매화 덕분에 자신의 작은 집에 봄빛이 가득한 느낌이 든다고 읊었다.*

❀ 매화 가지로 주고받은 이황 제자들의 교유 ❀

매화를 좋아했던 사람이 한둘이 아니었으므로 매화에 얽힌 우여곡절이 기록으로 많이 남아있다. 그중에서도 조선 중기의 이름난 유학자 정구 鄭逑(1543~1620)의 매화 사랑도 빼놓을 수 없다. 이황의 학맥을 이은 정

---

* 이에 대한 자세한 내용은 강혜선 교수의 〈사화를 겪은 매화 분재〉(《문헌과해석》 제62호, 태학사, 2013)에 소개되어 있다.

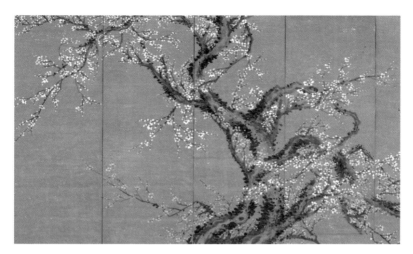

붉은 매화와 흰 매화
조희룡. 국립중앙박물관 소장.

구는 이황만큼이나 매화를 좋아했다. 그는 1583년 회연초당을 짓고, 그
곳에 대나무 1백 촉, 매화 1백 그루를 심고 '백매원'이라고 이름한 바 있
다. 임진란 때 모두 불에 타서 사라지기는 했지만, 그는 늘 매화를 주변
에 두고 감상했다. 이런 탓인지 정구의 학맥을 이은 사람 중에서도 매화
를 유독 좋아했던 사람이 있었다. 바로 서사원徐思遠(1550~1615)이었다.

　서사원의 호는 낙재樂齋, 자는 행보行甫다. 이천(伊川, 대구 지역) 인근에
서 태어나 백부에게 양자로 들어간 그는, 양부가 세상을 떠나자 과거 공
부를 작파하고 평생을 학문 연찬에 매진한다. 이황의 학맥을 이은 정구
의 문하에서 공부하는 한편 후학 양성에도 힘을 쏟는다. 조정에서 여러
차례 벼슬을 제수했지만 그는 한 번도 나가지 않았다. 후학을 가르치는
건물도 경의재(敬義齋), 완락재(玩樂齋)라 이름을 붙였다고 하니, 성리학

에 대한 열의와 이황에 대한 존경심을 미루어 짐작할 만하다. 이황 학맥의 매화 사랑은 널리 알려져 있거니와, 그런 영향을 받았던 서사원 역시 매화를 좋아했고, 주변 사람들에게 매화를 즐겨 선물했다.

한번은 이황을 모신 연경서원에 정경세鄭經世가 방문한 적이 있었다. 1607년 6월이었다. 그는 서원의 학생들과 함께 경서를 강독하면서 뜻 깊은 시간을 보낸다. 당시 서사원이 서원의 산장(山長)을 지낼 때였는데 이들은 오랫동안 학문적 교유를 하면서 인연을 이어갔다. 이 무렵 어느 겨울, 매화가 피자 서사원은 정경세에게 매화 가지를 꺾어서 선물로 보낸 적이 있다. 서사원의 문집이 전하지 않아 어떤 내용인지 알 수는 없지만, 그에게 선물을 받은 정경세가 지은 작품을 통해서 그 일단을 볼 수 있다.

絕俗幽芳合在山　　속세 기운 끊은 그윽한 꽃 산에 있어 마땅한데
誰教送到簿書間　　그 누가 문서 쌓인 곳으로 보내오셨나.
摧殘尙有仙風骨　　가지 꺾여 시들었어도 여전히 신선 풍골 남아있나니
可把凡花比竝看　　뭇 꽃들과 나란히 놓고 비교해 볼 만하여라. *

이 작품의 제목을 보면 시가 지어진 내력을 짐작하게 된다. 선사산(仙査山)에 살고 있던 서사원이 동짓달 분매가 꽃을 활짝 피우자 그중 한 가지를 꺾어 지롱(紙籠) 속에 넣어 보내면서 세 편의 좋은 절구시도 아울러 부쳐 왔다고 했다. 정경세는 기뻐하면서 그 작품에 차운해서 답시로 보

---

* 鄭經世,〈徐正郎行甫閉戶仙査山中, 冬至月, 以盆梅盛開者一枝, 折納紙籠中寄來, 副以清詩三絶, 不勝喜倒, 謹用其韻謝之〉,《愚伏集》卷1.

냈는데, 위의 작품은 두 번째 수다. 여기서의 매화는 속세와 인연을 끊은 채 은거하면서 학문 연찬에 매진하는 서사원의 삶과 그의 맑고 서늘한 정신을 상징한다. 매화 가지를 꺾어서 종이 봉투에 넣었지만 그것을 전하는 동안 아마 시들었으리라. 그러나 거기에는 여전히 신선의 풍모와 정신이 스며있었고, 동짓달의 설한을 견디고 피어낸 꽃에는 서사원의 삶이 담겨 있었다. 화려하게 피어났다가도 조금만 춥거나 바람이 불어도 금세 떨어지고 마는 다른 꽃들과 비교하면 매화의 마음은 얼마나 고결하고 은근한가. 서사원과 정경세는 매화 가지 하나로 선비로서의 정신적 교유를 심화시키고 있었다.

함께 이황의 학맥은 이은, 스승이자 벗인 정구의 문집에는 서사원에게 보내는 편지가 꽤 여러 통 수록되어 있다. 그중에 눈길을 끄는 편지가 있다.

> 화분 세 개에 담은 아름다운 꽃이 이웃사람과 함께 나란히 들어오니 맑은 향기가 방 안에 그득하여 초라한 내 집이 갑자기 호화로워졌습니다. 벗이 주는 정겨운 선물이 이 정도에까지 이르렀단 말입니까. 향기와 덕에 취해 너무 즐거운 나머지 배고픈 것도 잊었습니다.
>
> (정구, 〈서사원에게 보내는 답장〉, 《한강집》 권3) **

정구는 아마도 서사원에게서 꽃을 심은 화분 세 개를 선물로 받았을 것이다. 계절이 언제인지 짐작할 수는 없지만, 겨울이나 초봄이라면 매

** 三盆佳蘂, 比鄰並至, 淸香滿室, 寒棲忽侈. 朋友情貺, 其至是哉! 薰馨感德, 令人不覺樂而忘飢也.

화였을 것이고 가을이라면 국화였을 것이다. 무슨 꽃이든 간에 정구는 서사원의 선물 덕분에 초라한 집이 얼마나 멋지게 변모했는가 하는 점을 글 속에 담았다. '맑은 향기가 온 방에 가득하니 초라한 거처가 홀연 호화스러워졌다'는 구절 속에서 서사원의 선물이 마음을 참으로 흐뭇하게 했음을 드러냈다. 이렇게 서사원은 주변의 스승이나 벗들에게 매화를 비롯한 꽃을 선물로 보냄으로써 학문적 교유와 정신적 교감을 나누었다.

❀ 문인들의 품격있는 잔치 '매화꽃 시회' ❀

근대 이전의 문인들이 선물로 주고받았던 꽃으로는 국화와 함께 매화가 단연코 으뜸이다. 고려의 큰 인물 이색李穡은 매화를 선물로 받기도 했지만 주기도 했던 기록을 남겼으며, 조경趙絅, 윤선도尹善道 등의 글에서도 매화 선물을 받고 시를 지어 답례한 사례가 있다. 조선 말기의 문인 김윤식金允植은 지인 중의 한 사람이 방문했다가 자기 집에 분매가 활짝 피었다는 말을 듣고, 즉시 종을 시켜서 그 분매를 가지고 오도록 한 뒤 밤새도록 술을 마시며 매화 아래에서 시를 읊었다고 했다. 이처럼 옛 지식인들은 매화를 선물로 주고받으면서 자신들만의 고아한 풍류를 즐겼다.

　매화 선물이 개인적인 차원에서의 교유라면, 매화가 피었을 때 펼쳐지는 시회(詩會)는 한 지역 문인들의 흥겹고 품격 높은 잔치자리였다. 꽃이 핀 것을 기념하여 시회를 여는 기록은 고려 후기부터 자주 기록에 등장한다. 1199년 5월, 고려 최씨 정권의 실력자 최충헌의 집에 천엽유화

'매화가 핀 서옥' 일부
조희룡, 국립중앙박물관 소장.

(千葉榴花, 석류꽃)가 만발하자 문인들을 불러서 그것을 기념하는 시회를 열었을 때 이규보가 사람들에게 능력을 인정받았던 일화는 상당히 널리 알려져 있다. 조선 시대 들어서면서 지식인들이 개화를 기념하는 시회를 열 때 빠지지 않는 꽃이 바로 매화다. 매화가 피어나면 주변 사람들을 초청하여 매화를 감상하는 한편 술과 시로 풍류로운 한때를 즐겼다. 이러한 시회를 주기적으로 개최하여 한 시대의 성사(盛事)로 알려진 경우가 꽤 있었다.

　정약용丁若鏞의 글에 보면 죽란시사(竹欄詩社)에 관한 기록이 나온다. 그는 자신과 동갑인 채홍원蔡弘遠과 시사를 만들기로 하면서, 자신들보다 4년 연상인 사람들과 4년 연하인 사람들을 대상으로 구성원을 꾸린다. 그렇게 모인 15명의 선비는 살구꽃이 처음 필 때, 복숭아꽃이 처음 필 때, 한여름 오이가 익을 때, 초가을 연꽃이 필 때, 국화가 필 때, 큰 눈이 한번 내릴 때, 그리고 한 해가 저물 무렵 분매가 필 때 모이기로 약속한다. 그러면서 모일 때마다 술, 안주, 붓, 벼루를 준비하자고 했다.*

이제는 무슨 꽃이 피는 계절인지도 잊고 살아가는 신세가 되었다. 자연의 아름다운 순환은 우리 생활에서 밀려나고, 쏟아지는 눈을 보면서도 출근길을 걱정하는 처지가 되었다. 자연에서 한 걸음 멀어지자 삶은 한층 팍팍해졌다. 어떻게 살아가는지도 모르고 눈앞에 닥친 일을 감당하느라 허둥지둥하는 사이에 세월이 흐른다. 나 역시 매화가 피면 주변 사람들과 함께 술과 시와 담소가 어우러지던 모임을 하곤 했지만, 그것도 벌써 5년 전의 모임을 끝으로 모이지 못하고 있다. 매화의 고결한 자태를 통해 우리의 맑은 심성을 돌아보자는 깊고 원대한 목표를 가져야 매화모임을 하는 것은 아니다. 그저 자연이 주는 풍요로운 선물을 풍류롭게 즐길 수 있는 마음의 여유가 그리운 것이다. 오래전 마당에 심어둔, 그리하여 이제는 제법 잎이 무성한 매화가 언제쯤 피어날지, 올겨울에는 눈여겨보아야겠다는 생각을 한다. 혹 꽃눈이라도 틔우면 주변의 벗을 불러 따뜻한 눈길을 나누고 싶다.

---

* 丁若鏞, 〈竹欄詩社帖序〉, 《茶山詩文集》 卷13.

종이

문사의 얼굴에 생기를 돌게 하는
반가운 선물

❀ 담뱃갑 은박지도 요긴하게 쓰이던 시절 ❀

도시와 농촌 지역의 차이가 있기는 하겠지만, 불과 4, 50년 전만 하더라도 이 땅의 시골에서는 종이가 귀한 대접을 받았다. 중고등학교의 시험지나 교육 자료는 철필로 긁어서 만드는 등사본이었는데, 그것을 인쇄하는 종이는 조악하기 이를 데 없는 수준이었다. 한쪽 면만 조금 반들거려서 그곳을 이용하라는 뜻인 것은 알겠지만, 쌓여있는 종이뭉치를 들추어보면 너무 얇은 나머지 군데군데 구멍이 나 있기까지 했다. 학생 입장에서 그나마 이런 종이라도 몇 장 우연히 얻게 되면 두툼한 공책 한 권이라도 되는 양 기분이 좋았다. 문방구라는 개념도 별로 없던 시골의 풍경은 아마도 대부분 이러했으리라.

등사기
롤러식 인쇄기로 등사지에 철필로 글을 새긴 다음
롤러로 먹물을 발라 인쇄했다. 국립민속박물관 소장.

방학노우트 중1
등사기로 인쇄한 중학교 1학년용
여름방학 학습 교재. 1966년 6월
30일 민중서관 발행본이다. 국립
민속박물관 소장.

　　지금도 기억나는 것 중의 하나는 어른들의 종이 사용 능력이다. 좋은
종이를 구하기 어려웠으므로 담뱃갑 안에 들어있던 은박지도 요긴하게
사용되었다. 아마도 습기를 차단하는 용도였을 것으로 추정된다. 쓰임
새야 어찌 되었든 간에 이 은박지의 표면은 반짝이는 은빛 재질이어서
글씨를 애초에 쓸 수 없는 매끈매끈한 알루미늄 포일 같은 상태였다. 그
렇지만 그 이면은 연필이나 볼펜으로 무언가를 쓰고 그릴 수 있는 재질
이었으므로 훌륭한 메모지 역할을 했다. 애연가였던 가친께서는 늘 은
박지를 모아서 네모반듯하게 자른 뒤 깔끔하게 정돈해두곤 하셨다. 그
용도는 온갖 종류의 메모를 하는 것이었는데, 아주 작고 가는 글씨로 빼
곡하게 종이를 채웠다. 인제 와서 생각해보면 그 글자를 읽어낼 수 있을

까 싶을 정도로 작았다. 어떤 메모는 어디서부터 읽어야 하는지, 어느쪽으로 읽어야 하는지 요령부득일 정도로 복잡했다. 그러나 가친께서는 그 메모지를 누추한 사랑방 한쪽 구석에 고이 두고 수시로 확인하거나 메모를 하셨다. 훗날 이중섭이 담뱃갑 속에 들어있는 은박지 종이에그린 그림을 보면서 새삼 어린 시절을 떠올렸던 적이 있다.

종이를 구하기 어려웠던 시절을 이야기하면 요즘 청년들이야 이게무슨 호랑이 담배 먹던 시절 이야기냐고 할지 모르겠다. 눈만 돌리면 종이는 쉽게 구할 수 있고, 궁상을 떨지 않아도 다양한 스타일의 메모지나공책을 구할 수 있다. 엄청난 양의 종이가 매일 소비되고, 그 소비를 충당하기 위해 엄청난 양의 나무들이 잘려나가는 것이 현실이다. 그렇지만 잘려나가는 나무는 내 눈에 보이지 않고 풍족한 양의 종이는 내 눈에보이니, 소비의 규모가 커지는 것은 어찌 보면 당연한 일이다.

시대를 거슬러 근대 이전으로 가보면 종이는 더욱 귀한 물건일 수밖에 없었다. 종이를 만드는 방식을 생각해보면 많은 양을 생산하는 것이불가능하기도 했을 것이다. 그렇기 때문에 종이를 사용하는 것은 신중하게 따져야 했고, 종이를 소유하는 것 자체가 문자를 소유하는 것과 동일한 효과를 가졌으며, 그것은 동시에 권력을 소유하는 것에 필적하는것이었다. 다소 과도한 해석이라고 할 수는 있겠지만, 종이를 쌓아놓고사용하는 집안은 흔치 않았다. 제지법이 발달하게 되는 조선 후기에 와서도 여전히 일반 민가에서 종이를 쌓아놓고 풍족하게 쓰는 집안은 거의 없었다.

◉ 양반가에서도 아끼고 아꼈던 문사의 필수품 ◉

조선 시대 작성된 간찰을 보면 종이의 활용을 짐작할 수 있다. 내용을 쓰다가 종이가 부족하다 싶으면 행과 행 사이의 공간을 이용하기도 하고, 편지지의 여백을 활용하여 쓰기도 한다. 물론 어떤 차례로 어디부터 사용하느냐 하는 것은 암묵적인 규칙이 있다. 우리는 이런 사례를 통해 근대 이전의 사회에서 종이가 귀한 대접을 받았으리라는 점을 유추할 수 있다.

물건이 귀한 대접을 받는 것은 여러 이유가 있겠지만, 사회적으로 공급이 수요를 따라가지 못하면 값이 올라가고 희소성을 인정받는 것은 당연한 이치다. 고려 시대부터 종이 제작과 관련된 기록들이 자주 나타나고 있을 뿐 아니라 그 이전 시기의 종이도 일부 문서로 남아있는 것을 보면 한반도 지역에서 종이를 제작한 연대는 상당히 위로 올라갈 것이다. 특히 고려 이후 종이의 수요는 꾸준히 증가 추세에 있었고, 문사를 자처하는 유학자들의 시대인 조선으로 접어들면 그 수요는 폭발적으로 늘어났다. 종이의 수요는 국가적인 문제로 대두되었다.

태종은 1415년(태종15) '조지서(造紙署)'를 설치한다. 원래 이곳은 관청에서 필요한 종이를 생산하는 곳이었다. 조지서는 1882년(고종19) 폐지될 때까지 467년간 존속하면서 조선의 종이 문제를 총괄했다. 그 세월 동안 조지서가 늘 하나의 목표로 활동했던 것은 아니었다. 이창경 교수에 의하면 이 관청은 초기에는 제지공인들을 배속시켜서 종이 생산하는 일을 주로 하다가 17세기 접어들면서 종이 생산량이 급격하게 증가하

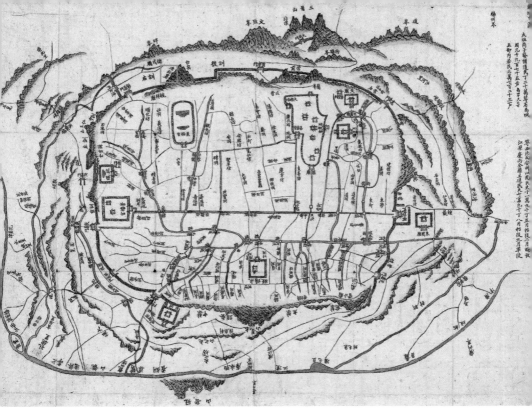

조선성시도
1830년 도성 안쪽을 중심으로 그린 19세기 서울지도다. 붉게 표시한 부분이 '조지서'이다. 서울역사박물관 소장.

자 지전 상인들과 결합하여 종이의 유통에 깊이 간여하기도 했다. 조선 후기 들어서 종이의 수요가 급증하고 그에 따라 민간에서 종이를 생산하는 사람들도 늘어났으므로 조지서의 역할이 조선 전기보다 약해질 수밖에 없었다.

기술의 발달로 생산량이 늘어났다고는 하지만 조선 시대 지식인들에게 종이는 쉽게 구해서 풍족하게 사용할 수 있는 물품이 아니었다. 물론

지체 높고 부유한 집안에서야 다량의 종이를 미리 구매해 놓고 마음껏 썼겠지만, 일반 양반가에서는 아끼고 아껴야 할 물건이었다.

17세기에 활동했던 장유張維(1587~1638)가 김상헌金尙憲(1570~1652)에게 보낸 시를 보면 종이가 얼마나 귀했는지 짐작할 수 있다. 그는 〈청음공이 담황색 종이 40폭을 선물로 보내주셨기에 시를 지어 감사드린다(淸陰公以緗牋四十幅見餉 詩以謝之)〉는 제목의 시에서 이렇게 언급하였다.

邇來屛居飽窮愁	그동안 칩거하여 곤궁과 근심 속에서 지내며
日夕閉戶箋虫魚	밤낮으로 문을 닫고 보잘것없는 글이나 썼습니다.
家貧不能給筆札	집안이 가난하여 붓과 종이 댈 수 없어
敗縑故紙恒無餘	해진 천과 낡은 종이도 늘 남아나는 것이 없었습니다.
感公此餉意何極?	감사하게도 공께서 선물 보내신 뜻 얼마나 지극한지
令我几案生顔色	책상에 앉은 제 얼굴에 생기가 돌게 하셨습니다.
毛君墨生德不孤	붓과 먹도 외롭지 않게 되었으니
詩律文心頓增格	시문도 문득 격조가 높아지겠지요.

(장유, 《계곡집(谿谷集)》 권26)

작품 속에서 보이는 장유의 표현이 그의 현실을 적실하게 드러내는 것은 아닐 것이다. 거기에는 선물을 보내준 김상헌에 대한 고마움의 표시 때문에 자신의 처지를 한껏 낮추려는 태도가 전제되어 있기 때문이다. 전쟁과 흉년의 여파로 사회적 삶의 질이 낮아지기는 했겠지만 장유의 살림살이가 종이를 대지 못할 정도로 가난하지는 않았을 것이다. 그렇지만 이런 표현에서 우리는 당시의 사대부들이 종이를 구하기가 녹록지 않았으리라는 점을 짐작할 수 있다. 종이 선물이 선비의 얼굴에 생기를 돌게 만든다는 표현은 '문사(文士)'로서의 자부심이 종이라는 물품과 함께 어울려 선물의 가치를 드높이고 있다.

● 쌀 7말을 주어야 품었던 종이 20장 ●

앞서 이야기한 것처럼, 장유의 시대가 되면 종이 수요의 증가와 함께 생산량도 많아진다. 그렇지만 종잇값이 저렴해질 정도로 생산이 넉넉했던 것은 아니었다. 조선 말기까지도 종잇값은 일정한 수준을 유지하고 있었는데, 가난한 선비들의 삶에서 이 돈은 부담이 되지 않을 수가 없었다.

이 시기 종이의 가격은 어느 정도였을까? 정확한 기록이 남아있는 것은 아니어서 지금의 물가로 비교하기는 어렵지만, 《만기요람(萬機要覽)》(1808년 편찬)에 의하면 각 관청이 공물을 받으면서 종잇값을 기록한 것이 있다. 아마도 18세기 후반의 물가를 반영하는 것이리라. 값도 종이의 종류나 지질, 사용처, 납품하는 상인이나 지역 등에 따라 차이를 가지겠지만 몇 가지를 예로 들어보면 다음과 같다.

봉상시(奉上寺)에서 삼남 지역과 강원도 지역에서 공납을 받는 종이는 저상지(楮常紙) 1권당 백미 2말 5되를 지불했고, 관상감(觀象監)에서는 같은 지역에서 받아들이는 일과지(日課紙)에 대해 1권당 7말 5되에서 7말 가량을 지불했다. 지금이야 쌀값이 한껏 떨어져서 귀한 줄을 모르지만, 조선 시대 쌀값은 훨씬 높았다. 일반 민가에서 2말 5되에서 7말 이상의 백미를 지급하고 종이 1권을 구입한다는 것은 만만치 않은 일이었다.

종이 1권이 20장을 묶은 것이니, 1장당 가격을 따져보아도 높은 가격이었다. 이 정도의 가격을 지불하고 종이를 쌓아놓고 쓸 수 있는 집이 꽤 있기는 했겠지만 그래도 대부분은 쉽지 않았을 것이다. 그러니 조선의 사대부들 사이에 종이를 선물하는 것은 물건이 가지는 의미 외에도 현실적 효용가치를 인정받고 있었다.

● 비단처럼 희고 질겨 중국서도 탐냈던 조선의 종이 ●

조선의 종이는 품질이 우수하기로 정평이 나 있었다. 특히 중국에서 조선 종이의 성가는 높았다. 명나라의 문인 도륭屠隆이 편찬한 것으로 전하는 《고반여사(考槃餘事)》에 의하면, 고려의 종이는 "비단처럼 희고 질기며 글씨를 쓰면 발묵(發墨)이 아주 좋으니, 이는 중국에서는 없는 것으로 기이한 물건"이라고 쓴 바 있다. 또한 《태종실록》에는 명나라의 황제가 조선 종이를 구하는데, "매우 깨끗하고 빛이 고우며 아주 가늘고 흰 종이"라는 조건을 단 것이었다. 당시 중국이 생각하던 조선 종이의 최고 품질 조건이 이러했을 것이다. 이 같은 맥락으로 조선의 종이가 우수하다고 품평한 중국의 기록들이 다수 존재하는데, 그만큼 조선 종이가 중국 지식인들에게 인기가 높았던 것으로 보인다.

그러다 보니 중국은 늘 조선 종이를 공물로 요구했고, 이에 응하여 조선은 다량의 종이를 중국으로 보내곤 했다. 처음부터 공물로 보내는 종이의 양이 많았던 것은 아니다. 명나라와의 사신 교류가 본격적으로 이루어지는 태종 때가 되면 그 수량이 상당한 정도로 많아진다. 1407년(태종7)에는 중국의 요구에 의하여 순백지(純白紙) 8천 장을 보냈고, 1408

년에는 다시 1만 장을, 세종 1년에는 순백후지(純白厚紙) 1만 8천 장을 보낸 기록이 있으며, 세종 때에는 중국에 은을 공물로 보내는 대신 후지 (厚紙) 3만 5천 장을 보내기도 했다. 그만큼 중국에서의 조선 종이의 성가는 나날이 높아졌다.

근대 이전의 기록에서 종이를 선물한 단편적인 기록은 무수히 많다. 간찰이나 일기류의 글에서 특히 많이 보인다. 그런데 흥미로운 것은 조선 후기 연행록을 보면 종이가 선물로 빈번하게 등장한다는 점이다. 박지원의 《열하일기》(일신수필)에 보면 의무려산 인근 북진묘(北鎭廟)에 들렀다가 우연히 만난 도사에게 선물을 주는데, 부채와 청심환과 종이였

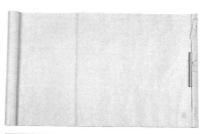

과지

조선 시대에 초시(初試)부터 대과(大科)에 이르는 과거시험 응시자가 제출하는 답안지. 두꺼운 한지 세 장을 이어 붙여 만든다. 국립민속박물관 소장.

주지

편지나 글을 쓸 때 필요한 만큼 잘라 쓰는 두루마리 형식의 종이. 백색의 장지(壯紙)를 가로로 길게 연결하고 가운데 축(軸)을 두어 둥글게 만 형태이다. 국립민속박물관 소장.

'호조낭관계회도' 일부
조선 시대 공물과 세금 등의 경제를 담당하던 호조 관리들의 계회모임을 그린 것이다. 국립중앙박물관 소장.

다. 덕분에 하인들이 뜰의 나무에서 과일을 마구 따먹어도 무사히 넘어갈 수 있었다. 그는 여러 사람과 많은 필담을 나누었는데, 거기에 쓰려고 가져갔던 종이를 일부 선물로 제공했을 것이다. 그보다 10년가량 늦게 연행을 다녀온 김정중金正中의 연행록에서는 가게 주인에게 바가지를 쓴 일을 기록하였다. 점심을 먹은 뒤에 가게 주인이 값을 내라고 조르기에 백지(白紙) 30속(束), 부채 30자루, 청심환 20알을 내주었지만 가게 주인이 펄펄 뛰면서 한바탕 난리를 쳤다. 그래서 종이 5속, 부채 5자루를 더 주면서 이익이나 탐을 내는 그들의 습속을 한심하게 바라보는 내용이 나온다.

김창업金昌業의 《연행일기》에서는 영원성을 지나면서 밤에 자신을 찾아온 노파의 이야기를 수록하고 있다. 밤이 깊어 잠자리에 들었지만 방에 불을 때는 연기가 자욱한 데다 말 울음 소리 때문에 잠을 못 이루고 있던 차에, 69세 된 어떤 노파가 찾아와서 자기 부모의 고향이 한양이라고 말한다. 전쟁 때 끌려왔다가 청나라 땅에 눌러살게 되었는데, 자기는 이곳에서 태어났지만 약간의 조선말을 할 줄 안다고 하는 것이었다. 김창업은 이역만리 타국 땅에서 조선말을 듣는 것이 반가워서 노파에게 약과 부채와 함께 종이를 선물로 준다. 이전의 연행사들도 이 노파를 만났다고 하니, 아마도 노파는 연행사절단에게 조선의 김치와 장을 만들어서 팔았을 것이고 거기서 받은 선물은 팔아서 다른 용처로 사용했을 것이다. 이처럼 조선 후기 사신단이 청나라를 다녀오면서 남긴 기록인 연행록을 보면 중국 사람들에게 선물로 가장 많이 선택한 물품이 바로 부채, 청심환, 종이라는 것을 알 수 있다.

◉ 미래를 끔끔게 만들었던 선물, 공책 ◉

프랑스가 병인양요 당시 약탈해갔던 외규장각 소장 도서의 존재가 우리에게 알려진 뒤, 1993년 9월 처음으로 반환된 책이 〈휘경원원소도감의궤(徽慶園園所都鑑儀軌)〉(上) 1책이었다. 이 책이 임대 방식을 빌어 우리에게 돌아와 공개되었을 때 많은 사람이 종이의 품질에 대해 감탄했던 것을 기억한다. 종이는 마치 어제 막 생산된 것처럼 희고 매끄럽고 품격이 있었다. 왕실용으로 생산된 것이니 얼마나 좋은 품질의 종이였겠는가마는, 이 책을 통해서 우리나라 제지 기술의 높은 수준이 여실히 증명되었던 것이다.

품질 좋은 종이를 생산할 수 있는 능력이 있었지만 대량생산으로 나아가는 것은 또 다른 문제였다. 내가 초등학교에 다니던 1970년대 중반까지만 하더라도 종이는 아껴 써야 하는 것이었다. 그래서 새 학년이 시작될 때 가장 보편적이면서도 최고의 선물은 바로 공책이었다. 무슨 과목의 공책으로 사용할까를 고민하며 두근거리는 가슴으로 그것들을 펼쳐보곤 했다. 아무것도 없는 순백의 공책에 수많은 꿈을 기록하리라 마음먹었고, 새로운 지식의 세계로 항해를 떠나려는 순간의 긴장과 기대

임인년 신랑 류씨가 신부집에 보낸 의양단자

조선 시대 유물, 신랑 류씨가 신부집에 옷의 치수를 표기하여 보낸 문서이다. 도포길이, 앞품, 뒤품, 진동, 소매 너비, 척양(尺樣)이 차례대로 기재되어 있으며 종이 결이 그대로 보존되어 있다. 국립한글박물관 소장.

가 있었다. 어린 나이였지만 흰 종이에 괘선만 그려진 공책은 그렇게 즐거움을 주었다. 이제는 너무도 흔한 공책이 되었지만, 더 이상 귀한 물건 취급을 받지 못하는 공책과 함께 나의 삶도 비루한 처지로 변한 것은 아닐까 돌아본다.

앵무배

모름지기 이 술잔으로
마음껏 마시고 취하라

◉ 한림별곡 속 '명주'와 흥성스런 술자리 ◉

고려 고종 때 창작되었다고 전하는 경기체가 작품으로 〈한림별곡(翰林別
曲)〉이 있다. 현재 남아있는 작품 중에 가장 오래된 최고(最古)의 작품이
면서 동시에 작품성으로도 가장 훌륭한 최고(最高)의 작품이다. 모두 8
장으로 이루어진 이 작품은 하나의 주제를 가지고 관련 소재들을 나열
하면서 흥을 고조시키는 방식으로 구성되어 있다.

　고등학교 시절 이 작품을 처음 접하면서, 도대체 무슨 재미로 이런
걸 즐겼을까 하는 의구심을 품었던 적이 있다. 지금도 많은 청소년이 교
실에서 이 작품을 읽으면서 고려나 조선의 관료들이 과연 이 작품의 어
떤 부분에서 재미를 느꼈을까, 하는 마음을 가지고 있으리라 생각한다.
일차적인 이유는 아마도 근대의 시작과 함께 그 이전의 시가(詩歌)가 문

'백사회야유도' 일부, 정수영

학과 음악으로 분리되면서 두 분야가 합쳐 시너지 효과를 내는 환경이 사라진 데 있지 않을까 싶다. 또 하나는, 이 작품의 의미를 꼼꼼히 따져 읽을 수 없는 교육 환경이 작용하고 있는 것으로 보인다.

〈한림별곡〉 8장의 내용은 뛰어난 문인, 책, 모란, 그네뛰기 등 다양한 소재로 창작되었는데, 그중에서도 술을 소재로 지어진 장이 있다. 바로 제4장이다.

4장은 우선 명주의 이름을 나열하는 것으로 시작된다. 황금주, 백자주, 송주, 예주, 죽엽주, 이화주, 오가피주를 배치한 뒤 앵무잔(鸚鵡盞)과 호박배(琥珀盃)에 가득 부어 권해 올리는 광경이 어떠하겠느냐고 묻는다. 술을 즐기는 사람이라면 4장을 읽는 순간 천하의 명주를 벌여놓고 멋진 술잔에 부어서 권커니 잣거니 하면서 흥성스러운 술자리를 만드는 풍경이 연상될 것이다. 그 자리야말로 유령(劉伶, 진나라 사람으로 술을 즐기어 주덕송이란 글을 남기었다)과 도잠(陶潛, 도연명의 다른 이름으로 절의를 지켜 은 거한 선비이면서 동시에 이름난 애주가이기도 하다) 등 주선(酒仙)이라 칭해지는 사람들이 즐기던 분위기와 풍경이 아니던가. 술 이름을 나열할 때에는 그저 맛있는 술이 연상되지만, 멋진 잔에 부어 마시며 신선 같은 풍모를 드날리는 모습을 노래하는 부분에서는 이 작품을 감상하는 사람들로 하여금 감탄과 함께 자신도 그렇게 살아가고 싶은 욕망을 강렬하게 느끼도록 만든다. 나아가 이 노래를 즐기는 지금 이 자리 역시 순식간에 그와 같은 멋진 술자리로 탈바꿈하도록 만드는 것이다. 경기체가의 매력은 바로 거기에 있다. 마음에 드는 것들을 나열하면서 상상력을 발동시키다가, 그러한 사물들이 한군데 모여서 멋진 광경을 만드는 부분에서 봇물 터지듯 터져 나오는 환희를 한껏 즐기는 것이 바로 이 노래의 매력이다.

● 술이 저절로 따라지고 엎어도 쏟아지지 않는 귀한 술잔 ●

앵무배(鸚鵡杯) 혹은 앵무잔(鸚鵡盞)의 존재를 처음으로 안 것은 〈한림별곡〉 덕분이다. 처음에는 이 술잔이 어떤 것인지 전혀 짐작도 하지 못했다. 말 그대로 앵무새 모양으로 만들어졌거나 앵무새가 새겨진 술잔인가 하는 정도로 어림했더랬다. 훗날 이 작품을 꼼꼼하게 읽을 기회를 가지면서 앵무배가 앵무라(鸚鵡螺)라고 하는 소라 종류의 패각으로 만든 술잔이라는 것을 알게 되었다. 그 입구 쪽 모양이 마치 앵무새의 부리처럼 생겼다고 해서 앵무배로 불린다. 후에는 다양한 재질로 만들어지게 되었지만, 앵무배는 술을 마시는 사람들에게는 호사스러운 도구였다.

앵무배

조선 중기 문신 배삼익이 1587년 명나라에 사신으로 갔다가 황제 신종으로부터 하사받은 앵
무조개로 만든 술잔이다. 배삼익은 퇴계 이황의 문인이다. 한국국학진흥원–흥해배씨 임연재
종택 제공.

지금도 상당량의 앵무배가 남아있어서, 박물관이나 기념관 같은 곳에
서 더러 만나볼 수 있다. 이 앵무배는 조선 선비들에게 술자리에서의 폼
나는 술잔이었다.

　우리나라 앵무배의 주 생산지는 제주도다. 조선왕조실록에는 제주도
에서 진주배(眞珠杯)와 함께 앵무배를 진상했다고 더러 기록되어 있다.
조선 전기만 해도 제주에서 진상되는 앵무배가 임금이 신하들에게 하사
하는 주요 물품이었던 것으로 보이지만, 임병양란이 끝나고 조선 후기
가 되면 앵무배에 대한 기록이 별로 보이지 않는다.

　이익의《성호전집》(권1)에 〈앵무배가(鸚鵡杯歌)〉가 수록되어 있는데, 거
기에 붙인 서문은 자신이 애초에 앵무배를 본 적이 없다는 말로 시작한
다. 후에 집안 친척이 소장하고 있는 것을 보고 이 작품을 지었으니 끝
내 못 본 것은 아니지만, 그가 이렇게 문장을 시작한 것은 어쩌면 평생
은둔하여 학문에만 몰두했던 사람이라 화려하고 사치스러운 삶과는 멀

었기 때문에 앵무배를 접해볼 기회가 없었다는 점을 드러내려는 의도가 글 속에 스며있다. 어떻든 옛 기록들을 살펴보면 조선 후기 들어서면서 앵무배가 지식인들의 관심사에서 멀어지는 듯한 느낌을 받는다. 흥미롭게도 〈한림별곡〉을 포함하여 경기체가가 우리 문학사에서 사라진 것도 조선 후기다. 그래서 어쩌면 앵무배가 〈한림별곡〉과 불가분의 관계에 있었다는 생각이 든다.

어떻든 이익의 기록에 의하면 앵무배는 바다를 오가는 상인들이 앵무소라를 구해서 술잔으로 만들었기 때문에 붙은 이름이라고 하면서, 중국 오나라 만진萬震이 지은 《남주이물지(南州異物志)》를 인용하여 "부남국(扶南國) 바다에 사발만큼 큰 소라가 있는데 그 옆쪽을 쪼개서 술잔을 만들기도 하고 그것을 합쳐서 사용하기도 한다. 소라의 몸체는 구불구불하여 안에 있는 술이 저절로 따라지기도 하고 술잔이 엎어져도 술이 모두 쏟아지지는 않는다"고 하였다. 또한 앵무소라는 먹이를 구할 때 몸만 패각 밖으로 나와서 움직인다. 그 틈을 타서 바닷새들이 몸통을 먹어치우면 빈 패각만 바다에 둥둥 떠 있게 되어 바닷사람들이 그걸 주워서 술잔을 만드는 재료로 삼는다고 했다. 이익은 앵무소라가 제주도에서 생산된다는 사실을 알고 있었다. 앞서 말한 것처럼, 집안 친척 중에 마침 앵무배를 가진 사람이 있어서 구경할 수 있었는데 과연 책에서 묘사한 것과 같은 모양이었다고 한다.

조선의 지식인들에게 앵무배가 이렇게 널리 알려진 것은 무엇 때문이었을까. 우선 고려 시대부터 전해오면서 큰 인기를 끌었던 〈한림별곡〉의 영향을 꼽을 수 있다. 앞에서 언급한 것처럼 사람들은 앵무배에서 〈한림별곡〉의 내용을 연결해서 떠올리곤 했기 때문이다. 그런데 이렇게 앵무배가 고려 사람들에게 언급될 수 있었던 것은 당나라의 시인 이백李白이 지은 〈양양가(襄陽歌)〉 때문이다. 신라 말부터 인기를 끌었던 이백의 작품은 근대가 시작되기까지 모든 지식인에게 시를 공부하는 기본 교과서나 다름없었다. 시선(詩仙) 혹은 주선(酒仙)으로 이백을 지칭하는 것에서 알 수 있듯이, 이백의 이미지는 술과 떼려야 뗄 수 없는 관계에 있었다. 그가 술을 노래한 명작들이 많지만, 그중에서도 〈양양가〉는 만취해서 쓰러지는 자신의 모습을 '옥산자도(玉山自倒)' 즉 옥산이 저절로 무너진다는 멋진 표현으로 노래하면서 술을 마시는 사람의 풍류를 우아하게 그린 작품이다. 고려의 지식인들 역시 〈양양가〉를 익히 읽었을 것이며, 〈한림별곡〉을 지을 때 술을 노래하면서 자연스럽게 그의 〈양양가〉가 반영된 것이다.

이백은 〈양양가〉에서 이렇게 노래했다.

鸕鷀杓	노자표
鸚鵡杯	앵무배로
百年三萬六千日	백 년 삼만육천일을
一日須傾三百杯	하루에 모름지기 삼백 잔을 기울이리.

노자(鸕鷀)는 가마우지를 지칭한다. 가마우지는 목이 긴데, 술을 푸는 술구기 모습이 가마우지와 비슷하다고 해서 '노자표'라고 부른다. 노자표와 앵무배는 역대 문인들의 작품에 자주 등장하면서, 흥성스러운 술자리를 의미하는 일종의 대표 이미지로 만들어진다. 노자표로 떠서 담

은 술을 '노자주'라고 하는데 좋은 술을 범칭하는 단어로 쓰는 것을 보아 노자표 역시 관용적 이미지로 만들어진 것을 알 수 있다. 앵무배는 이미 최치원의 시에서도 등장하는 것으로 보아 이른 시기부터 관심의 대상이 되었던 것으로 보인다. 이처럼 노자표와 함께 앵무배는 신라 후기 이래 조선이 끝날 때까지 이 땅의 지식인들에게 술을 연상하는 대표적인 시적 상관물로 작용했던 것이다.

❀ 임금의 하사품으로, 나라 사이의 선물로 대접받은 앵무배 ❀

오랜 세월 시문에서 익히 보던 앵무배였던 탓에 앵무배는 지식인들 사이에서 귀한 대접을 받았다. 이 술잔은 고려 시대에 뇌물로 사용될 정도로 귀하게 여겨졌다. 고려 원종 때 몽골의 사신 속리대束里大와 고려 태자 사이에 오해가 생기자, 태손이 몽고 사신의 화를 풀어주기 위해 앵무잔과 백은(白銀) 30근을 뇌물로 바쳤다고 한다. 이처럼 앵무배는 오랜 옛날부터 귀한 물건으로 취급되어 명성을 쌓아왔다.

지금도 남아 전해지는 유물 중에서 앵무배로 지칭되는 것을 보면, 이익의 기록처럼 소라 패각을 반으로 쪼개서 그 반쪽만으로 술잔을 만든 것도 있고 패각을 통째로 활용한 것도 있다. 그런데 술잔을 만들 정도로 커다란 앵무소라의 패각을 구하기란 쉽지 않았을 것이다. 희소성 때문에 물건의 가치가 올라가는 점을 생각하면, 앵무배는 그 희소성에 기반한 것이었으리라. 지체 높은 양반들 입장에서는 앵무배를 통해서 자신의 풍류와 함께 자기 집안의 기물을 은근히 자랑하였을 것이다. 어쩌다 제주도에 연고를 가진 사람이 보내주는 경우가 아니라면 앵무배를 구하

앵무배, 장성미디어센터 제공.

는 것은 어려운 일이
었다.

앵무배는 제주도
에서 공물로 올리는
대표 물건 중의 하나
였다. 주로 조선 전
기에 집중되기는 하
지만, 실록에서 공물
로서의 앵무배에 관
한 논의들이 상당수

보인다. 1480년(성종11) 1월 24일자 기사를 보자. 당시 첨지중추부사 고
태필高台弼이 임금에게 제주도의 어려움을 아뢴다. 자신이 제주도 출신
이므로 지역의 폐단을 잘 알고 있다면서, 진주배와 앵무배를 공물로 올
리는 수량을 감면해 달라고 요청한다. 성종은 즉시 그 건의를 받아들
이면서, 진주배와 앵무배는 나라의 용처에 이익이 없고 폐해가 백성에
게 미치므로 감면하도록 지시한다. 연산군처럼 앵무배 1백 개를 만들어
서 올리라고 한 임금도 있지만, 대체로 실록에서는 제주도 백성들의 어
려움을 걱정하여 공물의 숫자를 줄이는 내용이 실려 있다. 그러나 가만
히 생각해보면, 민폐가 심해서 공물을 줄이자고 간언이 올라올 정도면
당시의 현실에서 얼마나 많은 앵무배를 필요로 했단 말인가. 그만큼 이
술잔은 임금 입장에서도 신하들에게 하사하기에 좋은 물품이었던 모양
이다.

● 한림으로 하여금 이 술잔으로 많이 마시게 하라 ●

원래 선물이란 주고받는 사람들 사이에 공유되는 의미가 있어야 빛이
나는 법이다. 주는 사람은 기분 좋은데 받는 사람이 그렇지 않다면 그것
은 선물로서의 가치가 없다. 그런 점에서 보자면 앵무배를 선물로 주고
받는 것은 술을 좋아하는 사람들에게 얼마나 멋진 일이겠는가. 그런데
앵무배를 이야기하면서 뜬금없이 〈한림별곡〉을 말하는 것은 무엇 때문
인가. 우선 두 편의 글을 먼저 읽어보자.

1479년(성종10) 11월 14일자 조선왕조실록의 기사에는 이런 내용이
수록되어 있다. 임금이 술과 앵무잔을 승정원과 홍문관에 하사하면서
이렇게 전교했다.

> "한림별곡에 앵무잔이니 호박배니 하는 등의 말이 있기에, 한림으로 하여
> 금 술잔을 돌려서 술을 많이 마시고 헤어지도록 하라."

선물의 여러 조건 중 하나로 꼽히는, 답례의 원칙을 감안하면 임금이
신하에게 하사한 것이 과연 선물에 포함될 수 있는지 논란의 여지는 있
겠다. 선물을 받으면 그것에 상응하는 답례를 하는 것이 원칙이다. 그
렇게 해야 두 사람 사이의 관계가 우호적으로 형성되며, 나아가 우정으
로까지 발전할 수 있다. 선물을 받는 순간 답례를 하면 곤란하다. 선물
을 받는 것과 답례를 하는 것이 (거의) 동시적으로 일어난다면 그것은
선물 주고받기가 아니라 물물교환이 되기 때문이다. 답례가 너무 오랜
뒤에 이루어져도 곤란하다. 선물을 준 사람과의 관계가 선물 및 답례품

'서총대친림연회도' 일부
시도유형문화재 제238호. 조선 명종 15년 왕이 문과와 무과의 여러 신하를 불러 창덕궁 서총
대에서 연회를 즐기는 광경을 묘사한 그림이다. 문화재청 제공.

으로 새롭게 구성되기에는 너무 시간적으로 멀어진 탓이다. 적절한 시
간을 두고 선물 주고받기 행위가 이루어져야 한다. '적절한 시간'은 당
연히 사회의 관습과 문화적 맥락, 두 사람 사이의 관계 등 다양한 요인
에 의해 결정되는 것이어서, 절대적인 기준이 존재하는 것은 아니다.
그런 맥락에서 보면 임금이 하사하는 것이 과연 선물인지, 한림에게 하
사한 것을 과연 개인에게 선물한 것과 같이 취급할 수 있는지 하는 논란
이 있을 수도 있다. 그러나 넓은 의미에서 보자면 임금이 선물한 것은
모두 하사하는 형식을 갖추기 때문에 지금의 상황과는 다르다는 점, 임
금의 선물에 대해 신하는 충성스러운 행위로 답례를 한다는 점 등을 들
어서 선물의 행위에 포함시킬 수 있지 않을까 싶다.

어떻든 성종실록의 이 부분은 두 가지 점에서 흥미롭다. 하나는 '앵무
배'를 하사했다는 것이고, 또 하나는 그 대상이 '한림'이라는 점이다. 그

리고 이들을 이어주는 것이 바로 〈한림 별곡〉이다. 술과 앵무잔을 하사했다는 한림은 글을 담당하는 관청을 통칭 하는 말인데, 승정원이나 홍문관 등이 모두 한림의 범주에 해당한 다. 성종은 한림들에게 술과 앵무 잔을 하사하면서 짐짓 〈한림별 곡〉에 자신의 뜻을 의탁하고 있  다. 그 말은 〈한림별곡〉이라는 작품이 조선 전기에도 여전히 유행하고 있었고, 그 시가 작품에 근거해서 술과 술잔을 하사한 것이다.

이야기가 조금 빗나가는 것 같지만, 여기서 〈한림별곡〉의 인기에 대 해 잠깐 언급하지 않을 수 없다. 이 작품은 《악장가사》, 《고려사》 등에 실려서 전하는데, 고려 고종 때 창작되었다고 한다. 연구자에 따라 이 견이 있기는 하지만, 대체로 고종 재위 기간인 13세기 초에 지어졌을 것으로 추정하고 있다. 지은이는 '한림제유(翰林諸儒)'라고 되어 있다. 한 림원에 소속된 여러 선비가 지었다는 뜻이다. 이것이 후에 널리 유행하 면서 궁중음악으로까지 채택된다. 《악장가사》에 수록되었다는 것은 궁 중의 음악으로 연주되었다는 의미니, 그 작품의 위상을 짐작할 만하다. 뿐만 아니라 세종, 세조 때 중국에서 온 사신이 〈한림별곡〉을 베껴서 가 지고 갔다는 기록도 남아있다. 1468년 4월(세조14) 조선에 사신으로 왔 던 조선 출신의 중국인 김보金輔는 자기가 어렸을 때 기생의 집에서 자 랐는데 그때 익혔던 〈한림별곡〉을 중국 명나라 황제인 경제景帝 앞에서 불렀다고 했다. 그만큼 이 작품은 조선뿐 아니라 중국에서도 널리 알려진 시가였다. 게다가 조선의 선비들은 술자리를 하다가 흥이 최고조에 이르면 여러 사람이 함께 〈한림별곡〉을 제창했다는 기록을 여러 군데 남겼다. 그만큼 이 노래의 인기는 2백 년가량 지속되었다. 그 시가를 좋아했던 계층도 왕과 관료를 가리지 않았으며, 일반 선비들도 매우 좋아했다. 그러니 술자리에서 앵무배를 꺼내 마시는 것은 주흥을 돕는 좋은 도구이기도 했을 것이다.

노래의 인기를 방증이라도 하듯, 일반 관료나 재야의 양반들도 한림별곡을 노래하면서 앵무배에 술을 마시는 일을 즐겼다. 이행李荇 (1478~1534)이 1520년에 증고사 자격으로 영남 지역을 경유하여 호남 지역을 갔을 때의 일이다. 때마침 윤8월 보름이었는데, 당시 전주부윤 정순붕鄭順朋이 쾌심정(快心亭)에 술자리를 마련해놓고 그를 기다렸다. 이행이 그 자리에 가보니, 참석한 사람들은 대부분 한림에서 근무했던 경험이 있는 분들이었다. 그들이 이 술자리를 '한림연(翰林宴)'으로 칭한 것도 그런 연유에서였다. 각각의 직위에 따라 순서대로 자리를 잡은 뒤 기생을 앉히고 술을 따랐다. 그 자리의 광경을 이행은 이렇게 기록하고 있다.

"기생을 앉히고 술을 돌리는 것을 한결같이 고풍(古風)을 따라서 소라 패각으로 만든 술잔을 앵무잔으로 일컬으면서 마음을 전하였으되 술잔을 헤아리는 산가지는 없었다. 술이 취하자 모두 일어나 상관장(上官長)인 나를 위해 주례(酒禮)를 행하면서 다 함께 〈한림별곡〉을 노래했다. 여러 기생도 서로 화답하니 그 소리가 높은 하늘까지 울렸고, 돌아보니 달은 이미 하늘 한가운데에 떠 있었다. 이는 참으로 세상에 흔치 않은 기이한 모임이었으니 후세에 전하지 않을 수가 없었다. 그래서 시 한 수를 짓고 좌중의 여러 어른께 화운(和韻)을 부탁했다."

(이행, 〈쾌심정〉, 《용재집》 권7)

二十年前老翰林	이십 년 전 한림에 있던 늙은이들
快心亭上共傳心	쾌심정 위에서 함께 마음 나눈다.
一年再度中秋月	일 년에 두 번 중추절 달을 보니
此夜風流擅古今	이 밤의 풍류가 고금에 으뜸일세.

이행이 지은 작품이다. 한때는 한림원에 근무하면서 젊은 시절을 보냈는데, 20년 뒤에 만나니 모두 노년으로 접어들었다. 때마침 윤8월이니 올해는 추석이 두 차례인 셈, 풍류를 보낼 기회도 많아진다. 이행은 장쾌한 마음으로 시를 지어서 한때의 풍류를 기록한다.

흥미롭게도 이 시에 붙인 이행의 서문에서도 앵무잔은 〈한림별곡〉과 함께 등장하고, 술자리에서 흥이 최고조에 오르자 좌중의 사람들이 모두 일어나 이 노래를 목청껏 부르면서 서로의 유대감을 확인하고 있다. 노래를 부르는 데에 관료와 기생을 가리지 않는다. 그 자리에 있는 사람이라면 무조건 함께 불렀다. 이 모임의 이름도 '한림연'이다. 소라 패각으로 만든 술잔이니 앵무잔이라고 부르면서 주흥을 돋는다. 여기서의 앵무잔은 선물로 등장하지는 않는다. 그렇지만 술자리에서의 흥성스러움을 표현하는 데에 이 술잔만큼 적절한 것은 없었던 모양이다.

이쯤 되면 우리는 앵무잔에 담긴 문화적 분위기를 짐작할 수 있다.

일단 앵무잔이 등장하면 그 자리는 술을 마시고 흥을 이기지 못해서 〈한림별곡〉과 같은 호탕한 노래를 함께 부르면서 풍류를 한껏 발산하는 분위기를 띤다. 이따금 전시관에서 앵무잔을 만날 때마다 내 머릿속에 홀연 흥이 넘치는 술자리가 연상되는 것은 아마도 이 때문일 것이다.

필자 미상 풍속도, 국립중앙박물관 소장.

❀ 마음속 풍류를 술잔에 담아 내린 임금의 마음 ❀

이따금 주변 사람들과 술 한잔하고 싶은 날이 있다. 지금은 술자리 풍경이 많이 바뀌어서 과음을 하거나 음주를 강요하는 일은 많이 사라졌다. 그렇지만 아무 맥락 없이 술을 한잔하고 싶은 마음이야 예나 지금이나 늘 있는 일이다. 우리 같은 평범한 사람들이야 아무 때나 주변의 친한 벗들과 한잔 기울이면 되지만, 근대 이전의 양반들, 나아가 임금의 경우에는 그것이 그리 쉬운 일은 아니었으리라. 임금이라고 해서 왜 여러 사람과 어울려 술을 하고 싶은 때가 없었으랴. 다만 궁중의 사정이 있고 정치적 혹은 문화적 맥락이 있으니 술자리를 만들고 싶을 때 즉시 만들어서 사람들과 즐기는 일은 쉽지 않았으리라.

어떤 임금은 신하들과 술자리를 마련하고 양껏 마신 뒤 너나없이 한데 어울려 〈한림별곡〉 같은 인기곡들을 부르며 춤을 추기도 했다. 임금으로서의 체통을 벗어던지고 술에 취해 노래와 춤으로 한때를 보내는 모습에서, 정치를 도외시하는 방탕한 모습보다는 엄청난 스트레스에 짓눌리다 그것에서 벗어나려는 한 인간으로서의 일탈을 발견한다. 아쉽게도 늘 그런 자리를 만들지 못하거나 성격상 함께 즐기지 못하는 임금이라면, 혹은 신하들을 격려하고 포상하는 차원에서 술을 대접하고 싶었던 임금이라면, 그들에게 술을 하사하면서 선물로 앵무배 같은 것을 슬쩍 끼워서 내려주었을 것이다. 예종은 승정원 관리들에게 술과 앵무배를 내리면서 "모름지기 마음껏 마시고 취하라"고 한 바 있다.

술의 종류에 따라 술잔의 종류도 달라진다. 우리가 흔히 접하는 막걸리, 소주, 맥주, 포도주뿐만 아니라 비싸고 진귀한 술도 모두 그에 걸맞은 술잔이 있어서 빛이 난다. 앵무배에 술을 따라 마신 것은 어쩌면 그 자리에 모여서 함께 즐기는 사람들의 호탕한 풍류와 자부심이었을 것이다. 그런 점에서 보면 임금은 자기 마음속의 풍류를 담아서 앵무배를 선물로 내렸을 터이다. 〈한림별곡〉을 목청껏 부르면서 앵무배를 여러 순배 돌리고, 그 술과 분위기에 취해 함께 춤을 추면서 마음속 울울했던 기운을 씻어버리고 싶었던 마음이 슬며시 전해진다.

도검

전장과 일상의 삿됨을
모두 베어버리리

⊛ 거짓 청렴을 도려낸 도검, 그리고 《황화집》 ⊛

1457년(세조3) 명나라에서 진감陳鑑이 조선에 사신으로 왔다. 3월 북경
을 출발한 진감 일행은 6월 3일 한양에서 도착하여 모화관에서 공식적
인 일정을 시작했다. 이들은 한양에 머무르면서 임금을 비롯한 조선의
명사들과 어울려 시를 주고받기도 하고 한강에 배를 띄우고 풍류도 즐
긴 다음 6월 15일 한양을 떠나 북경으로 돌아갔다. 그들과 관련된 시문
을 모아서 따로 《황화집》을 편찬하기도 했지만, 그들이 조선의 명사들
과 교유하는 동안 여러 일화가 만들어졌다.

　진감 일행은 조선 지식인들에게 늘 예겸倪謙 일행과 비교되곤 했다.
예겸은 인품으로 보나 문장으로 보나 상당한 수준에 이르러서 주변 사
람들을 감탄시키기도 했고, 진감보다 불과 7년 전인 1450년에 사신으

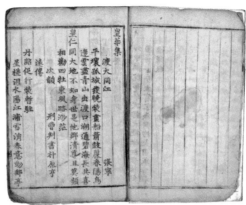

황화집

조선 시대 중국 사신과 이를 맞이한 우리 나라 접반사(接伴使)가 주고 받았던 시문(詩文)을 모은 책. 세종 32년(1450)부터 인조 11년(1633)까지의 시문을 모아 엮었다. 국립중앙박물관 소장.

로 왔었으므로 그와 인연을 맺은 사람들이 여전히 조정에 남아있었기 때문이기도 했다.

진감을 사신단의 책임자인 정사(正使)로 삼아 구성된 명나라 일행으로 고윤高閏이 따라왔다. 고윤은 사신단에서 두 번째로 높은 위치를 가진 부사(副使)였다. 고윤에 관한 기록이 여러 곳에서 산견되지만, 내게 가장 흥미로웠던 기록은 서거정徐居正(1420~1488)의 《필원잡기(筆苑雜記)》에 들어있는 일화였다. 서거정은 그들이 사신으로 왔을 때 그들을 접대하면서 시간을 같이 보냈기 때문에 자신이 직접 보고 들은 것을 썼을 것이며, 설령 그것이 다른 사람에게 들은 것이라 해도 신뢰할 만한 기록으로 보인다.

당시 조선의 지식인들에게 진감은 예겸에 비해 높은 평가를 받지는 못했다. 그렇지만 그의 행실이나 문장이 그런대로 볼만했기 때문에 약간의 부정적인 기록은 있어도 전반적인 평가는 괜찮았다. 그런데 고윤의 경우는 달랐던 모양이다. 고윤은 문장도 좋지 않았을 뿐 아니라 처신도 그리 적절치 못했다. 그를 마뜩잖게 생각한 이유는 두 가지였다.

첫 번째 문제는 그가 조선을 너무 깔보면서 아주 거만하게 굴었다는 사실이다. 명나라에서 온 사신들은 지나는 누정이나 건물에 시문이나 기문(記文)을 지어주는데, 고윤은 그 안에 늘 조선에 대한 폄시를 노골적으로 노출시켰다. 예컨대 〈성균관기(成均館記)〉를 지었는데, 그 글 안에 '천리(天理)가 민멸(泯滅)되지는 않았다'는 구절이 있고, 시에도 '승냥이와 물개가 근본에 보답한다'는 구절을 썼다. 이는 조선을 천리도 없는 야만의 땅으로 보았다는 전제를 깔고 있는 것이었고, 시의 구절 또한 조선을 승냥이와 물개처럼 보면서 야만으로 취급한 것이었다. 그러나 명나라 사신의 글이기 때문에 그에 대한 강력한 항의를 제대로 할 수는 없었을 것이다. 또 조선 최고의 문인으로 존경받던 권근權近(1352~1409)이 명나라 황제의 명에 따라 지은 〈응제시(應製詩)〉에 발문을 썼는데 거기에서 '조선에 와서 보니 유감스럽게도 사람의 이목을 놀라게 할 만한 시문이 없다'고 한 것이다. 권근의 외손자였던 서거정 입장에서는 특히 기분이 상했겠지만, 당시 지식인들은 너나없이 이런 태도에 마음이 몹시 상했을 것이다. 게다가 고윤이 해서와 초서로 된 서첩을 직접 써서 주면서, "이것은 왕희지 필법이다. 천금을 주고도 구하기 어려운 것이니 잘 간직하라"고 거들먹거리기까지 했다. 조선 선비들이 이런 행태를 곱게 볼 이유가 전혀 없었다.

또 하나는 뇌물에 가까운 선물을 은근히 좋아하면서도 겉으로는 그런 물건을 전혀 받지 않는다는 점을 드러내서 자랑했다는 점 때문에 부정적 평가를 받았다. 처음 사신단 일행이 압록강을 넘어 조선으로 들어왔을 때 조선에서는 선위사(宣慰使)를 파견해서 제철에 맞는 옷을 제공했지만 고윤은 자신의 청렴함을 드러내기 위해 옷을 받지 않았다. 그냥 슬며시 거절하고 말았다면 고윤에 대한 평가가 달라졌을 터인데, 그는 즉시 〈보내온 옷을 받지 않았다(送衣不受詩)〉를 지었고 내용도 거만스러웠던 것이다.

하루는 고윤이 승문박사 곽의경郭義卿을 대신해서 행록을 썼는데, 맨 첫머리에 〈어버이를 그리는 글(思親詞)〉을 한 수 써넣고, 바로 다음에는 앞서 이야기한 〈송의불수시(送衣不受詩)〉를 쓰고, 다음에 조선 측에서 보내준 기생을 물리쳤다는 내용의 〈각기시(却妓詩)〉를 쓰고, 그다음에는 〈문선왕(文宣王) 공자(孔子)를 알현한 시와 글[謁宣聖詩記]〉을 썼다. 흥미롭게도 그들이 썼던 시들 중에서 풍물을 노래한 시라든지 감회를 노래한 시는 전혀 기록하지 않았다. 그것은 사신으로 조선에 와서 놀이판에는 전혀 끼지 않았으며, 오직 공적인 임무만을 수행했다는 점을 그렇게 드러낸 것이었다. 빤히 보이는 수작을 알아차린 서거정은 고윤이 이 기록을 가지고 명나라로 돌아가서 자신의 명예를 낚으려는 심사라며 불편해했다.

이 무렵 세조가 사신들에게 안장을 얹은 말을 하사했는데, 서거정은 동료들에게 이렇게 말한다. "안장 얹은 말은 그 사람 짐 속에 넣을 수 없으니 분명히 거절할 것이고, 거절한 다음에는 그 내용을 소재로 한 시를 쓸 거야" 하고 농담을 했는데, 과연 얼마 후 고윤은 안장 얹은 말을 거절하는 내용의 〈각안마시(却鞍馬詩)〉를 쓴다. 사건은 그들이 조선을 떠

날 때 일어났다. 사신단이 조선에 머물다가 떠날 때 그동안 주고받은 시
문을 모아서 문집을 편찬해서 선물로 준다. 《황화집》이 그런 책이다. 고
윤은 자신의 글이 수록된 책을 기분 좋게 보다가 〈사검시(謝劍詩)〉를 보
더니 안색을 바꾸었다. 다른 선물은 모두 거절했던 고윤이 세조가 전별
선물로 검(劍)을 주었는데, 그것에 감사하는 내용의 시를 지어서 바쳤던
것이다. 그 작품이 《황화집》에 수록되었으니, 그동안 자신이 모든 선물
을 거절하면서 청렴결백한 척했던 것이 완전히 물거품이 된 것이다. 검
을 선물로 받고 지어올린 시 한 편 때문에 고윤의 거짓청렴이 탄로 났으
니, 고윤으로서는 난감해졌고 그의 표정을 보는 조선의 관료들은 오래
묵었던 체증이 쑥 내려가는 기분이었을 것이다. 실록의 기록에 의하면
고윤은 조선에서 주는 선물이 적다면서 노골적으로 불만을 터뜨리기도
하고 나아가 자신이 필요한 물건을 요구했다고 하니, 그가 얼마나 탐욕

스럽고 표리부동한 인물이었는지 짐작이 간다.

◉ 전장에서는 병기지만 일상에서는 신분의 상징이어라 ◉

서거정의 기록을 처음 접했을 때는 명나라 사신에게 눌리지 않으려 애
쓰는 조선의 문인들이 보여서 흥미로웠다. 그런데 뜻밖에 눈에 띈 것은
바로 칼을 선물로 주었다는 내용이었다.《황화집》을 찾아보니〈권3〉에
관련 기록이 들어있었다. 세조가 정인지鄭麟趾를 시켜서 술을 보내왔고
승지를 시켜서 활과 칼[弓劍]을 선물로 하사한 것에 대하여 고윤이 감사
의 시를 지은 작품이 2수나 들어있었다.

　우리나라가 공식적인 선물로 칼을 하사한 기록이 없는 것은 아니지
만, 문신의 나라인 조선에서 많은 것은 아니었다. 세조실록에 의하면
진감과 고윤에게 칼, 일본 부채, 매 사냥을 할 때 사용하는 매받이 받침
인 응구를 선물로 주었다고 한다. 또한 한명회韓明澮를 벽제까지 보내서
전송하는 자리에서 환도(環刀)와 각궁(角弓)을 선물로 주었다고 한다(두 기
사 모두 1457년 6월 15일자에 보임). 고윤이 감사의 시를 지었던 것은 아마도
이 기사와 관련이 있을 것이다.

　도검(刀劍) 선물이 아주 없었던 것은 아니었지만, 조선 사회에서 일
상적으로 선호되었던 선물도 아니었다. 문신의 나라를 자처하던 조선
이 도검을 선물로 증정한다는 것은 명분상 어려웠을 것이다. 도검 선물
을 해야 할 때가 생기면 당연히 했겠지만, 그것을 내세워서 자랑으로 삼
지는 않았다. 임금 입장에서는 신하들에게 도검을 선물할 때가 많았다.
특히 변방으로 떠나거나 전쟁터로 가는 장수에게 도검을 줌으로써 자신

환도, 칼과 칼집
조선 시대에 사용하던 전통 무기로 고리를 사용하여 패용(佩用)
하였던 칼이다. 국립고궁박물관 소장.

의 권력을 위임한다는 상징성을 드러내는 일은 늘 있었다. 어떤 의미로
하사했는지 정확하게 추정하기는 어렵지만 도장(刀杖)을 임금이 하사한
사례와 함께 유물이 남아있는 이경석의 경우도 있다. 임금이 도검을 하
사하는 경우가 적지 않았지만, 그러한 사례를 제외하면 민간에서 도검
을 선물로 하는 경우는 흔치 않았다. 만약 은장도를 도검의 종류에 포함
시킨다면 모를까, 자격용으로 쓸 수 있는 도검을 선물용품으로 선택하
는 사람이 얼마나 되었겠는가.

　도검이라는 단어를 쓰기는 했지만, 도와 검은 엄연히 다르다. 간단히
설명하자면 도는 한쪽에만 칼날이 있는 것이고 검은 양쪽에 모두 칼날
이 있는 것이다. 도는 베는 것을 위주로 하는 병기이고 검은 찌르기를
위주로 하는 병기다. 당연히 그 쓰임새가 다를 수밖에 없다. 그렇지만
조선의 기록에서는 도와 검을 혼용하는 경우가 많아서 도검으로 지칭하
기로 한다.

　동서양을 막론하고 근대 이전 사회에서 도검은 대장부로서의 기개를
드러내는 중요한 사물이었다. 무력을 상징하는 사물로서의 도검은 전

전(傳)어도(御刀)
왕이 사용한 것이라 전해지는 칼이다. 칼자루 끝을 용머리 형태로 조각하여
채색하였으며, 용의 입에 고리를 달고 유소를 매었다. 국립고궁박물관 소장.

쟁터에서 중요한 역할을 하는 병기였지만 신분을 드러내는 역할도 했
다. 선사시대는 물론 청동기시대에도 도검류의 무기는 신분을 보여주
는 중요한 그것이었으며 고대사회로 갈수록 도검은 제왕의 상징처럼 인
식되었다. 당시의 기술로는 질 좋은 쇠를 얻는 것도 어려웠고 제련하는
기술도 떨어져서 도검을 제작하기가 쉽지 않았으니 그만큼 희소성도 높
았다. 도검의 형태를 만드는 것도 큰 기술이었고 칼날을 날카롭게 벼리
는 것도 큰 기술이었으며 칼의 무게중심을 잘 맞추어 효율적으로 활용
할 수 있도록 하는 것도 어려운 기술이었다. 도검의 실질적인 용도는 적
을 공격하기 위한 자격이었지만, 그 희소성 때문에 보물로 인식되면서
신분을 상징하는 사물이 되기도 했다. 지금도 선사시대 고분군에서 도
검류가 발굴되는 것도 신분을 드러내기에 적합한 사물이어서 시신과 함
께 묻었기 때문이다.

조선은 문신의 나라였으므로 도검을 중시하지 않았다는 사실을 우리
는 이해할 수 있다. 그러나 아무리 문신의 나라였다 해도 도검이 필요한
상황에 닥치지 않으리라는 보장이 없고, 그러한 가능성 때문에 늘 도검
을 잘 정비해야 하는 것은 나라를 보존하기 위한 최소한의 방비책이다.
사회적으로 도검 선물이 행해지기 어려운 상황이라는 점을 감안하더라

도 도검이 현실적으로 만들어져야 한다면 그런 기술이 꾸준히 전승되어야 마땅하다. 그러나 우리나라의 도검 제작 기술은 일본이나 중국에 비하면 썩 좋다고 할 수는 없다. 무엇 때문일까?

● '칼'보다 '활'을 선호했던 조선, 도검 제작술은 떨어져 ●

한국무예사의 전통에서 보면 우리나라는 칼보다는 활이나 창을 중심으로 하는 전법을 선호했다. 최형국 선생(한국전통무예연구소 소장)이나 민승기 선생(《조선의 무기와 갑옷》 저자)의 연구에서도 잘 드러나는 것처럼, 우리나라의 활은 전쟁에서 대단한 위력을 발휘했다. 궁시(弓矢)의 제작도 꾸준히 이루어져서 조총과 같은 무기가 발전하기 이전까지 우리나라는 활이 주력 무기였다. 병사들은 보통 활 1~2개, 화살 20여 발을 휴대하고 갑옷을 입어야 했기 때문에 긴 칼은 상당한 부담이었다. 우리나라 도검의 길이가 짧아진 것은 이와 관련이 있다고 한다. 임진왜란을 당하면서 도검의 길이가 짧은 것에 대한 논의가 나오기는 했지만, 이후 조총과 활을 주 무기로 사용하는 조선 군대의 무기 편성 상 긴 칼을 주된 무기로 삼기에는 점점 어려워졌다.

이런 점을 굳이 언급하는 것은, 그만큼 우리나라 도검 제작이 활과 화살에 비해 상대적으로 소홀했다는 점을 보이기 위함이다. 물론 호위용이나 장식용 도검은 꾸준히 만들어졌지만 예리하게 제련해서 도검을 제작하는 능력은

'동래부사접왜사도' 중 일부
조선에 온 일본 사절을 대접하는 장면이다. 왼쪽의 일본 군사와 오른쪽 조선 군사의 무기와
복식 차이가 보인다. 국립중앙박물관 소장.

일본이 조선보다 뛰어났다. 오죽하면 임진왜란을 맞아 조선이 일본의
도검 제작 기술을 배워 도입하려 했겠는가. 자격용으로 사용되는 도검
의 예리함은 일본 도검이 더 좋다는 인식은 조선 지식인들에게 널리 알
려져 있었던 것 같다. 이익의 《성호사설》(권8)에 의하면 경상도 남쪽 사
람들이 왜인들과 교역을 하는데, 우리는 인삼과 실, 목화 등을 팔고 일
본에서는 은, 칼, 거울 등을 들여온다고 적었다. 누에를 치면서도 비단
을 중국에서 수입하고 철을 생산하면서도 칼을 일본에서 수입한다면서
이익은 조선의 산업 능력에 대해 한탄을 금치 못했다. 또한 이익은 허목
許穆 가문에 전해오는 일본도에 대한 장편시를 지은 적이 있는데, '눈처
럼 흰 광채가 사람을 쏘았으며, 한여름에 칼을 뽑아 벽에 걸어놓으면 칼

(병방군관)　　　　　　　　　　　　(나장)

'조선통신사행렬도' 일부
조선에서 일본에 사신을 파견하는 모습이다. 이중 지방 군관인 '병방군관(兵房軍官)'과 병조 소속의 중앙 서리 '나장(羅將)'은 칼을 차고 있다. 국립중앙박물관 소장.

끝에 이슬방울이 맺혀서 떨어진다'는 기록을 남긴 바 있다. 그만큼 이익은 일본의 도검에 대한 선명한 이미지를 가지고 있었다.

　일본은 전통적으로 사무라이를 위한 도검을 꾸준히 공급해야 할 사회적 수요가 있었으므로 제작 기술이 발전하는 환경이 조성되어 있었다. 우리나라 관료가 통신사의 사절로 일본에 가면 그들이 귀한 선물로 선택하는 물건이 바로 도검이었다. 조선 후기 문신 남용익南龍翼은 일본을 다녀오다가 잠시 머물게 된 대마도에서 관백(일본 막부 최고 책임자)이 선물로 보검을 주고받았던 사실을 기록으로 남긴 바 있다. 조선 중기 문신 이수광李睟光은 박인전朴仁筌이 의원 신분으로 일본에 다녀오면서 선물로 받은 일본도를 가지고 있다가 김정지金鼎之에게 다시 선물로 주면서 글을 남긴 적이 있다. 이 시에서 이수광은 이미 늙어버린 자신이 쓸데가 없으므로 청운의 꿈을 품고 있는 김정지가 소장하는 것이 좋겠다는 말을 한다. 이는 도검이 고귀한 신분을 상징한다는 점을 염두에 둔 표현이다. 조선을 침략하는 외적을 처단하는 도구이기도 하지만 큰 공적을 세워서 삼공(三公)의 지위까지 가기를 기원하는 마음으로 도검을 선물한 것이다.

❀ 삿된 기운 범접하지 않기를 바라는 마음 ❀

조선 전기의 대표적인 사림파 유학자인 김일손金馹孫(1464~1498)은 명나라에 갔을 때 순천부(順天府, 지금의 중국 북경 창평 일대)의 학사인 주전周銓을 만난다. 그의 사람됨이 상냥하고 좋으며 학문이 넓고 시를 잘 지었으므로, 김일손은 패도(佩刀, 허리띠나 주머니 끈에 묶어 차고 다니는 칼)를 풀어서 선물로 건네고 책 몇 권을 답례로 받는다. * 또한 1828년 청나라에 사신으로 갔던 박사호朴思浩는 함께 갔던 박재굉朴載宏이 중국의 문사를 만나서 이야기를 하다가 의기투합한 나머지 자신이 차고 있던 칼을 풀어서 선물로 준 사실을《응구만록(應求漫錄)》에 남겼다. 조선의 선비라고 해서 모든 사람이 도검을 멀리했던 것은 아니다. 먼 길을 가면 호신용으로 혹은 장식용으로 도검을 패용했고, 그것을 풀어서 선물로 주는 일이 드문

---

* 김일손, 〈感舊遊賦後序〉,《탁영집(濯纓集)》 권2.

것은 아니었다.

　도검이라고 해서 반드시 호신용이나 자격용으로만 사용된 것은 아니었다. 사물을 베는 것이 일차적인 목적이기는 하지만, 그 때문에 나쁜 기운을 물리치는 힘을 가지고 있다는 생각이 추가되었다. 삿된 기운을 물리치는 효험이 있어서 가장 선호되었던 것은 바로 사인검(四寅劍)이다. 육십갑자로 연월일시(年月日時)를 헤아리던 시절, 인년(寅年) 인월(寅月) 인일(寅日) 인시(寅時)에 만들어진 검을 사인검이라고 부른다. 조선 중기의 문장가 장유張維는 신익성申翊聖에게 사인도를 선물로 받고 지은 시 〈사인도가(四寅刀歌)〉의 주석에서 사인도가 잡귀를 물리친다고 하는 속설을 소개하고 있다. 사인검은 만들 수 있는 때가 있기 때문에 제작이 쉽지 않았다. 재료와 장인이 있어도 시간이 맞아야 하기에 미리 계획해서 만들어야만 했다. 지금도 사인검이 잡귀를 물리치는 신묘한 힘이 있을 뿐 아니라 다른 검에 비해서 예기(銳氣)도 뛰어나서 최고의 검이라는 생각을 하는 사람들이 많은 것은 이전부터 계획된 제작에서 오는 잇점 때문이리라.

　사인검은 그 성격상 선물이나 하사품으로 활용하기에

철제 금은입사 사인참사검
연·월·일·시가 모두 인(寅)일 때 만드는 칼이다. 칼날의 한 면에는 북두칠성과 28수 천문도가, 다른 면에는 검결(劍訣) 27자가 전서체로 입사되어 있다. 국립중앙박물관 소장.

적절했다. 특히 왕의 하사품 중에서 사인검이 더러 있는데, 연산군은 한 번에 2백 자루씩 사인검을 바치도록 하기도 했고 시정 백성들을 잡아놓고 사인검을 바치도록 독촉했다는 기록도 남겼다. 실록에 기록이 정확히 남지 않아서 왕실이 어느 정도 사인검을 소비했는지 알 수는 없지만, 연산군의 예에서 볼 수 있듯이 하사품으로 상당량이 소용되었을 것은 분명하다. 지나친 소비는 늘 폐단을 낳는 법, 중종 때가 되면 사인검을 공물로 바치는 것에 대한 문제점이 지적되면서 철폐 논의가 시작된다. 사인검을 만들기 위해 산역(山役)을 1개월씩이나 하는 것부터 백성들에게 폐가 된다는 것이었다. 그 과정에서 사인검이 해마다 만드는 것이 아니라 인년에만 만드는 것이고 또한 조종(祖宗) 때부터 만들어 온 전통이 있으니 폐지하는 것은 적절치 않다는 반론도 있었다. 흉년에 민폐를 끼치는 것을 삼가는 차원에서 논의될 뿐 끝내 철폐시키지 못한 것을 보면, 사인검은 궁중의 하사품으로 널리 사용되었을 것이다.

삿된 기운을 물리치는 검으로 사인검 못지않은 것이 칠성검(七星劍)이다. 검신(劍身)에 북두칠성을 새겨서 칠성검이라는 명칭이 붙은 이 검 역시 참요제마(斬妖除魔), 즉 요사스러운 것을 베어버리고 마귀들을 없애기 위한 목적으로 만들어졌다. 도교의 영향 아래 나온 검이기 때문에 도교를 근간으로 하는 중국 민간신앙에서 널리 사용되는 법기(法器)이기도 하다. 우리나라에서도 사악한 기운이나 귀신을 쫓아낼 때 사용한다. 특히 무속에서는 칠성거리에서 중요하게 등장하는 무구(巫具)다. 예컨대 황해도굿에서는 무당이 여러 종류의 칼을 사용하는데 대신칼, 장군칼, 신장칼 등과 함께 칠성검을 사용한다(보통은 한쪽 날만 있는 칠성도지만, 일반적으로 칠성검이라 칭함). 쇠로 된 칼이 없을 경우에는 동쪽으로 난 복숭아 나무 가지를 잘라서 칼을 만든 다음 검신에 칠성무늬를 새겨서 쓰기도 한다.

칠성검, 국립민속박물관 소장.

새파랗게 잘 벼린 칼을 보면 자신도 모르게 소름이 돋는 기분을 느낀다. 그 서늘함은 무엇이든 베어버릴 것만 같은 칼날에서 온다. 그 이미지를 이용하여 나쁜 기운을 막아내자는 것이 사인검이나 칠성검을 집안에 모셔놓는 이유다.

❀ 문학 속 도검, 마음의 칼이 되어 때를 기다리니 ❀

도검류는 문학 작품 속으로 들어오면서 새로운 상징을 획득한다. 바로 자신의 능력 혹은 학문을 의미하는 시적 상관물이 된다. 그것은 당나라의 시인 가도賈島의 작품 〈검객(劍客)〉에서 비롯된다. 그는 이 작품에서, "십 년 동안 검 하나를 갈았으되, 일찍이 시험해 보질 못했네. 오늘 그대에게 보이나니, 누구에게 불평한 일이 있는가?"(十年磨一劍, 霜刃未曾試. 今日把示君, 誰有不平事?)하고 노래했다. 그는 여기서 자신의 학문적 능력을 검에 비유하여, 세상에 뜻을 펼치고 싶은 마음을 담았다. 이후 검의 이미지가 학문적 능력을 드러내는 상징을 획득하면서 문사들의 호기로운 마음을 담는 소재가 된다. 가슴 속의 검을 선물로 준다는 것은 상대방과 의기투합하여 자신의 적공을 함께 풀어보자는 권유다.

조선 후기 문신 윤기尹愭(1741~1826) 역시 짧은 칼을 소재로 자신의 뜻을 펼치고 싶은 마음을 노래한 바 있다.

貧士無長物　　가난한 선비에게 좋은 물건은 없지만
平生有短刀　　평생토록 짧은 칼 간직해왔다.
宵精明隙月　　밤이면 창틈으로 드는 달빛에 정기 빛나고
秋色激虛濤　　가을이면 허공에 파도처럼 그 빛깔 일렁였다.
心想良工苦　　마음으로 뛰어난 검장(劍匠)의 노고 생각하면서
名并俠客高　　이름은 협객들과 함께 높이 전하리.
他時如遇用　　훗날 쓰여지는 일이 있다면
猶足斷鯨鼇　　고래와 자라도 베기에 충분하리라.

(윤기, 〈단도(短刀) 시에 차운함[次短刀韻]〉, 《무명자집》 시고 제1책)

평생을 살아가면서 누구나 마음껏 뜻을 펼치고 싶을 때가 있다. 기회를 얻으면 언제든지 뜻을 펼치기 위해 우리는 얼마나 많은 적공을 하면서 살아가는가. 그렇게 가슴 속에 시퍼런 칼날 가진 검을 하나 품고 살아가면서, 언젠가는 이 검을 쥐고 뛰어난 검객으로서 정의와 공평함을 위해 살아가고자 노력한다.

세상의 정의와 공평을 위해 살아가려면 늘 유혹에 노출되기 마련이다. 돈과 이성, 높은 관직과 명예 등 우리를 유혹하는 많은 것들이 주변을 어슬렁거린다. 내 마음에 그러한 욕망이 슬며시 고개를 드는 순간 그들은 순식간에 내 안으로 들어와 나를 점령하고 괴물로 혹은 노예로 만

들어 버린다. 그렇게 욕망의 유혹을 받지 않기 위해 가슴 속에 품고 있는 칼을 늘 시퍼렇게 갈아놓는 것이다. 마치 적의 침략에 맞서서 과감히 찔러 나가는 검처럼, 우리를 침범하는 삿된 기운을 막고 없애는 검처럼, 우리의 공부는 욕망의 노예가 되는 것을 과감하게 거부하는 하나의 검이다. 마음에 품고 있는 그 검을 벼리면서 살아가는 일이 참 어렵다.

벼 루

내면의 단단함과
학문의 성장을 바라노라

❀ 벼루에 미친 바보, 정철조 ❀

'벼루' 하면 떠오르는 사람이 있다. 바로 조선 후기의 교양인 정철조鄭喆
祚(1730~1781)다. 그는 벼루를 좋아할 뿐 아니라 제작도 했다. 돌에 미친
바보라고 자처할 정도로 그의 벼루 사랑은 한이 없었다. 오죽하면 자신
의 호를 '석치石痴'라고 했겠는가. 보통 각도(刻刀)가 있어야 돌을 깎아서
벼루를 만드는데, 정철조는 돌만 보면 평소 허리춤에 차고 다니던 패도
를 빼서 즉시 깎곤 했다. 그렇게 만든 벼루를 숨겨 두는 것도 아니었다.
책상에 수북이 쌓아두었다가 달라는 사람이 있으면 그 자리에서 선뜻
주곤 했다. 돌의 종류도 가리지 않고 칼의 종류도 가리지 않았던 정철조
의 벼루는 예술적 성취도 높아서 당시 조선의 선비들은 정철조의 벼루
하나만 소장하는 것이 소원이라 할 정도로 그가 만든 벼루는 인기 만점

이었다. 우리나라의 벼루를 정리한 《동연보(東硯譜)》를 편찬했던 유득공柳得恭, 뛰어난 문인이요 화가였던 강세황姜世晃 등도 모두 정철조의 벼루를 소장하고 있었다.

조선 후기 문인 심노숭沈魯崇(1762~1837)의 《효전산고(孝田散稿)》에 이런 일화가 실려 있다.

그가 천안군수로 있을 때 강이문姜彝文(1775~1855)을 만나서 이야기를 나누다가 우연히 그가 정철조의 벼루를 소장하고 있는 것을 알고 빌리게 된다. 심노숭 역시 정철조의 벼루를 한 점 가지고 있었는데, 이사 다니는 와중에 잃어버려서 안타까워했다. 그러자 강이문이 자기 집에 정철조가 만든 벼루를 하나 소장하고 있는데, 정철조가 자기 조상의 묘문(墓文)에 글씨를 써달라고 부탁하러 오면서 선물로 준 벼루라는 것이다. 강이문은 바로 강세황의 손자다. 자신의 조부 강세황이 생전에 이 벼루를 최고의 작품이라며 극찬하시더라는 말을 덧붙이면서, 빌려달라는 심노숭의 부탁에 흔쾌히 집에서 가져다 빌려준다. 심노숭의 〈정석치연소지(鄭石痴硯小識)〉에 나오는 이야기다.

정철조의 벼루는 워낙 이름난 것이어서 그와 관련된 기록은 상당히 많이 남아있다. 이제는 붓글씨를 쓰는 사람 외에는 찾지 않는 물건이 되어 우리 생활 속에서 발견하기 어려워진 벼루지만 근대 이전 지식인들은 늘 옆에 두고 사용하던 것이었다. 오죽하면 문방사우(文房四友) 혹은 문방사보(文房四寶)라

고 불렀겠는가. 조선 시대 먼 길을 떠나
는 선비들이 반드시 챙기는 물건이 바로
벼루였다. 길을 가면서도 무언가 시상이
떠오른다든지 기억해야 할 것이 생기면
즉시 벼루를 꺼내서 먹을 갈거나 먹물을
붓고 메모를 했다. 조선 후기 전라도 지
역의 선비였던 환윤석黃胤錫은 서울로 가
는 행장을 꾸리면서 목록을 적어두었다.
거기에 보면 붓통, 먹물과 함께 작은 휴
대용 벼루를 포함시켰다. 선비들의 귀한

휴대용 벼루와 필낭
국립민속박물관 소장.

벗이 한둘이겠는가마는 벼루야말로 글을 하는 문사의 소중한 여러 벗
중의 하나였다.

◉ 중국 사신도 탐냈던 조선의 명품 ◉

근대 이전만 하더라도 우리나라에 벼루를 만들기 위한 돌을 채굴하는
곳이 상당히 많았다. 못해도 수십 군데는 되었을 법한 채석장은 벼루의
수요가 줄어들면서 지금은 충남 보령의 남포를 비롯하여 몇 군데만 겨
우 남아있을 뿐이다. 보물로 지정된 벼루만 해도 조선 중기 문신 정탁鄭
琢 집안 유물이라든지 곽재우 유물 중에서 포도연, 추사 김정희 유물 중
에서 운룡문단계연을 비롯한 벼루들이 있고, 특이하게도 충남 태안군
해저에서 발견된 청자로 만든 고려 시대의 벼루도 있다. 고려 때 송나
라에서 사신으로 왔던 서긍徐兢이 《고려도경(高麗圖經)》에서 고려의 말을

청자 상감 '신축'명 국화모란문 벼루
고려 시대 제작된 벼루로 유약의 상태와 상감문양
등으로 볼 때 1181년일 가능성이 가장 높다. 문화
재청 제공.

기록한 부분이 있는데, 거기에 '硯曰皮盧 (연왈피로)'라는 구절이 있다. 한자 '연(硯, 벼루)'은 고려말로 '皮盧(피로)'라고 발음한다는 것이다. 그것이 아마도 '벼루'의 고어였을 것이다. 그만큼 중세 문인들에게 벼루는 한시도 떨어지지 않는 물건이었다.

요즘이야 단계연(端溪硯)과 같은 중국의 명품을 벼루의 대명사로 치지만, 조선의 벼루도 그에 못지않은 명품들이 있었던 듯하다. 세조 때 유구국(流球國, 지금의 일본 오키나와)에서 사신이 온 적이 있다. 1467년(세조 13) 7월, 유구국의 동조同照 스님을 필두로 사신단이 여러 공물을 가지고 찾아온 것이다. 이미 1461년 유구국에서 사신이 왔던 터라 낯설지는 않았는데, 그들의 공물에 답례품으로 조선이 준비한 선물 목록이 조선왕조실록에 수록되어 있다. 거기에 보면 불경을 비롯한 많은 양의 서책과 조선의 특산물을 적었는데, 자석연(紫石硯)이 포함되어 있다. 자석연은 일본에서 산출되는 자석(紫石)으로 만든 벼루가 많아서, 일본 사람이 고려나 조선으로 올 때 선물로 가지고 온 경우가 많았다. 그러나 조선에서도 자석이 산출되었고, 그것을 만든 벼루가 좋은 품질이었던지 세조 때 유구국 사신에게 선물로 하사를 한 것이다. 이유원李裕元의 《임하필기(林下筆記)》에 보면 한석봉韓石峯이 충북 진천에서 돌을 구해 벼루를 만든 자석연에 대한 기록이 나온다. 자석연을 하사함으로써 조선의 문물을 유구국에 드러낸 것을 보면 조선에서 명품 벼루를 만드는 곳이 있었음을 알 수 있다.

조선 중기 문신 배용길裵龍吉(1556~1609)의 문집 《금역당집(琴易堂集)》에 보면 안동태수를 지낸 황극중黃克中이 고향으로 돌아가는 것을 전송하는 글에서 흥미로운 사건을 언급한다. 1601년 겨울 무렵 중국에서 황태자를 봉한다는 조서를 받들고 명나라 사신이 조선을 찾아왔다. 그때 안동부에 자석연 1백 개를 바치도록 명령을 하면서 크기는 1척(尺)으로 맞추도록 하였다. 그런데 자석연을 만드는 돌은 깊은 시냇물 밑에 있는 것이라서 채석하는 괴로움이 말도 못 할 지경이었다. 한겨울 날씨는

자석양각용문사각연
국립중앙박물관 소장.

추운데 시냇물은 살이 에이는 듯하고, 백성들의 고통은 심해졌다. 황극중은 백성들이 불쌍한 나머지 임의로 자석연을 준비해서 임금에게 진상했다. 그러나 당시 임금이었던 선조는 내막을 알아보지도 않고 공물로 올린 벼루가 자신이 지정한 규격에 맞지 않는다는 이유로 화를 내면서 황극중을 파직했다. 그가 떠나는 날 안동의 백성들이 어진 태수를 잃었다면서 눈물로 전송했다는 것이다. 배용길의 글 〈귀향하는 황극중을 전송하는 글〉(送黃和甫歸田序, 《琴易堂集》 卷4)에 나오는 내용이다.

그의 글에는 벼루와 관련된 또 하나의 일화가 수록되어 있다. 송나라 진종 때의 명신 손지한孫之翰에게 어떤 사람이 벼루를 선물했다. 그 사람이 이 벼루가 삼천 금이나 되는 높은 값어치가 있는 것이라면서 자랑을 했는데 손지한이 미심쩍어하는 눈빛을 보였다. 그러자 벼루를 선물

한 사람이 "벼루는 물에 젖은 듯한 빛깔이 나는 것이 좋은 제품인데, 이 벼루는 입김을 한 번 불면 물이 흐를 정도입니다"라고 하였다. 그제야 이 벼루가 아주 비싼 것이라는 걸 알게 된 손지한은 "하루 종일 입김을 불어 수백 근의 물을 얻는다 해도 그 정도의 물값이야 서 푼에 불과한 것이지"하면서 그 벼루를 받지 않았다고 한다. 그 정도의 값어치면 선물이 아니라 뇌물일 것이고, 입김을 불어 물이 흐를 정도라 해도 그 물값이야 아무짝에도 쓸모가 없다.

선물과 뇌물은 백지 한 장 차이인 경우가 많다. 특히 사람들이 흔히 구할 수 있는 물품 중에서 선물이 뇌물 역할을 하는 일이 허다하다. 벼루도 아마 그런 종류가 아니었을까.

벼루는 누구나 집에 한두 개씩은 가지고 있는 흔한 물품이다. 그만큼 벼루는 엄청난 양이 생산되었을 것이다. 수많은 벼루가 일상생활 속에서 유통되다 보니, 자연히 품질의 편차가 매우 크다. 물품이 적은 분야의 물건이면 값의 편차가 별로 없지만, 물건이 많으면 좋은 물건과 나쁜 물건 사이에 품질의 차이가 커지고 그에 따라 값의 차이도 커진다. 이 순간이 바로 명품 탄생의 순간이다. 수많은 삼류를 딛고 우뚝 서는 것을 명품이라고 한다면, 벼루처럼 일상에서 너무도 흔하게 볼 수 있는 것 중에 명품이 나온다. 조선 시대만 하더라도 벼루를 너무 좋아해서 1천 점이 넘는 작품을 소장한 사람이 있었다는 기록도 있다. 벼루의 크기, 모양, 거기에 새겨진 문양, 글씨, 먹의 갈림, 먹물 유지 시간 등 수많은 조건으로 벼루를 품평해서, 까다로운 조건을 충족하면서 예술적 가치를 지닌 것들을 명품이라 한다. 그러나 미적 기준은 사람마다 다른 것이고 각각의 기준에 맞는 다양한 작품을 모으다 보면 1천 점의 벼루야 그리 어려운 일도 아니었을 것이다. 앞서 언급한 정철조만 하더라도 돌의 품질과 칼의 종류를 가리지 않고 틈만 나면 벼루를 깎아서 만들었다고 하는데, 그의 작품 하나 소장하기를 원했던 당시의 문사 입장에서는 정철조야말로 명품 제조자였던 셈이다.

❀ 단단함과 의연함을 상징했던 문학 속 벼루 ❀

우리 문학사에서 가전문학(假傳文學)의 전통은 유구한 역사를 자랑한다. 고려 후기에 모습을 드러낸 가전 작품은 조선이 망하고 20세기에 들어와서도 여전히 일부 계층들의 사랑을 받으며 계속 창작되었다. 그중에 조선 후기 문신 나헌용羅獻容(1851~1925)이 지은 〈즉묵대부봉석향후석군묘갈명(卽墨大夫封石鄕侯石君墓碣銘)〉(이하 '석군묘갈명'으로 표기함)이라는 작품은 매우 드물게 벼루를 의인화한 작품이다. 그것도 일반적인 가전문학처럼 소설이나 전(傳)과 같은 서사문학 작품의 형식으로 지어진 것이 아니라 묘갈명이라고 하는 죽은 사람의 일생을 기록하는 방식을 택한 작품이라는 점에서 특이하다.[*] 이 작품을 발굴하여 소개한 유기옥 교수에 의하면 나헌용은 벼루뿐만 아니라 붓, 먹, 종이 등 다른 문방사우들

---

[*] 중국의 경우는 벼루를 의인화하여 전(傳) 작품으로 창작한 것이 산견된다. 당나라 문숭文嵩이 지은 〈즉묵후석허중전(卽墨侯石虛中傳)〉, 송나라 소식蘇軾의 〈만석군나문전(萬石君羅文傳)〉을 대표적인 예로 들 수 있다.

역시 모두 의인문학 작품으로 창작을 했던 특이한 이력을 가진 사람이다.※

〈석군묘갈명〉의 내용은 다음과 같다. 진나라 시절 홍농현에 덕을 숨기고 벼슬에 나아가지 않던 도홍陶泓이라는 사람이 있었는데 모영(毛穎: 붓을 지칭함)과 사이가 좋았다. 그는 은거하여 이름을 알리고 싶어 하지 않았지만, 그의 문체가 은은히 세상에 드러나 많은 사람이 그를 찾아왔다. 그 이후 집안은 영락하였지만 한나라 말기에 와연(瓦硯)을 중심으로 도홍의 별족인 와씨 집안이 흥성하게 된다. 그러다가 그 집안을 석(石)씨가 이어받게 되자 비로소 그 조상인 도홍이 천하에 이름을 날리게 된다. 이 묘갈명의 주인공 석군은 바로 석씨 집안의 후손으로, 이름은 허중虛中이요 자는 거묵居黙이었는데, 채방사의 천거에 의해 단양에서 만나 즉묵대부(卽墨大夫)에 제수된다.

석군의 사람됨은 매우 훌륭했다. 다른 사람들이 자신의 몸을 검게 칠해도 늘 한마음으로 살아갔고, 자기 얼굴에 침을 뱉으면 저절로 마르기를 기다렸다. 노자의 현빈지도(玄牝之道)를 배워 맑은 지조를 지켰다. 이후 자손들은 제후의 직위를 대대로 물려받으면서 집안이 번성했다.

이러한 서사 속에 등장하는 인물들은 모두 벼루와 관련이 있는 고사나 단어들을 선별해서 배치한 것이다. 나헌용은 죽은 사람의 일생을 기록하는 방식을 통해서 벼루의 연원이 인류의 문명과 함께 출발해 온 귀한 것이라는 점, 온몸으로 먹과 붓을 받아들이면서 안으로부터 우러나오는 단단함으로 시대의 사상을 증언해왔다는 점을 보여준다.

※ 나헌용에 대한 논의는 유기옥의 〈나헌용의 벼루 소재 묘갈명의 의인화 양상과 의미 연구〉(《우리문학연구》, 우리문학회, 2013.2, pp.189~221)에 의하여 서술하였다.

어떤 물건이든 그것이 사회적 혹은 사상적 맥락과 결합되는 방식에 따라 다양한 의미를 읽어낼 수 있다. 어쩌면 내가 읽어내고 싶은 생각이 있으면 그것에 맞는 배치로 물건을 배열함으로써 의미를 구성하는 것일지도 모르겠다. 나헌용의 벼루에 대한 글을 읽으면서 그가 읽어내고 싶었던 것, 그가 중요하다고 생각하는 사유의 지점이 바로 내면의 단단함과 그것을 현실 속에서 지켜내는 절의가 아니었을까 생각해본다. 조선이 망하고 일본이 이 땅을 지배하는 격동의 세월을 살아냈던 나헌용이었으니, 그런 생각을 하면서 자신의 삶을 바라보고 싶었을 것이다.

❀ 꿈과 뜻을 펼치게 하니 문인에게는 운명의 벗 ❀

중국 사람들은 이렇게 말한다. '미인은 거울을 좋아하고, 무인은 검을 좋아하며, 문인은 벼루를 좋아한다.(美人愛鏡, 武人愛劍, 文人愛硯.)'

중국의 역대 문인 중에는 벼루를 좋아해 기행을 저질렀던 사람이 많다. 천하의 명필 미불米芾은 송나라 휘종의 명으로 병풍에 글씨를 쓰게 되었는데 그때 내놓은 벼루가 질 좋은 단계연(端溪硯, 단계석으로 만든 벼루로 돌 결이 매우 아름답다)이었다. 병풍을 다 쓴 뒤 그는 휘종에게, 그 벼루가 먹으로 더럽혀졌으니 자기에게 하사해 달라고 떼를 쓰다시피 해서 결국은 얻어냈다는 것이다. 황제에게 하사품을 요구하다니, 이 정도면 벼루 하나에 목숨을 걸었던 것이라 하겠다.

이렇게 벼루를 사랑했던 문인들 입장에서는 거기에 의미를 부여하는 일이 많았다. 자신의 좌우명을 벼루에 새겨두는 일도 흔했고, 문양을 통해서 자신의 뜻을 담는 경우도 많았다. 연명(硯銘)이라는 제목으로 많은 글이 지어졌는데, 이러한 작품들은 대체로 벼루의 바닥에 새겨서 좌우명처럼 여기는 경우가 많았다.

고려 후기의 문인 이규보李奎報(1168~1241)는 자기가 사용하는 작은 벼루를 두고 이러한 글을 남겼다.

硯乎硯乎	벼루여 벼루여,
爾麼非	네가 작다 하나
爾之恥	너의 부끄러움이 아니로다.
爾雖一寸窪	네 비록 한 치쯤 되는 웅덩이지만,
寫我無盡意	끝없는 뜻을 쓰게 하노라.
吾雖六尺長	내 키가 비록 여섯 자나 되지만,
事業借汝遂	사업(事業)은 너를 빌려야 이루어진다.
硯乎	벼루여,
吾與汝同歸	나는 너와 함께 돌아가리니,
生由是	살아도 너 때문이요,
死由是	죽어도 너 때문이라.

(이규보, 〈소연명(小硯銘)〉, 《동국리상국집(東國李相國集)》 권19)

이규보는 자신의 원대한 꿈을 벼루에 의탁하고 있다. 내가 살아있는 동안 벼루로 인해 나의 꿈이 현실 속에서 이루어질 것이고, 꿈을 이루는 길을 따라 벼루 역시 함께 걸어간다. 내 삶이 다하는 날 비로소 벼루와의 인연이 사라지리니, 이규보에게 벼루야말로 운명의 벗이다. 그것이 작다 한들 벼루가 없으면 무슨 소용일 것이며 무엇을 이룰 수 있겠는가.

위원단계연, 국립중앙박물관 소장.

◉ 정조 임금이 율곡 벼루에 남긴 그리움 ◉

정조正祖 역시 벼루에 대한 글을 남긴 적이 있다. 자신의 벼루가 아니라 바로 율곡栗谷 이이李珥의 벼루였다. 정조는 율곡이 사용하던 벼루가 그 집안에 전해지고 있다는 이야기를 듣고 즉시 그것을 보고 싶어 했다. 평소 존경하는 선현의 손때가 묻은 벼루였기 때문이다. 그 벼루에서 율곡의 주옥같은 문장들이 나왔고, 수많은 저술이 나왔을 것이다. 그 벼루를 친견하고 난 뒤 정조는 율곡의 벼루에 글을 한 편 지어 직접 글씨를 쓴 다음 벼루 밑면에 새겨서 율곡 집안으로 돌려준다. 1788년의 일이었다. 〈율곡연명(栗谷硯銘)〉으로 지칭되는 이 글의 내용은 다음과 같다.

涵婺池   무지(婺池)를 적신 듯
象孔石   공석(孔石)을 닮은 듯
普厥施   그 쓰임은 넓어서

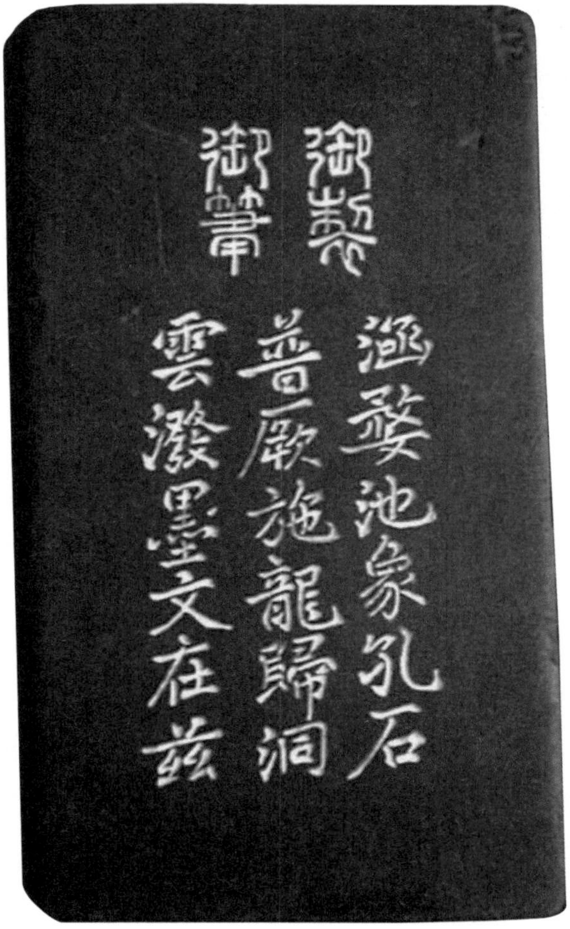
御製
御筆
涵婺池象孔石
普厥施龍歸洞
雲潑墨文在玆

율곡 벼루 뒤, 문화재청 제공.

龍歸洞	용이 골짜기로 돌아가는 듯
雲潑墨	구름이 먹을 뿌리니
文在玆	글이 여기에 있구나.

(정조, 〈율곡연명〉, 《홍재전서(弘齋全書)》 권53)

지금도 전승되고 있는 율곡의 벼루에는 정조의 어필이 선명하게 새겨져 있다. '무지'는 주희朱熹를 의미하고 '공석'은 공자孔子를 지칭하는 것으로 보이는데, 율곡의 학문적 연원에 대한 정조의 생각이 표현되어 있는 듯하다. 세상을 떠난 지 오래되어 직접 대면할 수는 없지만, 율곡의 벼루를 완상하면서 정조는 율곡의 지혜가 그리웠을 것이다. 그렇게 완상한 기념으로, 혹은 마주하여 이야기를 나눌 수 없는 선현에 대한 안타까움과 그리움을 담아, 어쩌면 정조는 율곡에게 선물을 주는 마음으로 이렇게 했을지도 모르겠다.

강릉 오죽헌에 전하는 이 벼루는 정조가 글을 짓고 글씨를 써서 새긴 것을 기념하기 위해 어제각(御製閣)을 지어 벼루를 보관하고 있다. 19세기 말 강원도 영동 지역을 여행한 뒤 〈동유록(東遊錄)〉이라는 글을 쓴 송병선宋秉璿은 오죽헌에 들렀다가 율곡이 직접 쓴 《격몽요결(擊蒙要訣)》 친필본과 함께 어제각에 있는 이 벼루를 보았다는 기록을 남겼다. 집안사람들로서는 두고두고 널리 자랑하고 싶었던 일이었을 것이다.

집안에서 자랑스럽게 생각하는 벼루 일화는 상당히 많다. 선조宣祖가 신하들에게 문제를 냈는데, 여러 사람 중 유일하게 정철鄭澈만이 자세한 답을 했다. 이에 임금은 기뻐하면서 명나라 신종황제가 조선에 보냈

던 용연(龍硯)이라는 벼루를 선물로 하사한다. 정철 집안에서는 애지중
지하며 보관했다. 그런데 임진란을 맞아 정철의 부인이 피난 가던 중에
이 벼루를 땅에 떨구어 벼루에 조각되어 있는 용의 뿔 하나가 부러졌다.
이후 그의 후손인 정익하鄭益河가 남아있던 용의 뿔 하나를 마저 갈아서
없애버렸다. 그러자 이전까지만 해도 벼루 때문에 신기한 일들이 제법
생기곤 했는데, 두 뿔이 모두 없어진 뒤에는 그 영험함이 완전히 사라졌
다고 전한다. 김윤식金允植의 《운양집(雲養集)》에 나오는 기록이다.

　이처럼 임금에게 선물로 받은 벼루는 한 집안의 자랑으로 여겨져서
세세손손 전승되었고, 많은 일화를 남겼다.

❂ 학문의 열망과 군자다운 모습을 기린 선물 ❂

벼루 선물은 어떤 의미를 가지는 것이었을까? 의미를 담지 않은 선물은
없다. 경제적 가치의 고하를 막론하고 그 의미 때문에 선물은 각각 최

이재관필 '선인도' 일부, 국립중앙박물관 소장.

고의 가치를 가진다. 벼루
는 흔한 물건이기도 했지
만 명품이라 불릴 만한 비
싸고 귀한 것도 있었다. 벼
루 선물에는 다양한 의미
를 담겨 있는데, 우선은 문
인의 고아한 품격을 드러
내는 물건이라는 점에서
여타의 선물과는 궤를 달

리한다.

쓰임새를 생각하면 벼루의 일차적인 용도는 먹을 갈기 위한 것이다. 벼루는 크게 먹을 가는 부분인 연당(硯堂), 먹물이 고여 있는 부분인 연지(硯池), 연지 옆쪽으로 문양이나 글자를 새겨 넣는 부분은 연액(硯額), 벼루의 둘레를 지칭하는 연변(硯邊) 등으로 구분된다. 세부 명칭이 더 있기는 하지만, 이러한 정도가 벼루의 주요 부위일 것이다. 연당에 먹을 갈아서 연지에 먹물을 담아놓고 서화를 쓰게 된다. 그렇게 보면 벼루는 자신의 온몸을 희생해서 먹물을 준비하는 역할을 한다. 따라서 벼루의 중요한 속성으로 단단함을 꼽을 수 있다. 어떤 형태의 먹이든 자기 몸돌에 비벼서 먹물을 만드는 것이니, 한편으로 보면 어떤 어려움 속에서도 내부의 견고함을 지켜서 벼루로서의 임무를 충실히 수행하는 것이다. 이를 통해서 사람들은 군자의 아름다운 모습을 읽어낸다. 선비들의 문화를 꽃피우게 하는 도구이면서 동시에 자신들의 정신을 담을 수 있는 멋진 물건이 바로 벼루였다.

게다가 문인으로서는 늘 옆에 두고 사용하는 것이었으므로 온 마음을 다하여 벼루에 정성을 쏟기 마련이다. 공부하는 사람의 정성이 이곳에 모이니, 벼루는 때때로 학문의 상징이 되기도 했다. 그런 점에서 보면 벼루 선물에는 받는 사람의 학업을 격려 혹은 장려하는 의미를 가지게 된다. 마치 스승이 제자에게 만년필을 선물하면서 학문의 길을 걸어가려는 젊은 학도를 격려하듯이, 벼루 선물은 평생 학문과 함께할 사람의 앞길을 격려하는 의미를 가진다.

벼루가 문인의 벗이었기에 죽을 때에도 관 속에 벼루를 넣은 이가 있었다. 청나라의 대표적인 연치(硯痴, 벼루만 좋아한 바보)인 고봉한高鳳翰이 그런 사람이었다. 양주팔괴(揚州八怪, 청나라 8인의 화가) 중의 한 사람으로 꼽히는 그는 《연사(硯史)》를 편찬하기도 했고, 1천 개에 달하는 벼루를 직접 깎기도 했다. 훗날 문화대혁명 시절 그의 무덤이 파헤쳐졌는데, 관 속에 1백여 개의 벼루가 함께 묻힌 것이 발견되기도 했다. 이 정도면 벼루 사랑으로 따라갈 사람이 없지 않을까.

이따금 책상 옆에 놓아둔 벼루를 꺼내 본다. 쌓인 먼지를 털어내다 보면 벼루에서 희미하게 묵흔(墨痕)이 보인다. 이제는 지식인들의 서가에서 잊혀진 물건이 되었지만, 내면의 단단함으로 세월의 무게를 견디는 모습이 새삼스럽다. 우리가 살아가는 이 시대가 지나면 또 다른 방식의 필기구가 나올 것이고, 벼루는 더더욱 잊혀질 가능성이 높다. 그러나 그 안에 간직하고 있는 학문에 대한 열망, 단단함을 지키는 군자다운 모습은 여전할 것이다. 벼루 선물은 그런 마음을 주고받는 행위였을 것이다.

3장

의복에 담아 보내는 멋과 바람

갖옷

그대에게 가죽옷을 내리니
그 충성 변치 말라

❁ 명절빔의 추억 ❁

과거 설이나 추석 같은 명절이 되면 아이들은 빔을 선물로 받았다. 설빔이나 추석빔이라는 말처럼, 명절을 기념하기 위해 옷을 새로 해서 입었다. 이제는 우리 경제가 넉넉해지면서 옷을 사 입는 일이 일상이 되었기 때문에 '빔'이라는 말은 잊혀져가고 있는 우리말처럼 느껴지기도 한다. 그러나 불과 3, 40년 전만 하더라도 시골의 아이들은 명절빔을 해 입을 생각에 가슴 설레었던 기억을 가지고 있다. 그만큼 우리 사회의 변화가 얼마나 가팔랐던가를 짐작할 수 있다.

요즘은 상대방의 옷을 보고 그에 대한 다양한 정보를 슬며시 읽어낸다. 어떤 옷을 입었는지, 그 옷이 연출해 내는 이미지는 어떤지, 패션에 마음을 썼는지의 여부 등을 통해 우리는 상대방의 정보를 알아챈다. 나아가 옷의 상표를 보고 나도 모르는 사이에 그의 경제적 사정이나 사회적 지위 등을 함부로 판단하면서 편견을 만들어낸다. 이른바 명품으로 꼽히는 옷을 입었다면 우리는 상대방에게 후한 평가를 내리려는 심리가 작동한다. 외적인 조건으로 사람을 평가하지 않는다고 강조하는 사람조차도, 자본의 논리가 만들어내는 사회적 자장 속에서 판단하지 않았다고 주장하기에는 무리가 있다. 영향을 덜 받는 사람이 있을지는 모르지만 영향에서 자유로운 사람은 없다. 그만큼 자본은 어느새 우리 삶을 구성하는 가장 중요한 조건이 되었다.

명절빔이든 명품이든 그 옷을 곱게 간직한다는 점에서는 비슷하다. 과거 경제적으로 어려웠던 시절에는 명절빔이라는 이름으로 특히 아이들에게 새 옷을 선물하는 통 큰 결정을 했기 때문에 아이들은 명절 외에는 쉽게 꺼내 입으려고 하지 않았다. 요즘의 명품 의류 역시 소중하게 생각하지 않는 것은 아니지만, 옷장 깊은 곳에 보관하려고만 하지 않는다는 점에서 차이를 말할 수도 있겠다. 어떻든 명절빔은 평상시 꺼내 입기에는 약간 무리가 있으므로, 잘 보관했다가 특별한 행사에 입으려고 꺼내 보면 어느새 작아져서 더는 입지 못하는 일이 많았다. 그래도 아이들에게 옷 선물은 평생 기억에 남을 만큼 즐거운 사건이었다.

근대 이전 우리 옷은 늘 비슷한 모습

두 명의 한국 아이들
영국 작가 엘리자베스 키스(Elizabeth Keith)가 1920년대에 조선을 방문해 그린 판화, 국립민속박물관 소장.

으로 있었으리라고 생각하지만, 그 시대 나름의 유행이 있었다. 유행에 따라 옷의 길이가 길어지거나 짧아졌고 장식의 유무가 만들어지기도 했다. 특히 사치품으로서의 옷은 유행에 민감하기 마련이었다. 평상복으로서의 옷과 사치품으로서의 옷은 지금처럼 일정한 구획이 있었지만, 같은 종류의 옷이라 하더라도 사회적 맥락에 따라 평상복이 되기도 하고 사치품이 되기도 했다. 어떤 물건이든 비슷하겠지만, 자본이 발달하기 전에는 옷도 선물의 중요한 품목이었다. 평상복을 마름지어 주변 사람에게 선물하기도 했고, 특별한 목적을 위해 비싼 옷감으로 만든 화려하고 귀한 옷을 선물하기도 했다.

❈ 첩의 갖옷 때문에 일어난 '니탕개의 난' ❈

금나라 멸망 이후 북방의 유목민들은 여러 부족으로 분열되어 산개해 있었다. 그들 중 일부는 조선의 북방을 침략하여 약탈을 자행하기도 했다. 반면 북방에 파견된 조선의 관리들이 북방 민족을 괴롭히는 경우도 있었다. 당시 조선에 귀화한 북방 민족(흔히 '번호藩胡'라 부른다)들은 조선과 북방 민족 사이의 완충 역할을 했는데, 번호를 괴롭히는 조선의 관리들이 많았다. 니탕개尼湯介의 난이 일어난 것도 이러한 사정을 배경으로 한다.

1583년 1월, 니탕개는 함경도의 경원과 종성 일대의 번호들과 여진족들을 규합하여 난을 일으켜 아산보(阿山堡)를 공격했다. 이 사건은 근 1년 동안 지속되었는데, 이 때문에 조선은 국방의 문제에 깊은 관심을 가지게 된다. 그 결과 중앙에서 파견된 무신이 지역의 군사를 지휘하는

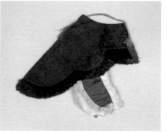

여성용 갖저고리와 풍차
견에 안감으로 털을 대어 만든 겨울용 저고리와 모자(풍차). 모자 귀마개 안쪽에 토끼털이 부
착되어 있다. 국립민속박물관 소장.

제승방략체제로 전환되었지만, 이 제도는 역설적으로 임진란이 발발했
을 때 초기 패전의 원인으로 지목되기도 했다.

　니탕개의 난이 발발되었을 때 그들이 최초로 공격한 곳은 아산보였
다. 왜 이곳이었을까? 니탕개의 난이 발발하는 구체적인 계기를 제공한
사람이 바로 최몽린崔夢麟이었기 때문이다. 최몽린은 아산만호(阿山萬戶)
를 지낸 사람이었는데, 우성전禹性傳의《계갑일록(癸甲日錄)》기록에 의하
면 최몽린이 자기 첩을 위하여 두 벌의 갖옷을 준비하다가 번호들의 원
망을 샀다고 한다. 어찌 보면 그가 북방 민족들을 겁박해서 두 벌의 갖
옷을 준비한 일이 사소하달 수도 있다. 또 고작 두 벌의 갖옷 준비 때문
에 북방 민족의 원망이 쌓여 반란으로 이어졌다는 것은 이해가 되지 않
는다. 그렇지만 이전부터 조선의 관료들이 북방으로 부임해 가면 그곳
의 특산물을 구하기 위해 번호들을 과도하게 몰아붙였고, 그러한 일들
이 쌓이고 쌓여 최몽린의 일에서 폭발했을 것이다. 역사란 늘 거대한 흐
름 위로 수많은 잔물결이 부딪히면서 만들어지는 법이다. 최몽린의 갖

갖옷 앞과 뒤
가죽으로 만든 남성용 포(袍). 여밈끈이 있고 깃 둘레에는 가죽으로 선을 덧댔다. 국립민속박물관 소장.

옷 사건은 잔물결 중의 하나였지만, 큰 흐름의 변곡점에 영향을 끼쳤던 것이다. 그는 사형을 언도 받았지만 결국 외딴 섬에 충군(充軍, 죄인을 군역에 복무하도록 한 형벌)하는 것으로 처리되었다.

조선을 통틀어 기록에 가장 자주 등장하는 옷으로 갖옷만한 것이 없다. '구(裘)'로 표현되는 갖옷은 말 그대로 짐승 가죽으로 만든 옷을 통칭한다. 갖옷은 지역을 막론하고 고대부터 사용되었지만, 특히 북방에서 의복 재료로 널리 애용되었다. 날씨가 춥고 겨울이 길기 때문에 갖옷은 주민들에게 필수품이었다. 우리나라 기록에서도 삼국 시대 이래 꾸준히 갖옷에 대한 기록이 나오는 것을 보면 널리 사용되었던 것은 분명하다. 정복남 교수의 연구에 의하면, 국내에서 생산된 갖옷의 재료로는 호랑이, 표범, 여우, 오소리, 이리, 쥐, 수달, 영양, 양, 가지(可之, 바다사자), 물개, 너구리, 고양이, 승냥이, 곰, 노루, 말, 강아지 등을 들 수 있고, 조선 후기가 되면 중국과 일본에서 들어온 짐승 가죽도 널리 사용되

었다.[*]

가죽의 희귀성과 품질은 자연스럽게 경제적 가치를 높였고, 그것은 사회적 지위와 연결되면서 다양한 의미를 가지게 되었다. 어떤 가죽이냐에 따라 가치는 달랐지만, 면포 위주의 옷감을 사용하던 동아시아 문화에서 가죽옷은 그 품질이나 가치에 있어서 월등히 높았다. 이런 분위기는 이미 《논어》에서도 읽어낼 수 있다. 공자가 자신의 제자 자로子路를 평가하면서, '해진 솜옷을 입고서 여우나 담비 가죽으로 만든 갖옷을 입은 자와 같이 서 있으면서도 부끄러워하지 않는 사람'(衣敝縕袍, 與衣狐貉者立而不恥者, 其由也與!)이라고 했다. 요즘으로 치면 허름한 옷을 입고 명품 옷으로 치장한 사람들과 같은 자리에 있으면서도 당당하게 행동하는 사람이라는 의미다. 공자의 시대에도 이미 여우 가죽과 담비 가죽은 상당히 고급의류의 재료였고 그것은 권력을 가진 자들의 상징처럼 여겨졌다는 뜻이다.

게다가 함경도 지역은 대대로 담비 가죽의 산지로 중요한 곳이었다. 조선 후기 실학자 서유구徐有榘의 《임원경제지(林園經濟志)》〈섬용지(贍用志)〉에 의하면, 이곳에서 산출되는 담비 가죽은 암황색을 띠는 것이라고 했다. 담비 가죽은 한 장이 사방 1척(尺) 정도였기 때문에 60여 마리의 가죽을 모아야 비로소 옷을 한 벌 지을 수 있다는 기록도 남겼다. 그러니 최몽린이 자신의 첩을 위해 준비하던 두 벌의 갖옷은 120여 마리이상의 담비 가죽이 있어야 가능한 것이었다. 최몽린 입장에서야 첩을 위한 선물을 준비하는 과정이었겠지만 그 가죽을 준비해야 하는 번호들

---

[*] 정복남, 〈갖옷에 관한 연구〉(《복식》 제23권, 한국복식학회, 1994년 11월) 참조.

입장에서는 얼마나 힘들고 괴로웠을 것인가.

● 갖옷 한 벌로 총애를 표하고, 갖옷 한 벌에 명예가 달아나 ●

조선의 여성들에게 갖옷은 폼 나는 명품이었지만, 그런 사정은 남성들 역시 다르지 않았다. 척박하고 추운 지역에 살아가는 사람들이 주변에서 쉽게 구할 수 있는 짐승의 가죽으로 만든 갖옷이 사치품이라 문제 삼는 것은 아니다. 권력 주변에서 선물(때로는 뇌물)로 주고받는 갖옷은 충분히 그 값어치를 하기 위해 준비한 귀한 옷이며 여기서 문제가 생겨난다. 가죽은 짐승을 잡아서 가죽을 벗기고 말려서 무두질하기까지 시간도 오래 걸리고 정성과 솜씨도 있어야 한다. 거기에 더해 가죽만으로는 옷을 만들 수 없기 때문에 가죽에 덧대서 비단이나 좋은 옷감을 사용하며, 모양새도 좋아야 비로소 제값을 받는다.

조선 조정에서는 지역의 공물로 짐승 가죽을 받는 일이 많았다. 그렇게 수거된 가죽은 옷으로 만들어져서 왕이 신하들에게 내리는 선물로

'전원행렵도' 일부. 김두량, 김덕하, 국립중앙박물관 소장.

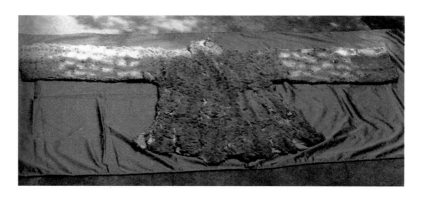

우암 송시열 초구 일령
담비 가죽으로 만든 옷인 '초구'. 이 옷은 효종 임금이 북벌계획의 핵심이었던 송시열에게 하사한 것이다. 북벌 때 청나라의 추운 날씨를 견디라는 의미가 담겼다. 문화재청 제공.

사용되었다. 왕은 귀한 갖옷을 신하들에게 선물함으로써 신하들의 감동과 함께 충성스러운 마음을 이끌어냈다. 그것은 임금이 신하에게 보내는 정성이었고 그를 격려하고 총애한다는 마음의 우회적 표현이었다. 그 정도로 갖옷은 귀한 물건이었고, 사치품처럼 인식되었다. 숙종이 먼 지방에서 공물로 들어온 가죽을 귀하게 여기지 말고 덕을 닦는 것에 노력해야 한다는 권해權瑎의 진언에 따라 즉시 갖옷을 불태우라고 지시한 것도 갖옷이 가지는 문화적 상징 때문이었다.

갖옷이 사치품의 의미를 가지는 것은 1496년 4월 6일 사간원에서 연산군에게 올린 간언을 보면 알 수 있다. 그들은 임금에게 여러 조항의 간언을 하면서, 여덟 번째로 임금이 사치를 억제해야 한다는 내용을 담는다.

"근자에 왕자의 저택들이 궁궐에 비견할 정도이며, 왕실과 인척이 된 자들은 다투어 화려함을 숭상하매 아랫사람들까지도 서로 본받아서 부인이 돼지가죽으로 된 갖옷이 없으면 모임에 참여하지 않을 정도다."

그만큼 갖옷은 조선을 통틀어 의류 중에서 사치품으로 꼽히는 물건이었던 것이다.

갖옷을 둘러싸고 벌어진 사건 중에 민정중閔鼎重(1628~1692)과 얽힌 것도 있다. 민정중은 송시열의 문인으로 17세기를 대표하는 유학자다. 정쟁의 소용돌이 속에서도 자신의 신념과 학문적 입장을 잘 지킨 인물로 당대 사림들의 중망을 받았다. 그는 1669년 10월 중국에 사신으로 가게 되었는데, 송별연에서 전라감사 김징金澄(1623~1676)으로부터 표범 가죽으로 된 갖옷을 선물로 받는다. 예로부터 먼 길을 떠나는 사람에게 주변 지인들이 잔치를 열면서 선물을 주는 것이 관행이었기 때문에 민정중은 기쁜 마음으로 그 갖옷을 받았다. 두 사람은 젊었을 때부터 알고 지내던 친구였기 때문에 김징은 민정중에게 갖옷이 없다는 사실을 알고 있었고, 추운 북쪽 지방을 다녀와야 하는 민정중은 친구의 따뜻한 마음에 감동하면서 고맙게 받았을 것이다.

그런데 1670년 김징이 뇌물을 받았다는 탄핵을 받았는데, 그 소장(訴狀)에 민정중에게 준 갖옷이 거론된 것이다. 사정을 알고 보니 김징이 먼 길을 가는 친구에게 준 갖옷은 관청의 물건이었다. 임금에게 공물로 올릴 물건으로 관아에 보관하고 있던 표범 가죽을 주었는데, 이것이 드러난 것은 김징의 후임으로 전라도 관찰사에 임명된 오시수吳始壽 때문이었다. 오시수가 공물로 보낼 표범 가죽을 확인하다가 5장의 가죽이 없다는 사실을 알게 되었다. 남아있는 가죽은 너무 얇은 데다 털이 빠져서 공물로 바치기에는 부족했기 때문에 한양으로 사람을 보내서 다섯 장의 표범 가죽 좋은 것을 구입하여 공물로 바쳤던 것이다. 이 사건 때문에 김징은 '오표대부(五豹大夫)'라는 별명을 얻으면서 명성에 큰 타격을 입었다.

민정중 입장에서는 김징에게 받은 선물이 공공의 물건이었다는 사실을 몰랐던 터라 김징의 뇌물죄에 자신이 받은 가죽이 오르내리는 일 자체가 아주 난감했을 것이다. 결국 그는 임금의 간곡한 부탁에도 불구하고 모든 벼슬을 거절한다. 호의로 받은 갖옷 선물은 도리어 민정중의 명예를 더럽히는 꼴이 된 셈이다.

❀ 왕실의 의류 문화를 백성에게 전파한 갖옷 ❀

임진란이 끝나고 나자 한양은 중국 물건들이 쏟아져 들어오기 시작한다. 조선 중기 문신 윤국형尹國馨(1543~1611)의 《갑진만록(甲辰漫錄)》에 의하면 임진란이 끝나는 1598년 이래 중국의 상인들이 조선으로 물건을 가지고 들어왔으며, 종로 거리에 가게를 열고 물건을 늘어놓는 사람도 많았다고 했다. 이 때문에 귀천과 노소를 막론하고 비단과 양(羊) 갖옷으로 자신을 꾸미면서 사치하는 사람이 늘어났다 하면서 당시 사치가 유행하는 것을 탄식한 바 있다.

이미 언급한 것처럼, 임금이 신하에게 주는 의복 선물로 갖옷만 한 것이 없었다. 임금은 갖옷 선물을 통해서 자신의 마음을 표현했고, 신하는 하사받은 갖옷을 집에 대대로 보관함으로써 가문의 영광을 이어가기 위한 자료로 사용하였다. 임금에 대한 무한한 충성과 함께 부귀를 누리면서 왕조를 함께 이끌어가도록 도와 달라는 격려의 의미를 담고 있기도 하다. 이 옷을 받은 신하는 과연 평상복으로 입었을까? 왕조 시대의 분위기로 보아 선물이자 하사품으로서의 갖옷은 보관용이었을 것이다. 솜씨도 솜씨지만 그것이 주는 정치적·사회적 무게는 그저 평상복으로 사용하기에는 너무 무거웠다.

왕실로부터 일반 사대부 가문으로 선물이 오면 정치적으로도 의미를 두었겠지만, 문화적 차원에서도 적지 않은 의미를 가진다. 옷만 하더라도 그렇다. 조선 최고의 침선(針線)이 만든 옷이니 바느질 솜씨로 보나 패션 감각으로 보나 당대 최고 수준을 가지고 있었다. 이 옷을 본 가문의 여인들이 자연스럽게 옷 만드는 솜씨나 모양새를 따라 배웠을 것이며, 이런 과정을 거쳐서 수준 높은 의류 문화가 일반 백성들의 집으로까지 흘렀다.

물건은 늘 선물과 뇌물의 경계선에서 오갔지만 그 사이에서 흐르는 문화는 계층과 계층, 가문과 가문을 넘어서 새로운 문화를 만드는 계기로 작동했다. 사치품의 대명사로 꼽혔던 갖옷은 비록 판매된 것은 아니었지만 사람들 사이를 떠돌아다니면서 당대 명품 중의 하나로 인식되었다. 그것은 일상복으로서 소비된 것이 아니라 하나의 문화적 상징으로 소비되었던 품목이었기 때문이다.

짚신

낮은 자리에서 올리는
그리움과 존경

● 스승의 방문 앞에 조용히 놓은, 짚신 몇 켤레 ●

근대 불교의 대표적 선승으로 꼽히는 경허는 만년에 갑산, 강계 인근에서 박난주라는 이름의 훈장으로 살아가다가 입적했다. 그의 제자로는 '남혜월(南慧月)', '북수월(北水月)'로 일컬어지는 혜명(그의 호가 혜월이다)과 수월을 꼽는다. 혜월은 남쪽에서, 수월은 북간도 지역에서 불법을 전파해서 널리 이름을 떨쳤다. 그러나 수월은 남긴 기록이 거의 없을 뿐 아니라 법문을 하지 않았기 때문에 그의 법맥이 변변하게 전해지지 못했다. 오직 능엄주를 열심히 암송하는 것으로 깨달음을 얻었다고 전한다. 바로 그 수월이 스승 경허가 몸져누웠다는 소식을 듣고 갑산으로 찾아갔다. 몇 날을 걸어 밤에 도착한 수월은 경허가 누워있는 방문 앞에서 스승을 불렀다. 누구냐고 묻는 경허의 말소리가 방안에서 들렸다. "수

월입니다"하고 대답을 했지만, 경허는 그런 사람을 모른다고 대답을 하는 것이다. 다시 "스님!"하고 불렀지만, 자신은 그런 사람 아니라고 대답을 하더라는 것이다. 그 대답을 듣는 순간 수월은 스승의 뜻을 알고 조용히 물러났다고 한다. 다음 날 아침, 경허의 방문 앞에는 수월이 간밤에 삼아놓은 짚신 몇 켤레가 곱게 놓여 있었다.

　짚신은 많은 이야기를 떠올리게 하지만, 나는 늘 스승의 방문 앞에 놓아두었던 수월의 짚신이 먼저 떠오른다. 글도 모르고 법문도 하지 않았고 우리 불교사에 변변한 기록 하나 남기지 않았지만, 수월은 북간도의 중생들을 위해 부단히 몸을 움직이며 시봉을 했다. 시봉을 받는 스님이 아니라 중생을 시봉하는 스님, 그중에서도 그의 장기는 짚신을 삼아서 나그네들에게 나누어주는 일이었다. 다른 일화가 많지만, 유독 나는 수월의 짚신이 가슴에 남는다.

◉ 가난한 이들과 어디든 함께한 친근한 벗 ◉

짚신은 오랜 옛날부터 세계적으로 사용되던 신발이었다. 그것은 문명의 초기부터 나타나서 꾸준히 사랑을 받았다. 나뭇잎이나 껍질, 삼[麻] 등은 질긴 소재였으므로 발을 보호하는 신발을 만들기 좋았다. 환경이나 기후에 따라 형태는 조금씩 달랐지만 자연에서 쉽게 얻을 수 있는 소재로 신발을 만드는 것은 어느 지역이나 비슷했다. 우리나라도 그런 소재의 신발이 있었겠지만, 벼농사가 널리 퍼지면서 짚을 이용한 신발이 나타난 것은 당연한 수순이었을 것이다. 짚신은 벼농사가 이루어지는 곳에서는 늘 발견되는 신발이었다. 심지어 멕시코 주변의 아메리카 인디언에게서도 우리나라 짚신과 비슷한 형태가 지금까지 전승되고 있다. 문명의 거대한 물결에 떠밀려서 이제는 민속촌에서나 겨우 볼 수 있는 짚신은, 불과 백여 년 전만 해도 일상생활에서는 떼려야 뗄 수 없는 물품이었다. 동네 사랑방에는 늘 짚신 삼는 사람이 있었고, 기나긴 겨울밤 노인들의 일과 중에도 짚신 삼는 일이 있었다.

누구나 짚신을 삼았던 것은 아니다. 근대 이전 양반들이나 아낙네들이 짚신을 삼는 일은 기본적으로 없었다. 평민층 이하로 몰락한 양반의 경우에는 자급자족 차원에서 짚신을 삼는 경우가 있었지만, 그마저도 체면 때문에 하기 어려웠다. 오죽하면 '딸깍발이'라는 말이 나왔을까. 짚신을 삼기는커녕 신고 다니는 것도 체면에 손상이 된다고 생각해, 비가 올 때나 신는 나막신 종류를 맑은 날에도 신고 다닌다고 해서 가난한 선비를 딸깍발이라고 불렀다.

다른 소재에 비해 짚신은 부드러웠지만, 그리 질긴 편은 아니었다. 약간의 관리도 필요했다. 예컨대 더운 여름날 짚신을 신고 길을 가면 바짝 말라버린 짚신이 금세 닳아서 떨어진다. 그래서 촉촉하게 물을 적셔서 사용하면 더욱 질겨져 오래간다. 보관할 때도 습기가 남아있을 정도로 물을 뿌려둔다. 사정이 이렇다 보니 짚신을 삼아서 신고 다녀도 며칠 정도 사용하고 나면 보수하거나 버려야 한다. 옛날 나그네들이 괴나리봇짐에 짚신 두어 켤레를 매달아서 다닌 것도 이 때문이다.

조선 말기로 가면 대도시를 중심으로 짚신을 사서 신는 풍조가 늘어난다. 짚을

구하는 것도 마땅치 않거니와 그것
을 삼는 것도 일이기 때문이다. 싼값
에 사서 신는 사람이 늘어나자 짚신
을 파는 가게도 성업 중이었다. 조선
말기 사옹원(司饔院)에 그릇을 납품
하던 공인 지규식(池圭植)(1851~?)이 남
긴 《하재일기(荷齋日記)》를 보면 짚신
을 사러 신발가게를 자주 들른 사실
을 볼 수 있다. 당시 물가에 따라 가
격은 조금씩 달라졌지만, 1892년 6
월 16일자 일기에 보면 딸아이 짚신
으로 8전을 주었다고 했다. 같은 날

짚신장수, 일제강점기 엽서, 국립민속박
물관 소장.

에 김을 맨 일꾼 술값으로 3전을 지불했고 김을 맨 품삯이 2냥이었다고
하니 당시의 물가로 짚신의 가격을 대충이라도 짐작할 수 있다.

✺ 누구나 삼을 수 있어 살림에도 보탬이 된 고마운 존재 ✺

일상생활에서 흔히 사용되는 물건일수록 여러 가지 의미를 담고 있다.
하나의 사물에서 많은 의미를 읽어낸다는 것은 그 사물이 평소에 광범
위한 효용이 있었다는 의미기도 하다. 짚신의 경우가 그렇다. 우리가
짚신에서 가장 먼저 떠올리는 이미지는 가난한 사람들의 신발이라는 점
이다. 벼농사를 중시하는 농경사회에서 짚은 주변에서 널리 구할 수 있
는 소재였으므로, 가난한 사람들이 손쉽게 만들어 신을 수 있었다.

삼으로 엮은 미투리(좌)와 짚으로 삼은 짚신(우), 국립민속박물관 소장.

조선 후기 실학자 안정복安鼎福(1721~1791)의 《순암집(順菴集)》(권13)에
는 박손경朴孫慶과 박민경朴民慶 형제의 일화가 흥미롭게 실려있다. 박
손경은 뛰어난 학문과 인품으로 벼슬에 천거되었지만 부임하지 않았
다. 이중장李仲章이 경상도 용궁에 있는 그를 찾아갔는데, 70세의 나이
였는데도 손수 계모의 방에 불을 때고 집안일을 하고 있었다. 그의 동생
박민경 역시 청빈으로 살아간 선비였다. 그를 양자로 들인 사람이 역모
에 연루되어 처벌될 위기에 처했지만, 워낙 청렴한 것으로 소문이 난 터
라 영조가 용서해 주었다고 한다. 그 이후 박민경은 고향으로 돌아와 아
내와 함께 산속에 집을 짓고 살았다. 그는 직접 미투리를 만들고 돗자리
를 짜서 생활비를 마련했는데, 자신이 쓰고 남은 것으로는 형을 도와주
었을 뿐 아니라 집안의 제사와 모친 봉양 등을 도맡아 했다. 형인 박손
경은 동생의 도움을 부담스러워하면서, 미투리는 딱딱해 짚신처럼 편
하지 않다며 매번 거절했다. (미투리는 짚신과 비슷하지만 그 소재가 삼이나 모
시, 노 등이므로 훨씬 질기고 비싼 신발이었다.) 그 이후부터 박민경은 형을 위
해서 짚신을 삼아 제공했다고 한다. 두 형제의 우애는 당시 널리 회자되
어 안정복의 기록에 남기까지 한다. 70세가 넘은 형님을 위해 매번 짚
신을 삼았던 박경손의 마음이 새삼스럽게 다가온다. 미투리를 거절하

고 늘 짚신을 신는 형님을 위해 다시 짚신을 삼아 선물하는 동생의 마음이 아름답다.

근대 이전의 기록에서 짚신은 늘 가난한 선비들의 상징처럼 등장하곤 한다. 물론 앞서 언급한 것처럼 짚신 신기가 창피해서 맑은 날에도 나막신을 신었던 선비들의 행태도 있었지만, 가난을 솔직하게 인정하고(혹은 인정할 수밖에 없어서) 짚신을 신고 다녔던 선비들이 많았다. 그러다 보니 선비들이 직접 신발을 만들어서 자급했던 일이 가난한 선비의 일상 풍경으로 널리 알려지게 되었다. 조선 초기 청백리인 유관柳寬은 성품이 청렴하고 행동이 단정해서 정승을 지낸 사람이었지만 초가 한 칸에 베옷을 입고 짚신을 신으면서 그저 담박하게 살아갔다는《필원잡기(筆苑雜記)》의 기록도 같은 맥락으로 읽힌다.

가난한 삶의 상징이 짚신이지만 동시에 짚신을 활용해서 가난을 벗어난 사례도 있다.《토정비결》로 널리 알려진 토정土亭 이지함李之菡(1517~1578)은 1570년 영남 지역에 심한 기근이 들어 유랑하는 백성들이 늘어나자 그들을 불러 모아서 큰 집을 지어 머물게 한 뒤 여러 가지 일을 가르쳐서 먹고 살 방도를 마련해 주었다. 그나마 그 일조차 못 하는 사람들은 볏짚을 주어서 짚신을 삼도록 했다. 매일 감독하면서 신을 삼도록 했더니, 하루에 열 켤레를 만들 정도가 되었다. 그것을 내다 팔아 쌀을 사서 충분히 생활이 되도록 했다는 것이다. 이유원李裕元(1814~1888)의《임하필기(林下筆記)》(권22)에 나오는 기록이다.

짚신을 통해 돈을 벌도록 하고 백성들의 민생고를 해결했다는 기록의 이면에는 짚신이 가지고 있는 가난의 이미지가 큰 몫을 한 것으로 보인다. 아무리 능력이 없는 사람이라도 일상에서 하찮게 취급되는 물건을 가지고 한 사람 몫을 하며 살아가도록 하는 힘이 있다는 것, 이처럼 위대한 일이 또 어디 있겠는가.

◉ 때로는 약재로 때로는 거름으로 ◉

옛 기록을 읽다 보면 짚신이 가진 뜻밖의 효용을 발견한다. 그중에 두어 가지를 살펴보자.

우선 짚신은 민간처방에서 약으로 활용된다. 난산하는 산모에게 짚신을 활용해서 건강을 회복하게 하는 방법이다. 조선 후기 실학자 홍만선洪萬選이 엮은 농서 겸 가정생활서 《산림경제(山林經濟)》에서는 《동의보감》의 기록을 인용하여 다음과 같이 소개하였다.

> "사람에게 길가에 버려진 짚신 한 짝을 구해서 신코를 잘라오는데, 소이(小耳, 짚신코 쪽의 양쪽으로 뚫어진 부분)의 노끈이 달리도록 잘라오게 한다. 그것을 태워 재를 따뜻한 술에 타 먹으면 효험이 있다. 주워온 짚신이 왼발이면 아들을 낳고 오른발이면 딸을 낳으며, 엎어진 신을 주워오면 아이가 죽고, 옆으로 누운 신을 주워오면 경기(驚氣)가 있다."

난산을 겪는 여인네에게 약재를 이용하여 아이를 빨리 낳도록 하는 처방이 여러 가지 소개되어 있는데, 민간처방으로는 버려진 짚신을 이용하는 방법이 소개되었다. 그만큼 짚신이 일상생활에서 흔히 쓰이고 있고, 그에 따라 길에 버려진 짚신 역시 쉽게 발견할 수 있기 때문일 것이다. 버려진 짚신에 무슨 의학적 효험이 있겠는가마는 속수무책으로 당할 수밖에 없는 힘없고 돈 없는 민초들은 그야말로 지푸라기라도 잡는 심정으로 이 방법을 썼을 것이다. 어쩌면 술이 주는 이완작용 덕분일지도 모를 이 처방은 근대 의학이 자리를 잡기 전까지 더러 사용되던 방법이었다.

짚신을 거름의 용도로 사용하기도 했다. 약초를 심을 때도 비슷한 방법을 썼지만, 호박을 심을 때 짚신을 활용하는 민속은 전국적으로 발견되는 현상이다. 평소에 나들이하다가 버려진 짚신을 발견하면 모두 주워서 집으로 가지고 온다. 해진 짚신을 새끼줄에 묶은 뒤 변소 아래쪽 인분 안에 드리워서 담가 놓는다. 어떤 곳은 오줌을 담아놓은 장군 안에 넣어둔다. 어느 쪽이든 그렇게 담가놓으면 시간이 흐를수록 인분과 오줌이 짚신에 깊이 스며든다. 일단 그렇게 준비를 한 뒤, 봄이 되어 호박 심을 때가 되면 그것을 꺼낸다.

호박을 심어본 사람이면 알겠지만, 땅을 파고

'경직도' 중 '거름주기' 일부, 국립민속박물관 소장.

호박씨만 덜렁 넣으면 싹이 제대로 트지 않을 뿐 아니라 싹이 트더라도 호박이 실하게 달리지 않는 경우가 많다. 그래서 구덩이를 꽤 크게 파고 그 안에 거름을 넉넉히 넣은 뒤에 호박을 심는다. 그러나 가난한 살림에 거름이라고 해서 풍족했을 리 없다. 그들은 오랫동안 인분과 오줌에 담가두었던 짚신을 꺼내서 그 안에 호박씨를 넣고 잘 감싼 뒤 구덩이에 그것들을 통째로 넣고 흙으로 덮는다. 이렇게 하면 짚신이 함유하고 있던 거름 성분 덕분에 호박씨가 싹을 틔워서 튼실한 호박을 맺을 기초 체력을 기르는 것이다.

생각하면 할수록 옛사람들의 지혜가 돋보인다. 지금 우리의 생각으로는 이해하기 어려운 점이 있지만, 그들은 그들 나름의 방식으로 짚신을 알뜰히도 활용했었다. 그것을 근검절약이라고 하든 미신으로 치부하든 우리 마음이지만, 그만큼 짚신이 창의적으로 활용되었던 것은 분명한 사실이다.

✹ 소식 듣고 싶은 날, 내게 찾아오길 바라는 마음 ✹

이렇게 많은 의미로 해석될 수 있는 짚신을 선물한다는 것은 또 어떤 맥락일까? 평범한 물건이라도 그것이 선물의 맥락 위에 놓이는 순간 비범한 것이 되는 경우를 많이 접한다. 예전 기록에서는 대체로 스님이 양반에게 선물하는 때가 많다. 양반이 양반에게 한 기록이 없는 것은 아니지만, 스님이 양반에게 한 경우는 심심찮게 보인다.

스님들은 한군데 정착해서 생활하는 것을 금기로 여겼다. 오죽하면 같은 나무 아래서 이틀을 묵지 말라고 가르쳤겠는가. 선방에서 안거(安

居)에 들어갔다가도 그 기간이 끝나면 훌훌 떨쳐 일어나 만행(萬行)을 떠났다. 그들은 늘 새로운 길을 걸었으며, 그렇게 가는 길이 후학들에게 하나의 길잡이가 됐다. 이런 삶을 살다 보니 신발이야말로 가장 가까운 벗이었다. 물건에 집착을 가지지 않았던 스님들의 태도에는 발을 보호하기만 하면 값싸고 쉽게 구할 수 있는 짚신이 제격이었다. 그들이 짚신 삼는 것을 일상적으로 했던 것은 이런 환경 때문이었을 것이다. 시주(施主)들의 보시(報施)에 의존해 살아가지만 신도들이 제공하는 물품을 하늘처럼 생각했던 스님들 입장에서, 자급자족할 수 있는 것은 최대한 그렇게 하려고 애를 썼다.

짚신의 일차적인 용도는 걷는 동안 발을 보호하기 위한 것이다. 만행하는 스님들에게나 길을 나선 선비들에게나 짚신은 동반자였다. 고려말의 학자 관료인 이색李穡은 짚신을 이렇게 노래한 바 있다.

我脫朝靴久   조정의 가죽신발 벗은 지 오래
山亭野步輕   산속 정자에서 걷는 야인의 발걸음 가볍다.
紅塵汚不得   홍진에 더럽혀지지 않나니
謝汝爲吾生   내 삶을 지켜주는 네가 고맙구나.
('짚신(초구草屨)', 《목은집》 권32)

가죽으로 만든 흑혜(黑鞋), 국립민속박물관 소장.

속세의 먼지가 미치지 않는 산속에서 살아가는 야인의 삶을 노래하는 이색은, 가죽신발이 상징하는 권력의 길에서 벗어나 시골 선비로서의 길을 걸어가도록 해주는 짚신에 고마움을 표한다. 이런 맥락에서 보면 짚신은 권력의 소용돌이에서 벗어나 담박한 강호자연 속에서의 삶을 구가하는 태도를 표현하는 시적 상관물이다. 산에 사는 사람이 선물로 보낸 짚신을 받고 쓴 작품을 보면 그 의미가 어떻게 파악되는지를 알 수 있다. 송시열의 수제자였던 권상하權尙夏는 이렇게 썼다.

邇來多病臥深齋	요즈음 병이 많아 깊숙한 집에 누웠는데
底事慇懃寄草鞋	무슨 일로 은근히 짚신 부치셨는가?
想得山中春正好	생각건대 산속에 봄이 한창 좋을 때라
定應招我踏花溪	나를 불러 꽃 핀 시내를 걸어보자는 것이리.

(권상하, '산인이 짚신을 보내오다(山人送鞋)', 《한수재집》권1)

사실은 절에서 생계를 위해 짚신 삼는 일이 많았으므로 스님들이 양반들에게 선물로 돌리는 경우가 많았다. 그러나 위의 시에서는 선물을 보낸 사람이 스님인지 산속에서 은거하고 있는 선비인지 명확하지는 않다. 그저 '산인(山人)'으로 지칭된 분이 맥락으로 보건대 어느 쪽이든 관계는 없을 듯싶다. 짚신 선물을 받은 권상하의 시에서 볼 수 있듯이, 선물을 보낸 사람이 누구든 간에 단순히 경제적 차원의 문제가 아니었다.

짚신을 받은 권상하는 자신에게 선물을 보낸 이의 마음을 생각해본다. 흔히 접하는 신발이지만 그것을 보낸 사람의 손길이 은근히 느껴진다. 더욱이 긴 겨울 동안 병 때문에 바깥나들이를 하지 못하던 차에 이

정이 선생 집 앞에 서서 눈을 맞다
정선, 국립중앙박물관 소장.

런 선물을 받으니 그의 마음이 한층 부풀어 오른다. 짚신을 보낸 사람도
권상하의 사정을 아마도 알고 있었으리라. 작은 선물 하나로 두 사람은
어느새 마음을 나누고 있다.

거리가 아무리 멀어도 그들의 마음은 짚신으로 연결돼 따뜻한 상상
을 일으킨다. 선물로 짚신을 보내줬으니 권상하 자신은 그것을 신고 직
접 그 사람을 찾아가보는 것이 최고의 답례임을 알고 있다. 게다가 보내
준 사람의 마음에는 한창 꽃이 아름다운 시절에 함께 시내를 거닐어보
자는 의도임을 짐작해 낸다.

글머리에서 언급했던 수월 스님의 짚신을 다시 떠올려본다. 언제 이
승을 떠나 누구도 모를 길을 갈 스승을 위해 밤새 짚신을 삼아서 방문
앞에 살포시 놓아두고 아무 흔적 없이 떠난 수월 스님. 죽음을 앞둔 스

승에 대한 가장 깊은 존경과 한없이 자신을 낮추고자 하는 스님의 하심
(下心)이 그 짚신에 교차하고 있는 것처럼 내게는 생각됐다.

스님은 인간의 가장 낮은 자리에서 인간의 몸무게를 온몸으로 떠받
치면서 서서히 사라지는 짚신의 생애를 따르고자 했던 것처럼 느껴졌
다. 평생 짚신을 삼아서 사람들에게 나눠주는 일을 했던 수월 스님의 삶
을 생각하면 그렇게 느끼는 것도 무리는 아니다. 그런 점에서 보면 짚신
선물이야말로 나를 낮추고 상대방을 높이고 싶은 마음이 고스란히 스며
있다.

그 신을 신고 떠돌아다닐 것, 어디에도 머무름 없이 늘 새로운 길을
찾아 나아갈 것. 혹은 그대의 소식이 문득 듣고 싶은 날, 내가 보내준 짚
신을 신고 나를 찾아와줄 것을 은근히 부탁하고 있다. 짚신을 통해서 선
물하는 이나 받는 이 모두 서로에 대한 그리움을 한껏 키우는 것이다.

화장품

존재했지만 기록되지 않은
여인들의 필수품

※ 백분으로 상까지 받았던 신라의 화장품 제조술 ※

제의적 목적이었든 아름다움을 추구하는 욕망 때문이었든, 인간이 몸을 치장하는 기술은 오랜 연원을 가지고 있다. 인류가 기록을 남기기 시작했을 때부터 우리는 몸을 치장하는 다양한 모습을 발견한다. 우리의 역사만 하더라도, 고구려의 고분벽화에서 이미 그런 모습을 명확하게 볼 수 있다. 제의적 목적으로는 문신을 포함해서 신체 전반에 여러 가지 도료를 발라 장식하는 방식이 사용되었을 것이다. 물론 형벌의 일종인 자자(刺字) 역시 문신이기는 하지만, 그것은 장식이라기보다는 징벌적 차원의 일이기 때문에 화장(化粧)의 맥락은 아니다. 어떻든 근대 문명의 세례를 받지 않은 지역에서 여전히 발견되는 문신은 대부분 제의적 차원에서 이루어지는 것이고, 그들 중 일부는 부족의 행사를 진행하는 과정에서 자신의 아름다움을 뽐내거나 의례적 맥락에서 행해지는 경우가 많다.

　삼국시대에 이미 얼굴 화장을 하기 위한 다양한 방법이 고안되어 있음을 기록으로 확인할 수 있다. 고구려의 쌍영총이라든지 수산리 고분 등의 벽화에는 이미 뺨에 연지를 붉고 선명하게 찍은 사실을 볼 수 있을 뿐 아니라 다양한 머리 모양이나 장신구 등이 보여 당시 사람들이 몸을 치장하는 것에 깊은 관심과 높은 공예 수준에 도달했음을 알 수 있다. 전완길 선생의 연구에 의하면, 신라에서는 백분(白粉)의 사용과 제조 기술이 상당한 수준이었다고 한다. 신라의 한 스님이 692년 일본에서 연분(鉛粉)을 만들어서 상을 받았다는 내용이 일본의 기록에 남아있다. 아마도 백분에 납 성분을 적절히 섞어서 만든 연분은 부착력이 좋아지고 잘 펴지기 때문에 화장품 발달사에서 획기적인 발명으로 평가된다고 한다. 그만큼 삼국시대의 화장품 만드는 기술은 꽤 높은 수준에 도달해 있었고, 그것은 화장품 수요가 사회적으로 많았다는 점을 증언하는 것이기도 하다.

'쌍영총 벽화' 일부
고구려 벽화로 여인
들의 뺨에 붉은 연
지 화장이 있다.

❂ 향낭을 차고 붉은 연지를 삼갔던 고려 여인의 화장법 ❂

근대 이전의 기록을 살펴보면 뜻밖에 화장품 선물과 관련된 기록이 거의 없다. 고전소설이나 잡록류의 산문에서 물론 선물의 편린을 발견할수는 있다. 여성의 환심을 사기 위해 화장품을 선물하는 일화가 삽입되어 있지만 그마저도 자주 발견되는 것은 아니다. 빗이나 거울, 목걸이같은 귀중품을 선물로 주는 것은 비교적 많은 편이지만 이런 물건을 화장품의 범주에 넣을 수는 없다. 화장품은 시각적인 몸치장을 위해 바르고 그리는 것들과 좋은 향기를 내기 위한 향료 계통을 총칭하는 말이기때문이다. 화장품은 어느 시기에나 있었지만 그 종류가 갑작스럽게 많아진 것은 아무래도 근대 이후의 일일 것이다. 그러니 근대 이전 이 땅에는 화장품의 종류도 적었을 것이고 유통망 역시 부실했을 것이다. 선물을 하기 위해서는 그에 합당한 물건을 구해야 하는데, 사정이 이러하다 보니 구하기도 쉽지 않았을 것이고 선물 기록을 남기기도 어려웠을것이다. 많은 기록이 거울이나 빗과 같은 장신구에 머무르는 것도 이런환경과 관련이 있지 않을까 싶다.

그 외에도 화장품 선물 관련 기록을 이전의 기록에서 발견하기 어려운 것은 몇 가지 연유가 있다. 남성 중심 사회에서 여성에게 선물을 하

연지
볼이나 입술에 바르는 붉은 염료로 일제강점기 때 유물이다. 국립민속박물관 소장.

는 문화적 풍토가 형성되어 있지 않았던 점이 가장 큰 원인이다. 화장품은 기본적으로 집에서 만들어 자급자족하는 것이었는데, 그것을 구입하기도 어려웠거니와 남자가 화장품 같은 것들을 집안의 여성에게 선물하는 것은 낯 뜨거운 일로 치부되었다. 그렇지만 화장품이 선물용으로 전혀 유통되지 않았다고 보기는 어렵다. 예컨대 고려 시대의 기록만 보아도 충분히 유추할 수 있다.

> 부인들의 꾸밈에는 향유(香油) 바르는 것을 좋아하지 않고 분을 바르되 붉은 연지는 칠하지 않는다. 버들 같은 눈썹에 반쯤 드러난 이마에는 검은 비단으로 된 너울을 쓰는데, 세 폭으로 만들었으며 각 폭의 길이는 8척이다. 정수리에서부터 내려뜨려 얼굴과 눈만 내놓을 뿐 나머지 부분은 땅에 끌리게 한다. 흰 모시로 포(袍)를 만들어 입는데 대체로 남자의 포와 같다. 무늬가 있는 비단으로 넓은 바지를 만들어 입었는데 안쪽을 생명주로 받치니, 이는 넉넉하게 하여 옷이 몸에 붙지 않게 하려는 것이다. 감람(橄欖)빛 넓은 허리띠(革帶)를 하고 채색 끈으로 금방울[金鐸]을 달며 비단으로 만든 향낭(香囊)을 차는데, 이것이 많은 것을 귀하게 여긴다.*

1123년(인종 1) 고려에 사신으로 왔던 송나라 사람 서긍徐兢이 개경에 한 달 남짓 머무르는 동안 자신이 관찰한 고려의 풍습을 적은 책인《고려도경(高麗圖經)》에 나오는 내용이다.

---

* 婦人之飾, 不善塗澤, 施粉無朱. 柳眉半額, 皁羅蒙首, 製以三幅, 幅長八尺. 自頂垂下, 唯露面目, 餘悉委地. 白紵爲袍, 略如男子製. 文綾寬袴, 裏以生絹, 欲其褒裕, 不使著體. 橄欖勒巾, 加以采縧金鐸, 佩錦香囊, 以多爲貴. (徐兢,《高麗圖經》卷20. 婦人)

운봉수 향낭(좌)
거북이 모양의 대형 향낭으로 궁중 여인들의
내실에 장식용으로 사용했던 것으로 추정된
다. 문화재청 제공.

수매미 향낭(우)
매미 모양의 소지용 향낭으로 매듭 부분을 옷
에 묶어 사용했다. 국립중앙박물관 소장.

　　고려 귀부인들의 치장이 어떠한지를 묘사한 위의 내용에서, 우리는
당시의 여성들이 담박한 화장법을 즐겼음을 짐작한다. 향유 바르는 것
을 즐기지 않았다든지 분을 바르되 붉은빛이 도는 연지를 사용하지 않
았다든지 하는 것은 12세기 고려 여성들의 전반적인 화장 경향을 보여
준다. 대신 여러 가지 장신구를 선호했다는 점도 읽을 수 있다. 특히 비
단으로 만든 향낭을 허리에 참으로써 좋은 냄새가 나도록 한 것은 삼국
시대 이래 꾸준히 전승되어 왔던 좋은 향기에 대한 선호를 동시에 보여
준다. 그 향낭에 무엇이 들었을지는 알 수 없지만(아마도 향이라든지 사향과
같은 종류가 들었을 것으로 추정되기는 한다) 그 냄새 역시 시대에 따라 변화하
면서 유행을 탔을 것이다.

　　이 정도로 여성들의 치레가 대단했다면 그녀들을 위한 물품 판매소
가 있었을 것이고, 대도시를 중심으로 발달했을망정 약간의 선물 문화
도 존재했을 것으로 보인다. 그런 맥락에서 화장품 선물 행위가 일정 수

준으로는 있었으리라 추정하는 것이다. 또한 위와 같은 치장은 경제의 발달과 함께 점점 번성해진다. 그것은 화장품을 바라보는 시각이 여성들의 생필품이라기보다는 사치품이라는 점에 초점이 맞추어진 기록들에서 확인할 수 있다. 후대로 오면서 장신구를 비롯한 화장품은 지나친 소비를 조장하는 물건으로 인식되면서 사회적으로 이들에 대한 경계를 꾸준히 드러낸다. 예컨대 효종의 다섯 공주는 화장품을 아주 좋아했는데, 우암 송시열이 조정에 들어오는 날이면 그녀들의 방으로 가지 않았음에도 불구하고 화장품 중에서 사치스러운 것으로 판단되는 물건들은 깊이 감추어두었다는 일화가 홍대용洪大容의 글에 등장한다. 이는 조선 시대로 오면서 지나치게 용모를 치장하는 행위에 대해 강한 경계를 했다는 의미다.

◉ 고전소설에서 읽어내는 조선 여인의 몸단장 ◉

여성들의 출입이 자유롭지 못했던 근대 이전 그녀들에게 화장술은 전혀 관심의 대상이 아니었을까? 절대 그렇지 않다. 환경이 어떠하든 용모를 꾸미고 몸을 단장하는 일은 모든 여성의 중요한 관심사였다. 앞서 말한 것처럼 이 시기에는 대부분의 화장품이 자급자족되었으므로, 한 가문의 여성들 사이에서는 그들 나름의 화장법이나 화장품 만드는 법이 전해졌다.

예컨대 단오에 여성들이 창포 달인 물에 머리를 감는 것도 머리카락의 윤기를 보존하면서 좋은 향이 배어나도록 하는, 화장법의 일종이었다. 가장 화려한 화장은 아마도 혼인에서 사용하는 것이었을 터인

데, 이 역시 분을 바르고 연지와 곤
지를 찍고 밀기울이나 참기름, 동백
기름 등을 활용하여 신부를 아름답
게 꾸미는 당대 최고의 화장법이었
다. 조선 후기의 의관 이시필李時弼
(1657~1724)이 18세기 초에 편찬했다
고 전하는《소문사설(謏聞事說)》에 이
미 얼굴에 바르기 위한 화장품인 면
지(面脂) 만드는 방법이 소개되어 있
고, 1809년 빙허각憑虛閣 이씨李氏가
저술한《규합총서(閨閤叢書)》에서도
입술 연지를 찍는 다양한 방법이 소
개되어 있는 것만 보아도 사회적으
로 화장술에 대한 여성들의 관심이
얼마나 깊었는지를 알 수 있다.

문효공 정경부인 영정
조선 전기 정경부인의 영정으로 의복사
를 연구하는 데 귀중한 자료다. 뺨과 입
술에 화장을 하고 모자를 쓰고 있다. 문
화재청 제공.

　　이러한 관심은 문학 작품에서도 그대로 드러난다. 우리 고전소설 중
에〈여용국전女容國傳〉(조선 후기 문인 안정복이 지은 한문소설)이라는 작품이
있다. 이 작품은 여성의 얼굴과 화장 도구 및 화장품 등을 의인화한 소
설이다. 이민희 교수에 의하면〈여용국전〉계열의 이본은 상당히 여러
종이다.＊ 이본이 많다는 것은 많은 독자층을 확보하고 있었다는 의미

＊　이민희,〈여용국전 연구〉《동방학지》제135권, 연세대학교 국학연구원, 2006).

다. 소설의 내용은 비교적 단순하다.

효장황제가 다스리는 나라에 여러 외적이 침략하자 신하들이 힘을 합쳐서 이들을 물리친다는 내용이다. 이것은 곱고 깨끗한 얼굴에 때가 끼고 치아에 치석이 생기고 머리에는 이가 꾀는 상황이 생기자 다양한 화장 도구 및 화장품으로 다시 얼굴을 정갈하게 가꾼다는 것을 의미한다. 줄거리는 단순하지만 여기에 등장하는 여러 도구와 이들 사이에서 벌어지는 미용의 과정은 여성들의 생활을 잘 반영하고 있어서 읽는 재미가 있다.

우선 나라 이름 '여용국(女容國)'은 여성의 얼굴이라는 뜻을 가지고 있으며, '효장曉粧'이라는 황제의 이름은 새벽에 화장을 한다는 의미다. 신하들은 승상인 동원청(銅圓淸-거울)을 비롯하여 문신과 무신 각각 9명씩 모두 18명이 등장한다. 문신으로는 주연(朱鉛-연지), 백광(白光-얼굴 분의 일종), 방취(芳臭-향수의 일종), 백원(白圓-얼굴에 바르는 분), 납용(蠟容-밀기름), 차연(叉延-비녀), 윤안(潤顔-곤지), 검박서(기름종이), 유진(참기름)이 등장하고, 무신으로는 섭강(鑷强-족집게), 소쾌(梳快-얼레빗), 소진(梳眞-참빗), 양수(楊樹-칫솔), 관정(盥淨-세숫물), 사영(모시실), 말영(磨零-비누), 포엄(布掩-휘건, 씻을 때 목이나 허리에 감아놓는 수건의 일종), 포세(布洗-수건)가 등장한다. 여용국을 침략하는 적으로는 구니공(垢泥公-얼굴에 낀 때), 슬양(虱癢-이), 황염(黃鹽-치석) 등이다. 이름만 보아도 무엇을 의미하는지 알 수 있다.

이들이 나서서 얼굴과 치아, 머리카락 등을 깨끗하게 닦고 정리하는 내용이 소설 전체의 줄거리다. 이들 행위가 일상에서는 매일 일어나는 것이지만 이렇게 의인화하는 순간 일종의 수수께끼처럼 변한다. 독자들은 여기에 등장하는 인물을 보면서 무엇을 의미하는지를 찾아내는 즐거움을 누리게 된다.

여기에는 모발을 관리하고 단장하는 내용이 들어 있는가 하면 피부 관리에 관한 내용도 들어있으며 색조 화장과 향수까지 등장한다.※ 또한 작자는 얼굴을 단장하는 전체 과정을 통해서 정치를 말하고자 한다. 앞서 언급한 것처럼 화장하는 행위가 본능적인 것이기는 하지만 그것이 과하면 비판의 대상으로 변할 뿐 아니라 조선 후기가 되면 화장이 사치의 한 행태로 인식되었다. 이 점을 고려하면, 〈여용국전〉과 같은 작품은 여성의 화장이 그저 사치 욕망을 드러내는 것이 아니라 한 인간의 엄정한 자기 관리와 상통한다는 점을 은근히 드러내고 있는 것이다. 이를 통해서 화장하는 행위를 정당화하고 여성들의 삶을 긍정적으로 인식하도록 하려 했다.

❂ 화장품 팔러 다니는 노인이란 분명한 기록 ❂

분을 팔러 다니는 사람에 관한 기록이 처음 보이는 것은 고려 말 문인 이색李穡의 기록이다. 그는 눈처럼 흰 분을 종이에 싸서 팔러 다니는 사람을 본 후, 병들고 늙은 아내가 머리단장도 하지 못하고 경대에는 거

※ 전혜수·우미옥, 〈조선후기 가전체 소설 〈여용국전〉에 나타난 우리나라 전통화장문화〉《한복문화》 제 15권 제1호, 2012).

미줄이 쳐졌다는 말을 하면서 안타까운 심정을 노래한 바 있다.(〈賣粉者〉,《목은시고》권14) 그러니 적어도 고려 후기에는 분을 팔러 다니는 사람이 있었을 터인데, 기록에 잘 등장하지 않다가 조선 후기에 와서야 다시 발견된다.

18세기 전반 화장품을 팔러 다니던 할머니의 이야기는 아마 당대 지식인들 사이에서 상당히 유명했던 것으로 보인다. 분을 팔러 다니는 노파라는 뜻의 '매분구賣粉嫗'로 불리는 사람에 대한 기록으로 가장 이른 시기의 것은 조선 후기 문인 조귀명趙龜命(1693~1737)의 글이다. 조귀명은 자신이 매분구를 만났을 때 이미 그녀의 나이가 70여 세쯤이었다고 했으니, 그가 기록한 사건이 벌어진 것은 17세기 후반일 것이다.

매분구는 원래 한양의 노비로, 어렸을 때 용모가 아리따웠다. 이웃집 총각이 그녀를 좋아해서 유혹하려 했지만 응대하지 않았다. 그러면서 그녀는 총각에게 자신은 원래 천한 신분이지만 남의 집 담장을 몰래 넘는 일은 죽어도 하지 않는다는 것, 자기 부모님이 살아계시니 허락을 받으라는 것 등을 말해준다. 그러자 그 총각은 물러났고, 나중에 폐백을 갖추어서 청혼한다. 하지만 그녀의 부모는 청혼을 받아들이지 않았고, 총각은 그녀를 너무도 사모한 나머지 상사병에 걸려 세상을 뜬다. 이 소

백분
일제강점기 유물, 국립민속박물관 소장.

식을 들은 그녀는 '내가 그 사람을 죽였다'면서 울음을 터뜨린다. 그리고 자신이 그 총각에게 몸을 허락한 적은 없지만 마음을 허락하였으니, 그가 죽었다고 해서 어찌 마음을 바꾸겠느냐며 그를 위해 수절을 한다. 평생 혼인하지 않고 지내면서 연분(鉛粉)을 파는 일을 업으로 삼아 살아 갔다고 한다.[※](〈賣粉嫗玉娘傳〉,《東谿集》卷5)

이 사건은 그 이후 성해응成海應, 강이천姜彛天 등의 기록에 등장하면서 존재감을 과시한다. 부분적으로 약간 다르기는 하지만 전체적으로는 조귀명의 글에서 크게 벗어나지 않는 것으로 보면, 조귀명의 글을 참조해서 작성했거나 당시 한양에서 유명한 사건이었을 것이다. 천한 신분의 이름 없는 여성이 보여준 절의는 선비들조차 쉽게 실천하기 어렵다는 점을 주목한 조귀명은 그녀의 행위에서 성리학적 윤리를 읽어낸다. 우매하고 무지한 비천한 여성이라는 점을 강조하면 할수록 그녀의 절의는 드높아진다. 그의 글쓰기는 바로 이런 점에 착안하여, 자기를 알아준 총각의 죽음을 위해 수절하는 행위를 칭송한 것이다.

어떻든 노비 출신의 한 여성이 자신 때문에 상사병으로 죽은 사람을 위해 수절한 내용이 지식인들의 심금을 울렸을 것이고 이렇게 기록으로 남게 되었지만, 내게 이 기록은 바로 화장품을 팔러 다니는 사람의 존재가 분명히 있었다는 점을 증언한다는 점에서 중요하다. 평생의 직업으로서의 화장품 판매는 그녀가 한세상을 살아가는 경제적 토대가 된 셈

[※] 賣粉嫗者, 京城人婢也. 少時有姿首, 隣之子有悅而誂者, 不應, 從而脅之. 嫗謝曰: "吾故賤, 寄墻穿穴, 卽死不爲也. 吾有父母在, 若卽不捨吾, 求之吾父母, 吾父母許而事諧." 隣之子退而具幣, 造嫗父母而請焉, 嫗父母不聽. 於是, 思慕鬱悒, 成疾以死. 嫗聞之而泣曰: "是吾殺彼也. 且我雖不沾身於彼, 我固心許之, 彼卽死, 吾心可改乎? 夫人慕悅我, 至於死, 我則負人, 而他人歡乎圖, 狗彘不食吾餘矣." 乃自誓不嫁, 賣鉛粉爲業以老. 今己七十餘. (趙龜命,〈賣粉嫗玉娘傳〉,《東谿集》卷5)

실면도로 단장하는 여인
일제강점기 유물, 국립민속박물관 소장.

인데, 그만큼 화장품 수요자가 존재했다는 것을 알 수 있다. 그녀가 어떤 판매 방식을 선택했는지 기록이 워낙 단편적이어서 알 수는 없지만 아마도 방물장수처럼 방문 판매를 하지 않았을까 싶다. 더 이상의 추측은 별무소용이기 때문에 생략하거니와, 당시 여성들이 외출에 자유롭지 않은 상태를 감안하면 집으로 찾아오는 방문 판매원은 여러 면에서 기다려지는 손님이었을 것이다.

◉ 화장으로 가늠하는 적절함의 경계 ◉

지금은 그 숫자가 현저히 줄어들긴 했지만, 1980년대까지 화장품은 방문판매원에 의해 널리 판매되었다. 주로 여성들이 그 일을 했는데, 화장품을 가방 가득 가지고 와서는 새로 나온 화장품을 선전한다든지, 화장품과 화장법에 대한 지식을 알려준다든지, 혹은 화장품과는 관련 없는 이런저런 소문을 전달해주면서 수다 떠는 역할을 했다. 방문판매의 성격상 그럴 수밖에 없었을 것이다. 취급품목이 좀 다르다 뿐이지, 이런 모습은 고전소설이나 20세기 초 신소설에 등장하는 방물장수의 형상과 아주 흡사하다. 이들을 통해서 바깥출입에 제약이 있던 여성들은

필요한 화장품을 구할
수 있었고, 당시 유행
하던 화장법에 눈을 뜰
수 있었을 것이다.

1920년대의 방물장수

화장품 선물은 예나
지금이나 참 어려웠을
것이다. 남성이 여성의
화장품을 구입하기 위
해 서성거리는 것이 문화적으로 낯선 풍경이었던 시절에는 화장품 선
물이 더욱 하기 어려웠다. 게다가 화장품은 개인의 선호도라든지 피부
상황에 따라 천차만별이기 때문에, 선물을 받는 당사자의 사정을 모른
채 아무거나 구입해 선물했다가는 선물로서의 효과를 보지 못하기 일쑤
다. 남성들의 눈에는 똑같이 보이는 화장품이 여성들에게는 완전히 다
른 물건으로 취급되는 경우가 허다하다. 그러니 자연히 여성들을 위한
선물은 화장품보다는 화장을 위한 도구나 장신구에 집중될 수밖에 없
다. 고려 시대에 이미 분을 파는 사람이 있을 정도로 기초 화장품이 유
통되었지만 그것을 선물로 주고받은 기록이 거의 없는 것은 이런 여러
가지 이유가 복합적으로 작용한 탓이다.

《여용국전》에서도 이미 언급된 것처럼, 여성들의 화장은 적절하게 하
는 것을 귀하게 여겼으며 이는 국가를 다스리는 것에 비의되곤 했다. 과
도한 화장을 한 여성을 등장시켜서 임금의 총명을 어지럽히는 간신의
이미지로 사용하는 것은 한문학의 표현 전통 중의 하나였다. 그렇지만

'적절함'의 경계가 어디인지는 정해진 바가 없다. 화장을 하는 사람은 적절한 수준으로 했다고 생각하지만 그 모습을 보는 사람은 과도하다고 생각할 수 있기 때문이다.

자연스러움을 강조하는 화장법은 어느 시대에나 요구되지만 자연스러움의 경계에 대해서는 사람마다 생각의 차이가 있다. 그것은 마치 조선 유학자들의 '시중(時中)' 개념과 비슷하다. 중도를 지키는 것은 선비들에게 매우 중요한 덕목이지만, 어느 지점이 중도인지는 시공간적 맥락에 따라 수많은 경우의 수가 존재한다. 그것을 정확하게 판단하고 행동하는 것이야말로 선비들의 공부 수준을 드러내는 것이다. 화장을 하는 행위도 이와 같아서, 시공간적 맥락을 정확하게 읽고 거기에 걸맞은 화장법을 선택하는 것 역시 화장하는 사람의 내공이 깊어야 가능하다. 그러고 보면 세상에 공부 아닌 것이 어디 있겠는가.

안경

병든 눈에 유리를 끼니
문득 밝아집니다

◉ 안경으로 중국 선비와 인연 맺은 홍대용 ◉

조선 후기의 실학자이자 뛰어난 사상가 홍대용洪大容(1731~1783)이 홍억洪檍을 따라 연경에 다녀온 것은 1765년 겨울부터 1766년 봄까지의 일이다. 그 경험을 기록으로 남긴 것 중에 〈건정동필담〉(乾淨洞筆談,《항전척독》에 수록)이 있다.

홍대용은 연경으로 가면서 중국의 이름난 선비를 만나 진리를 논하고 교유 관계를 맺고자 하는 마음을 가지고 있었다. 그래서 연경에 머무르는 동안 열심히 돌아다니면서 만나는 사람마다 말을 걸고 자기 생각을 펼치는 한편, 뛰어난 선비들에게서 한 수 배우고자 했다. 중국 말을 못 했으니 모두 필담으로 진행되었다. 이런 상황을 상정하고 그는 많은 양의 종이를 가지고 갔다. 그의 소망이 이루어져서 중국의 여러 선비와

천애지기(天涯知己)의 관계를 맺은 뒤 조선으로 귀국한 후로는, 연경과 항주로 편지를 보내서 평생토록 교유를 이었다. 그 교유는 홍대용의 아들과 중국 선비들의 자식 대까지 이어졌으니, 대를 이은 교유라 할 만하다.

1766년 2월 1일, 사신단 일행으로 함께 참여한 비장裨將 이기성李基成이 원시경(遠視鏡)을 사기 위해 유리창(琉璃廠, 옛 북경의 시장 거리)에 갔다. 그는 이곳에서 두 사람의 중국 선비를 만나는데, 모두 안경을 끼고 있었으며 용모가 단정해서 문인으로서의 기품이 보였다. 이기성은 그들에게 다가가서 말을 걸었다.

"제가 아는 사람이 안경을 구하고 싶어 합니다. 그렇지만 거리에서 파는 것은 진품을 구하기 어렵습니다. 그대가 끼고 있는 안경은 아마도 진품일 터이니 제게 파시지요. 그대는 여분으로 하나 더 가지고 계실 수도 있고, 그렇지 않더라도 진품을 구하기 쉽지 않습니까."

홍대용 초상

그러자 한 사람이 자기 안경을 선뜻 벗어주면서, 안경이 필요하다고 하는 그대의 지인은 자신과 비슷한 눈병이 걸린 사람일 터이니 그 안경을 그냥 주겠다고 했다. 이기성은 처음 보는 사람에게 안경을 그냥 받는 것도 민망하고 실례를 범한 것 같아서 그를 쫓아가 값을 치르고자 했다. 그러나 그 선비는 눈

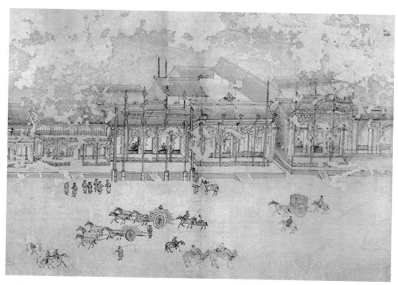

'연행도' 13폭, 유리창 거리
옛 북경의 시장 거리로 수만 권의 장서를 보유한 서점이 즐비했다.

이 나쁜 사람이라면 동병상련의 처지인데 안경 하나 가지고 너무 소심하게 굴 것 없다면서 돈을 받지 않았다. 이렇게 해서 이들은 인사를 나누게 되었다. 중국 선비는 원래 절강(浙江) 지역 사람인데, 과거 시험을 보려고 연경에 와 있으며 정양문 밖 건정동 골목에서 잠시 집을 얻어 지내고 있다고 했다.

사신들이 묵는 숙소로 돌아온 이기성은 그들에게 인사를 해야겠다고 생각하고, 홍대용을 찾아와서 사정 이야기를 하고 종이를 빌려 달라고 했다. 종이로 답례를 해야겠다는 생각이었다. 이기성은 화전지(花箋紙)를 받아가면서, 중국 선비들이 괜찮은 사람들로 보이니 한번 찾아가 보라고 권했다. 이기성이 그들에게 화전지뿐 아니라 부채, 먹, 청심환 등을 선물로 가져가니 그들은 다시 붓, 먹, 차, 담배 등으로 답례를 했다. 이 일이 계기가 되어 홍대용은 2월 3일 바로 그들을 찾아가서 필담으로 교유를 시작하게 되었는데, 이들이 바로 엄성嚴誠과 반정균潘庭筠이다. 머나먼 중국 강남 항주의 선비와 조선의 홍대용이 공간과 시대를 넘어서 아름다운 교유를 이어간 기록인《항전척독》은 안경을 둘러싼 우연한 만남에서 시작된 것이었다.

● 노인을 젊은이로 변신시키는 보배, 안경 ●

옛날 어른들이 연세가 들면 늘 눈이 침침해서 잘 보이지 않는다는 말씀을 많이 하셨다. 나이가 들면 노안이 따라오는 것은 당연한 이치다. 나이가 들어도 시력이 좋은 분들을 보면 복을 하나 타고난 듯한 느낌이 든다. 근대 이전의 책은 글자가 커서 어느 정도 노안이 와도 읽을 수 있을 것 같지만, 사실 모든 책이 그렇지는 않다. 19세기가 되면 작은 판형의 책도 많이 나왔고, 큰 판형이라 해도 협주(夾註, 본문 아래에 두 줄로 붙이는 주석)의 경우는 작은 글자로 되어 있기 때문에 글자가 제대로 보이지 않는 경우도 많았다. 옛사람들의 글에서도 노안으로 인한 독서의 어려움을 토로하는 것이 자주 있다.

일단 노안이 오면 독서에서 멀어질 수밖에 없다. 독서가 평생의 업(業)이자 일상이었던 사대부에게 노안은 하나의 천형과도 같은 것이었다. 노안을 극복하기 위한 많은 방법이 개발되었지만, 노안이 온 사람의 삶을 획기적으로 바꾼 사건은 바로 안경의 발명이었다. 안경이 어디서 시작되었는지에 대해서는 정설이 없는 것 같다. 13세기 영국에서 발명되었다고도 하고, 마르코 폴로의 《동방견문록》을 인용하면서 중국에서 시작되었으리라고 주장하기도 한다. 시력 교정용 안경은 대체로 13세기 유럽에서 나왔으리라고 추정하고 있다. 청나라 조익趙翼이 쓴 《해여총고(陔餘叢考)》〈안경(眼鏡)〉 조에 의하면, 우리가 지금 사용하는 옛 형태의 안경은 명나라 때 서역에서 들어온 것이라고 한다.

그 이전에도 안경에 대한 기록이 없는 것은 아니다. 시력교정용이 아니라 돋보기용으로 만드는 것이라면 볼록렌즈 개념을 활용해서 만들 수 있었을 것이다. 안경이라는 뜻으로 사용되는 '애체(靉靆)'라는 단어가 있다. 이것은 투명한 수정을 깎아서 만든 돋보기를 지칭한다. 우

수정안경
연수정 안경알과 구리로 제작된 안경다리로 이루어진 무테안경이다. 벽봉한국장신구박물관 소장.

리나라에서는 예부터 경상도 경주 남산에서 나오는 수정으로 만든 안경, 흔히 남석안경(南石眼鏡)으로 불리던 이 안경이 널리 알려졌던 것으로 보인다.

누구에게나 노안은 찾아오는 법이어서, 안경이 없던 시절부터 그 존재는 꾸준히 필요성이 제기되었다. 그러다가 안경을 깎아서 만드는 방법을 개발하게 되자 그 수요는 폭발적으로 증가하게 된다. 수요에 제대로 부응하지 못해서 값은 제법 비쌌겠지만, 돋보다는 늙어서까지 책을 읽거나 작은 물건을 보아야 하는 사람들에게 필수불가결의 물품이었다. 《신증동국여지승람(新增東國輿地勝覽)》에 의하면 한양성 안에 안경을 파는 점방인 '안경방(眼鏡房)'이 있었다고 기록되어 있다. 이 책의 증보판

실다리안경
실을 이용해 귀에 거는 안경. 안경은 반으로 접어 안경집에 보관하도록 만들어져 있다. 국립민속박물관 소장.

이 1530년(중종25)에 완성되었으니, 최소한 그 이전에 안경이 사회적으로 꽤 보급되어 있었다는 증거로 삼을 수 있겠다.

안경에 대한 기록을 비교적 많이 남긴 사람은 조선 후기 학자인 이익이다. 그 자신이 노안이 오면서 안경을 사용했던 것으로 보이는데, 그는 여러 편의 글에서 안경을 묘사하거나 그 유래를 탐색하고 있다. 이익이 사용하던 안경은 그의 재종질 이복휴李復休가 선물로 준 것이었다. 당시 이복휴는 경상좌수사를 지내고 있었는데, 이익은 어떤 보물보다도 귀중하다며 기쁜 마음을 표현했다.

病眼昏花甚	병든 눈 흐린 눈꽃 심했는데
玻瓈頓助明	유리를 끼니 문득 밝아집니다.
曾聞泰西制	일찍이 들으니 태서에서 만들었다는데
今自嶺南營	지금 영남좌영에서 보내오셨네요.
數墨纖毫別	터럭처럼 작은 글자도 식별하니
許珍拱璧輕	공벽 같은 보배보다도 더 귀중합니다.
方徵駒馬變	말이 망아지로 변하는 걸 이제야 알겠나니
強作少年情	힘써 젊은이의 마음을 가져봅니다.*

몇 가지 단어를 먼저 살펴보자. 혼화(昏花)는 눈이 어두워질 때 혹은 피곤해서 눈이 흐릿해질 때 보이는 반짝이는 별꽃 같은 것을 지칭한다. 공벽(拱璧)은 두 손으로 잡을 정도로 큰 벽옥(璧玉)을 말하는데, 진귀한 보배를 의미하는 단어로 사용되었다. 말이 망아지로 변한다는 것은 《시경》에 나오는 구절을 이용한 것으로, 늙은 말이 도리어 망아

어피안경집과 대모안경
거북이과 동물인 대모(玳瑁) 껍데기로 테를 만든 대모안경과 물고기가죽으로 만든 안경집. 국립민속박물관 소장.

지가 되니 뒷일을 돌아보지 않고 힘을 쓴다는 내용에서 가져왔다. 이것은 다시 젊어지는 것을 의미하는 것으로 쓰였다.*

이익은 이 작품에서 서양의 유리를 이용하여 만든 안경이 어둡던 눈을 환하게 만들어서 마치 늙은이가 다시 젊어진 듯한 느낌을 받았다는 내용을 담았다. 안경을 선물해준 자신의 재종질에게 고마움을 표시하면서 동시에 새로운 마음가짐으로 학문에 임하고자 하는 기쁨을 보여주었다. 선물을 해준 이복휴 역시 이 시를 읽으면서 뿌듯함을 느꼈을 것 같다.

이익은 안경에 대한 고마움을 여러 편의 시문에서 노래하였다. 〈애체가(靉靆歌)〉(《성호전집》권4), 〈애체경명(靉靆鏡銘)〉(《성호전집》권48)에서 안경의 효용과 그것을 사용하는 즐거움을 드러냈다. 안경 덕분에 늙은이가 다

---

* 이익, 〈병사 인숙이 안경을 선물로 보내준 데 대하여 감사하다(謝仁叔使惠靉靆鏡)〉, 《성호전집》권2.

시 젊어졌다면서 기뻐한 것은 만년까지도 책을 읽고 글을 쓰는 삶을 살았기 때문이다.

● 19세기에 보편화 된 필수품, 가격은 2~3만 원가량 ●

기록을 살피노라면 안경이 지식인들 사이에서 널리 사용된 것은 18세기 후반 이후로 보인다. 여전히 서양에서 들어온 안경은 구하기 어려웠지만 책을 읽는 것을 업으로 삼는 사람들에게는 어떻게 해서라도 구해야 하는 물건이었다. 박지원도 읽고 쓸 때 안경을 사용했다는 기록을 남겼고, 이덕무 역시 안경을 사용했다. 이덕무의 편지에는 '애체' 즉 안경의 어원을 상고하면서 명나라 선종宣宗 때부터 좋은 말과 바꾸어 거래를 했지만 이제는 누구나 사용한다고 했다.

안경을 쓰는 사람이 많아지고 공급량도 많아지면서 안경값은 점점 떨어졌다. 조선 후기 문신 성대중成大中(1732~1809)의 《청성잡기(靑城雜記)》를 보면 정승을 지낸 이성원李性源(1725~1790)의 일화가 수록되어 있다. 이성원이 금강산 유람을 가서 바위 절벽에 자기 이름을 새길 때였다. 자신을 따라왔던 사람이 암벽에 글자를 새기던 각수(刻手)의 안경을 떨어뜨려 깨뜨리는 일이 생겼다. 이성원은 미안해하면서 값을 변상하려고 했는데, 60세쯤 되어 보이는 그 각수가 그럴 필요 없다면서 웃었다. 그리고는 안경집을 보여주는데, 거기에는 안경을 30전에 구입한 날짜와 함께 이 안경이 깨질 시간을 정확하게 예언해서 적혀 있더라는 것이다. 아마도 이름을 숨기고 살아가는 이인(異人)일 듯한 그 각수는 이후 자취를 감추었다고 한다. 이 일은 18세기 후반에 있었던 일일 터인데, 그것으로 미루어 보면 이 시기에 이미 안경은 지금 화폐로 2~3만 원가량 되었을 것이다.('냥'의 시세에 대해서는 여러 이설이 있지만, 신병주 교수의 계산에 의해 1냥을 7만 원이라고 보면 그렇다) 각수가 사용하던 안경이 아마 저렴한 것이었으리라 추정되기는 하지만, 질이 낮은 것이라도 필요하면 그것을 구입하기가 매우 어려운 상황은 아니었던 것 같다.

황현 초상
보물 제1494호. 조선 후기의 학자이자 우국지사인 매천 황현(1855~1910)의 초상화이다. 이 초상화는 황현이 자결한 다음 해인 1911년에 생전에 찍어둔 사진을 보고 그린 것이다. 문화재청 제공.

19세기가 되면 웬만한 사람들은 안경을 필수품으로 여기게 되었다. 1832년 중국 연경에 시사신으로 다녀온 기록인 김경선金景善의《연원직지(燕轅直指)》를 보면, 사신단의 주요 책임자 세 사람, 즉 '삼사(三使)'를 수행하는 사람들의 복색을 묘사한 부분이 나온다. 그들은 전립(戰笠)을 쓰고 허리에는 남색 전대를 찼으며 약낭, 패도, 수건, 담뱃갑 등과 함께 안경을 좌우에 차고 간다고 했다. 이 시기가 되면 안경은 이 정도로 문서를 다루는 사람들에게는 하나의 필수품이 되었다.

1892~1893년 무렵에 작성된 지규식池圭植의 일기인《하재일기(荷齋日記)》에는 안경과 관련된 기록이 여러 군데 등장한다. 안경을 도둑맞기

도 하고, 안경집을 7전에 구입하기도 하며, 안경을 고치기 위해 이현(泥
峴)에 있는 일본 사람 가게에 가서 맡기기도 한다. 같은 시대를 살았던
이만도李晚燾의 기록에서 안경을 도둑맞아서 불편하다는 내용의 기록이
있으며, 이 시기 유학자 황현黃玹도 안경을 쓴 사진을 남겼다. 19세기
말이 되면 웬만한 사람들은 안경을 사용해서 노안을 극복하고 있었다.

◉ 어른 앞에서는 벗는 것이 예의였던 시절 ◉

누구나 사용하는 물건이 되는 순간 우리는 그것을 사용하는 방법이나
예절 같은 것을 만들게 된다. 안경 사용에도 그 나름의 예절이 있고 법
도가 있다. 1970년대만 하더라도 내가 살던 강원도 산골에서는 어른을
만날 때 안경을 벗는 분들이 계셨다. 처음 안경을 쓰게 되었을 때 부모
님 앞에서뿐 아니라 고향에 갈 때는 늘 안경을 벗었던 기억이 있다. 나
도 모르는 사이에 안경을 벗어서 가방에 넣었던 것이다. 이런 행동은 어
디서 온 것일까.

　19세기 후반에 집필된 이유원李裕元의 《임하필기(林下筆記)》(권26)에는
당대 재상을 지닌 조두순趙斗淳이 헌종과 철종의 어진을 볼 때 안경을
쓰고 보도록 명령을 받았지만 끝내 쓰지 않더라는 목격담이 들어있다.
자신도 임금으로부터 안경을 쓰고 보도록 허락받았지만 쓰지 않았노라
는 말도 덧붙였다. 그보다 앞 시대에 살았던 김원행金元行의 편지에서도
임금 앞에서 경연할 때 글자가 잘 보이지 않는다고 해서 어찌 안경을 쓸
수 있겠느냐며 말을 한 기록이 남아있다. 이로 보건대 안경은 임금을 비
롯하여 어른들 앞에서는 벗는 것이 예의였다는 점을 추정할 수 있다.

❋ 어둑한 세상을 밝혀주는 마법의 물건 ❋

지금 수준으로 생각해보면 수정을 깎아서 만든 돋보기가 잘 보이면 얼마나 잘 보였겠는가. 그렇지만 당시로써는 최첨단 하이테크 기술이었을 것이다. 돋보기의 볼록면을 얼마나 잘 다듬었는지, 그 각도를 얼마나 잘 맞추는지에 따라 글자의 선명도와 확대 정도가 큰 차이를 보였을 것이다. 평생 독서로 살아온 선비들의 인생에서 노안이 온다는 것은 눈이 어두워지는 것과 함께 자신의 생애가 어두워지는 것 같았으리라. 예전의 필사본을 뒤적거리다 보면 놀라울 정도의 세필로 쓴 글씨가 자주발견된다. 아주 가는 펜으로 쓴 요즘의 글씨보다 더 가느다랗게 쓴 글씨를 보며, 이런 글씨는 도대체 어떤 분들이 쓴 것일까 하는 궁금증마저생긴다.

이렇게 작은 글씨를 자주 쓰다 보면 눈에 피로가 쌓이는 것은 당연지사, 그런 사람들에게 노안은 빨리 찾아오는 법이다. 조선 후기 문신 윤기尹愭(1741~1826)는 어떤 사람에게 안경을 구해 달라고 부탁하면서 쓴글에서 이렇게 말했다.※

> 평생토록 책에 미쳐서 늘 등불 밑에서 글을 읽었으며, 파리 대가리처럼 작은 글씨를 가느다랗게 써서 정신을 소모했으며, 다섯 수레의 책을 읽는 동안 눈을 비비게 되었고, 결국은 한 점 한 획이 두셋으로 보이게 되었다. 젊은 사람들에게 비웃음을 당하다가 '쌍원경(雙圓鏡)'을 쓰게 되면 가느다란

※ 윤기, 〈贈人覓眼鏡〉, 《無名子集》 권3.

가을 터럭을 나뭇단처럼 볼 수 있게 되리라는 희망을 가지고 서양 물건을 구해 달라.

노안이 와서 평생 해오던 것을 못 하게 되는 순간 그 절망감을 이루 말할 수 없으리라. 비단 윤기뿐만 아니라 누구라도 절망감과 무력감에서 벗어나지 못할 것이다. 바로 그 순간 누군가가 문득 안경을 선물로 준다면 무엇과도 비교할 수 없는 귀한 보배요 평생 잊지 못할 선물일 것이다.

이제는 콘택트렌즈처럼 눈 안에 안경을 집어넣거나, 심지어 망막을 깎는 시술을 통해서 시력을 회복하는 일이 비일비재하다. 인간의 노쇠함을 극복하려는 노력이 가상하다. 그렇지만 지금까지의 의술로도 잃어버린 시력을 되돌릴 방법은 거의 없다고 한다. 눈을 통해서 얻는 즐거움이 얼마나 많은가. 오직 읽고 쓰는 일만 해온 사람에게 나이가 들수록 안경은 가장 가까이 두고 살아갈 친한 벗이다. 어둑한 세상을 환하고 분명하게 만들어주는 마법의 물건이면서, 내가 노년을 품격 있게 살아가도록 도와주는 고마운 물건인 것이다.

4장

맛 좋고 귀한 것을
나누고 싶은 인심

차

속세의 번잡함을 내려놓고
잠시 쉬길 바라네

❀ 방외인 김시습과 고관대작 서거정의 인연 ❀

《금오신화》의 저자 매월당梅月堂 김시습金時習(1435~1493)이 방랑과 공부
로 평생을 보낸 사실은 널리 알려져 있다. 그의 일생을 구체적으로 알지
는 못해도 세조의 왕위 찬탈에 실망하여 평생 절의를 지키며 살아갔던
생육신 중의 한 사람이라든지 《금오신화》가 우리 문학사에서 최초의 소
설 작품으로 꼽힌다는 사실은 기억할 것이다. 세조가 단종을 몰아내고
스스로 왕위에 올랐다는 소식을 들었을 때 그의 나이 열아홉, 삼각산 중
흥사에서 과거 시험 공부에 몰두하고 있던 시절이었다. 신동으로 조선
을 울리던 청년, 실제 일어난 일인지는 확언할 수는 없지만 다섯 살에
세종 앞에서 시를 지었고 훗날 문종으로 등극하는 세자와 인사를 나누

김시습 초상
보물 제1497호, 문화재청 제공.

었던 청년, 앞길이 탄탄대로일 것만 같았던 청년에게 세조의 왕위 찬탈은 청천벽력과도 같은 일이었다.

어린 나이에 부모를 잃고 어렵게 자라던 한 소년에게 마지막 남았던 희망이 꺾이던 날의 기억은 그의 삶을 평생 지배했다. 그의 방랑과 번민은 뛰어난 문학 작품을 탄생시켰고, 훗날 호사가들의 입에 오르내리는 많은 이야깃거리를 만들어냈다. 그 이야기들이 어디까지가 진실인지 판단하기는 어렵지만, 그는 살아생전 지식인들 사이에서 이미 전설이 되어 있었다. 그리고 이야기는 세월이 흐를수록 증폭되면서 다양하게 변주되었다. 김시습의 일화가 16세기 이후 꾸준히 재생산되면서 기인으로서의 풍모와 생육신으로서의 절의를 부각시키는 방식으로 작동한 것은 어찌 보면 조선의 지식인들이 어떤 모습으로 살아가고 싶었는지를 보여주는 증좌이기도 했다.

예나 지금이나 지식과 권력 사이에는 묘한 긴장 같은 것이 존재한다. 지식이 권력의 토대가 되기도 하지만 권력이 지식에 의해 해체되기도 한다. 지식과 권력을 가지고 세상에 행세한다는 것은 그 사이에서 절묘한 줄타기를 한다는 의미기도 하다. 그렇지만 권력의 속성상 소수의 집단이 독점하는 특성을 가진다. 모든 사람이 가지고 있는 권한이라면 그게 무슨 권력으로서의 역할을 하겠는가. 구성원의 극소수만이 가지는 권한이라야 권력으로서의 권위와 힘을 지니는 법이다. 그러므로 지식인들은 늘 권력을 비판하고 권력자들과 날을 세우며 대립하는 이미지를 가진다. 많은 지식인이 권력자에게 굴복하여 그의 권력 일부를 자기가 행사하는 즐거움을 누리는 것도 분명한 사실이지만, 인간의 본성을 부당하게 억압하는 권력을 강하게 거부하면서 날카로운 비판의 칼날을 드러내는 지식인도 많다. 우리가 지식인들에게 현실 비판 의식을 기대하는 것은 이 때문이다. 많이 배울수록 더욱 서늘한 시대정신을 보여주기를 기대하는 것이다.

조선의 지식인들이 김시습에게 투영했던 이미지 역시 이와 관련이 있다. 그에게는 생육신의 한 사람으로서 평생 절의를 지킨 인물이라는 점, 뛰어난 시문을 창작했다는 점이 있으며 이것들은 널리 알려졌다. 조금 더 아는 사람들이라면 그가 일생의 대부분을 '설잠雪岑' 스님으로 살아가면서 뛰어난 저술과 수행을 했다는 점을 알고 있을 것이다. 이런 조건 때문에 사람들은 그를 '방외인(方外人)', 즉 속세를 벗어나 자유롭게 살아갔던 인물로 기억한다. 세속적 권력과 삶의 양식에서 벗어나 자유를 구가하며 살아갔던 사람으로서의 이미지가 김시습의 일화 속에 투영되는 것은 당연한 일이다.

그의 일화 중에서 널리 알려진 이야기가 있다. 당시 최고의 명성을 떨치던 인물 중에 서거정이 있었다. 그가 벽제 소리 요란하게 거리를 지나며 조정으로 들어가고 있었다. 사람들이 서둘러 길을 비키고 있는데, 누군가가 서거정의 행차를 가로막는 것이었다. 남루한 옷에 새끼줄로 허리띠를 두르고 머리에는 패랭이를 쓴 사람, 바로 김시습이었다. 그는 머리를 들어 서거정을 향해 소리를 쳤다. "강중(剛仲)이, 잘 지내나?" '강중'은 서거정의 자(字)다. 자를 부를 정도면 아주 친하거나 무례하거나, 둘 중의 하나다. 허름하게 입은 녀석이 느닷없이 고관대작의 행차를 막고 함부로 자를 불러대니 옆에 있던 사람들이 놀랄 수밖에 없다. 주변에서 그를 물리치려 했지만, 서거정은 수레를 멈추고 서서 그와 한참 대화를 나누었다. 헤어져서 조정으로 들어가는 길에 어떤 관료 한 사람이 그를 처벌하겠다면서 화를 냈다. 고위 관료를 큰길에서 모욕했다는 이유 때문이었다. 그러자 서거정은 그만두라고 하면서, "미친 사람과 무얼 따지겠소? 지금 이 사람을 처벌하면 후대에 영원히 자네 이름에 누를 끼치게 될 거요"했다는 것이다.

율곡栗谷 이이李珥가 왕의 명령으로 쓴 〈김시습전(金時習傳)〉에 나오는 내용이니, 이와 관련된 기록 중에서 가장 신뢰도가 높다 할 수 있다. 이 일화는 후에 많은 사람의 기록에 인용되면서 다양하게 변주된다. 김만중金萬重의《서포일록(西浦日錄)》, 이정형李廷馨의《지퇴당집(知退堂集)》, 성해응成海應의《연경재전집(研經齋全集)》, 이긍익李肯翊의《연려실기술(燃藜室記述)》등 많은 곳에서 이 일화가 등장한다. 내용의 요점은 아주 하찮은 한 지식인이 고관대작에게 전혀 꿇리지 않고 당당하게 응대했으며, 나아가 시대의 권력을 위해 혹은 부당한 권력을 위해 허리를 굽힌 서거정을 조롱했다는 점이었다. 훗날 김시습과 서거정의 사이가 그리 좋지 않았으리라는 이미지는 이러한 과정을 거쳐서 형성되었다.

❀ 차를 마시며 법담을 나누고 싶네 ❀

김시습과 서거정의 문집을 읽다 보면 두 사람이 주고받은 시가 꽤 여러 편 발견된다. 앞에서 소개했던 일화만을 통해서 두 사람의 대립적 이미지를 가지고 있었다면 약간은 뜻밖이라는 생각이 들 정도다. 사실 두 사람이 그렇게 적대적으로 만나 날카로운 각을 세울 일이 얼마나 있을까 싶은 생각이 들기는 한다. 김시습은 서거정보다 15세나 어리기 때문에 그를 친구처럼 마구 대할 처지도 아니고, 세조 정권에서 승승장구한 사람이 서거정만이 아닌데 딱히 그를 찍어서 비난할 것도 아니다. 서거정이 오랫동안 고위 관직을 역임하기는 했지만 정치권력을 휘두를 수 있는 이력을 가진 것도 아니었다. 20여 년 이상 대제학을 지내면서 문형(文衡)을 잡고 있던 탓에 강력한 문화 권력을 쥐고 있기는 했다.

자료를 세심하게 읽어보면 두 사람은 서로를 존중하면서 꽤 정중한 교유를 유지했을 가능성이 높다. 두 사람이 만난 초기의 기록은 김시습이 전국을 방랑하다가 경주 금오산에 은거해서 살고 있을 때였다. 서거정의 기록에 의하면 그는 김시습이 10대였을 때부터 알았던 것으로 보인다. 그러다가 20여 년이 훌쩍 지난 어느 날, 김시습으로부터 연락이 온다. 경주 금오산에 은거하면서 집을 짓고 책을 쌓아두고 그 사이에서 노니는 즐거움을 담은 소식이었다. 그러면서 김시습은 서거정에게 금오산 기슭에 정사(精舍)를 지은 기념으로 시문을 지어 달라는 부탁을 건네 온 것이었다. 결국 서거정은 여섯 수로 된 연작시를 지어주었다. 그 이후 두 사람은 꽤 오랫동안 소식을 주고받거나, 얼굴을 마주하는 관계를 유지했다.

김시습도 어려서부터 문명(文名)과 절의로 이름이 높았지만, 서거정 역시 당대 최고의 문인으로 칭송받던 인물이다. 서거정과 시를 주고받을 정도로 김시습의 명성이 높았지만, 현실에서의 김시습은 '설잠'으로 불리는 스님일 뿐이었다. 청정하고 가난한 생활을 하는 김시습이 서거정에게 해줄 것이 그리 많지 않았다. 그에게 부치는 시문이 거의 전부였다. 그런데 서거정의 문집에 흥미로운 시가 여러 편 있다. 김시습은 서거정에게 자주 시를 보냈을 뿐 아니라 선물도 보냈는데, 신발을 보낸 적도 있고 차(茶)를 보낸 적도 있다. 서거정의 시에 이런 선물을 받고 고마운 마음에 지어서 보낸 작품이 남아있다. 게다가 김시습이 찾아오기라도 하면 서거정은 반갑게 맞아 술과 차를 마시고 시를 지었다. 서거정에게 김시습의 거처는 늘 책과 차와 시의 향기가 가득한 곳이었다.

김시습과 서거정 사이의 일화를 장황하게 이야기한 것은 두 사람의 관계가 그리 나쁘지 않았을 뿐 아니라 서로 정중하게 예우하는 관계였으리라는 점을 말하고 싶었기 때문이다. 그 점은 두 사람의 문집에 들어있는 시문을 통해서 어느 정도 추정이 가능하다. 특히 서거정의 문집에 남아있는 시를 보면 김시습과 어렸을 때부터 알고 지내던 사이였다는 점, 김시습이 금오산에 은거한 이후 환속하여 수락산 인근에 살다가 다시 출가승의 삶으로 돌아갈 때까지 오랜 세월 동안 교유 관계를 유지했다는 점 등이 나타나 있다.

어찌 되었든 두 사람의 교유는 꽤 오래 지속되었는데, 김시습의 문집보다는 서거정의 문집에 그 교류의 흔적이 훨씬 많이 남아있다. 서거정의 기록을 살펴보면 김시습이 자신에게 시를 지어 달라는 요청을 귀찮아하는 듯한 태도를 보이기도 하지만, 결국은 시를 지어주면서 자기 삶

'전원행렵도' 일부, 김두량, 김덕하, 국립중앙박물관 소장.

의 지향점을 그 속에 은근히 담고 있다. 비록 고위 관료로서 영화를 누리는 삶이기는 하지만, 김시습에게는 자신에게 없는 또 다른 삶이 있기에 서거정은 그 점을 부러워하고 있었던 것이다.

서거정은 김시습에게 보내거나 차운(次韻)하여 지은 작품에서 주로 시, 술, 수행 등과 함께 이런 소망을 언급하곤 했다.

移時軟共高僧話　　한참 동안 고승과 함께 정담을 나누노라니
石鼎松聲送煮茶　　돌솥에 부는 솔바람이 차 달이는 향기 보내온다.
《사가시집》 권21)

여기서 '솔바람 소리'는 소나무 숲에 바람이 불어 마치 파도소리 같은 느낌을 준다는 뜻이기도 하지만, 동시에 차를 달이기 위해 물을 끓일 때 나는 소리를 의미하는 것이기도 하다.

세속법을 넘어서 인간의 정신을 서늘하게 깨우는 진리의 세계를 논하고, 솔바람 가득한 곳에서 돌솥에 물을 끓여 차를 달이는 삶은 서거정에게 실현하기 어려운 부분이었다. 물론 시간을 일부러 내서 다구를 갖추고 사람들과 고담준론을 펼치며 차를 한잔하는 것이야 마음먹으면 할 수도 있으리라. 그러나 그와 같은 삶의 모습을 일부러 만들어낸다고 해서 깊은 풍류와 인생의 즐거움을 맛볼 수는 없는 법이다. 김시습이 선물로 보내온 작설차를 대하면서, 산중에서 살아가는 김시습의 즐거움이 바로 봄눈이 녹자마자 산으로 올라가 찻잎을 따고 그것을 차로 만들어 마시는 담박한 삶에 있다는 것을 서거정은 단박에 느낀다. 흰 종이에 차를 봉하고 겉봉에 몇 글자 써서 보내준 작설차를 뜯고 마시면서 서거정은 자신도 언젠가는 김시습을 찾아 산속으로 가서 "포단에 앉아 밝은 창 깨끗한 책상 앞에서, 돌솥에 솔바람 소리 나는 걸 함께 들을"(蒲團淨几 紙窓明, 石鼎共聽松風聲:《사가시집》권13) 마음을 가져보는 것이다.

🌼 속세의 번잡함에서 끌어내 청정함으로 초대하는 '차' 🌼

차를 선물로 주고받으며 아름다운 교유를 맺은 사례로 우리는 다산 정약용, 추사 김정희와 초의 선사를 거론한다. 신분과 나이를 넘어서 이렇게 깊은 마음을 나눈 예가 흔치는 않을 것이다. 초의가 만든 차와 그것을 사이에 두고 주고받은 기록들은 우리나라 차 문화의 역사에 길이 빛나는 멋진 사례다.

차가 언제 우리나라에 들어왔는지, 혹은 언제 차 문화가 발생했는지에 대해서는 쉽게 논단할 문제가 아니기는 하다. 가야국 신화에서 허황

후가 올 때 가져왔다고도 하고 신라 경덕왕 때의 향가 〈안민가〉를 쓴 충담사의 기록에서 차가 보이기 때문에 그 이전에 분명히 차 문화가 형성되었으리라 추정하기도 한다. 차 문화의 연원에 대해서는 이 분야의 전문가들이 꾸준히 연구해야 한 문제지만, 삼국시대 이후 여러 기록에서 부처님에게 차를 공양했다고 여러 차례 등장한다. 차와 관련된 고려 시대의 유물이 다수 남아있을 뿐 아니라 이 시기에 이미 상류층 사이에 차를 마시는 문화적 분위기가 상당히 널리 퍼져 있었다는 점을 짐작할 수 있다.

초기에는 차를 약으로 생각했다가 후대로 오면 음료로 취급한다. 고려 시대의 풍속을 기록한 서긍의 《고려도경(高麗圖經)》(권32)에도 외국의 사신들이 오면 고려 조정에서는 연회를 하면서 차를 대접하는데, 그것을 약으로 생각해서 사신들이 차를 다 마시지 않으면 자신들을 무시한다고 여겨 불쾌하게 생각했다는 기록이 나온다. 여기에 선불교에서 '다반사(茶飯事)'라든지 '끽다거(喫茶去)'와 같은 공안(公案, 깨달음을 얻기 위해 스님들이 늘 마음에 지니고 있는 화두話頭)이 유행하면서 고려의 지식인들 사이에서 음료로서의 차를 마시는 풍습이 널리 퍼진 것도 사실이다. 차를 마시는 방법에는 시대마다 차이가 있을지언정 차를 놓고 법담을 펼치는 일은 지식인들 사이에서 고상한 삶의 모습으로 여겨졌다.

최치원이 중국에 있을 때 신차(新茶)를 선물로 받고 답례한 글이 남아 있거니와, 우리나라의 경우도 고려 후기 이후 차를 선물로 주고받은 기록이 많이 등장한다. 그러나 지금과는 달리 차는 대량으로 생산되는 게 아니기 때문에 일반 민중들이 보편적으로 즐기기에는 난점이 있었다. 상업적 유통이 그리 활발하지 못했던 고려나 조선으로서는 차를 구할 방법이 그리 많지 않았다. 공물로 왕실에 바친 차를 하사받거나 혹은 다른 사람에게 선물로 받는 것이 대부분이었다. 중국에서 수입해오는 경우도 있었지만, 그 역시 드문 일이었다. 그러나 우리나라에서도 예부터 차를 만들어 마시는 풍습이 있었으며, 기록상으로도 여러 종류의 차가 존재했다는 점을 알 수 있다. 조선만 하더라도 외국에서 사신이 오거나 혹은 고위 관료들을 불러서 연회를 베풀 때 차를 대접하는 다례(茶禮)가 널리 행해졌으며 이러한 업무를 총괄하기 위한 관청으로 '다방(茶房)'이 설치되어 조선 초기까지 운영되기도 했다. 또한 '다시(茶時)'라고 해서 사헌부의 관료들이 날마다 한 번씩 모여서 차를 마시면서 공적인 일을 의논하던 일이 상시적으로 시행되었다.

'기축년의 궁중 잔치' 일부
1829년(순조 29)에 거행된 궁중연회를 나타낸 그림으로, 순조의 등극 30년을 기념한 것이다. 오른쪽 붉은 천을 씌운 탁자 위에 차를 올리기 위한 은다관 등이 마련되어 있다. 국립중앙박물관 소장.

그렇지만 이러한 사례 역시 일부 고위층 사이에서 있었던 일이라, 일반 민중들이 즐기는 품목은 아니었다. 그러니 차를 선물로 받으면 당연히 귀한 대접을 받았으며, 나아가 그러한 선물을 매개로 두 사람의 교유가 훨씬 깊어질 수 있었다. 차가 좋은 선물로 대접을 받았던 이유는 크게 두 가지다. 그중 첫

번째가 바로 경제적인 측면서의 희귀성이
다. 흔하게 주고받는 물품도 선물로서의
역할을 하지 않는 것은 아니지만, 특별함
을 느낄 수 있는 선물의 요건은 당연히 희
귀성에 있다.

다정자(茶亭子)
왕실 진찬 때 다구를 놓던 탁자로
추정된다. 국립민속박물관 소장.

또 하나는 선물로 선택된 물품의 성격
에 있다. 모든 선물은 어떤 물품인가에 따
라 의미 맥락을 가진다. 꽃을 선물하더라
도 종류에 따라 사랑의 마음을 표현하기
도 하고 슬픔을 표시하기도 하며 기쁨이
나 고마움을 나타내기도 한다. 선물이 전달되는 공간이나 시점도 의미
를 형성하는 요인으로 작동한다. 선물의 의미를 알아차리는 것은 그것
이 이루어지는 사회의 문화적 맥락에 연관되어 있다. 똑같은 물품도 어
떤 사회에서 활용되는가에 따라 선물의 의미가 달라지는 경우가 있다.
시대에 따라 선물의 품목도 유행을 탄다. 그만큼 선물은 한 사회의 문화
를 드러내는 키워드다.

그렇다면 조선 시대 지식인들 사이에서 차는 어떤 의미를 담고 있는
것이었을까. 차는 속세의 번잡함을 벗어나 청정한 정신세계로 인도하
는 우아한 품목이었다. 차를 마시는 것이 널리 알려진 당나라 때 육우
陸羽가 이미 《다경(茶經)》을 지어 차의 의학적 효능과 정신적 측면에서의
즐거움을 논한 바 있다. 이 책은 고려 이후 이 땅의 지식인들에게 꽤 읽
히면서 차 문화의 형성에 긍정적으로 작용했다. 신령스러움이 통한다
든지 신선이 되어 날아갈 듯하다는 식의 표현은 대체로 육우의 글을 관

구현도
김홍도. 선비들의 다회로 차를 앞에 두고 음악과 시를 즐기는 모습을 담았다.

용적으로 활용한 표현이었다.

　지금도 '다도'나 '다례'라는 이름으로 차를 마시는 행위가 의례화되어 시행되지만, 어떤 형태든 차를 마시는 행위는 일상의 공간을 비일상의 공간으로 전환시키는 역할을 한다. 심지어 일거리가 쌓인 사무실 책상 위에서 차를 한잔 마주하는 순간 마음가짐이 새로워지면서 지친 삶의 위로가 되는 경우를 경험하기도 한다. 간단한 다구일망정 몇 가지 늘어놓고 물을 끓이는 것만으로도 내가 마련하는 찻자리는 순식간에 일상의 번우함을 넘어서 청정한 공간으로 탈바꿈한다. 그러니 차를 선물하는 것은 청정한 세계를 선물하는 것과 같다. 그 희귀성은 물론이거니와 마음속에 두텁게 내려앉아 있던 홍진의 묵은 때를 벗겨내는 신묘한 음료를 선물로 주는 것이다. 차를 달이거나 우리기 위해 다구를 준비하고 물을 끓이고 차를 따라서 대접하고 마시는 모든 절차가 우리의 일상을 새롭게 하는 힘을 가진다. 선물이 기본적으로 욕망과 관련 있는 것은 분명하지만, 차 선물의 경우 역설적이게도 욕망으로 가득한 일상을 벗어나 과욕(寡慾)의 비일상으로 인도한다. 이러한 비일상의 공간을 통해서 우리는 새로운 일상을 꿈꾸는 것이다.

◉ 차 한잔, 일상의 속도와 전혀 다른 시간 ◉

해마다 그해의 녹차가 나오면 보내주시는 분이 있다. 제다법을 공부하면서 강의도 하고 전통 방식으로 차를 덖어서 만들기도 하는 분이다. 많은 양은 아니더라도 그 속에 깃든 정성을 생각하면 쉽게 마실 수 없다. 찻잎을 실제로 따본 사람은 알겠지만, 숙련된 사람들이 하루 종일 딴 잎을 차로 만들어도 얼마 되지 않는다. 그 잎을 따서 여러 단계의 공정을 거쳐서 내 앞에 오기까지 얼마나 많은 정성이 들었겠는가. 나는 늘 그이의 선물을 받으면 날을 잡아서 녹차를 개봉한다.

우선 봄날의 햇살이 밝게 비치고 바람이 선들 불어서 조금 열어놓은 창으로 들어와야 한다. 좋아하는 책도 한 권 옆에 있으면 금상첨화다. 어떤 분들은 좋은 벗이 왔을 때 좋은 차를 개봉하는 즐거움을 말하기도 하지만, 혼자 앉아 새로 뜯은 차를 한잔 마시는 것도 큰 즐거움이다. 선물로 받은 차를 다관에 넣고 물을 부으면 어느새 코끝에는 청향(淸香)이 맴돈다. 몇 잔 마시면서 편안하게 기대 앉아 좋아하는 책을 읽으면 세상에 남부러울 것이 없다. 화려한 다구가 필요한 것도 아니고, 격식을 차린 찻자리가 동반되는 것도 아니다. 그저 찻잔 하나와 다관 하나, 책 한

권이면 편안하고 맑은 마음을 누릴 수 있는 공
간이 된다. 온갖 복잡한 일이 쌓여있는 공간도,
차를 마시려고 주섬주섬 치우는 순간부터 맑은
향기 가득한 수행자의 공간으로 탈바꿈한다.

차를 마시고 책을 읽는 삶의 여유가 호사를
누리는 것이라 생각할 수도 있다. 그
러나 그렇게 내 삶을 변화시키
는 것은 한순간이다. 마음 하나
돌리면 내가 선 땅이 극락이라지
않던가. 지금 당장 하던 일을 멈추고 주
전자에 물 끓이고 컵을 꺼내서 차를 우려낸다면
일상의 속도와는 전혀 다른 시간을 경험할 것이다. 일
에 치여 살아가는 우리가 번우한 세속의 삶을 벗어나지 못하
는 것이 아니라 수많은 욕망에 사로잡혀 벗어날 생각을 하지 않는
것이리라. 녹차 한 잔을 우리면서, 푸른 물빛과 맑은 향에서 새봄의 기
운을 느낀다. 순간, 내가 받은 차 선물은 그저 작은 찻봉지 하나가 아니
라, 지난겨울 눈과 추위를 견디고 새순을 틔우며 한껏 품었던 봄의 기
운이었음을 느낀다.

청어

돌아오는 그 댁 제사에
이 고기를 올리시오

⊛ 허균의 편지 속, 청어 두 두름 ⊛

"여장(汝章)이 죽은 뒤로는 하늘에 맹세컨대 시를 쓰지 않기로 했습니다.
비록 좋은 글귀를 얻는다 해도 어찌 하늘을 속일 수 있겠습니까?"

허균許筠(1569~1618)은 어느 날 금산부사에게 편지를 한 통 쓴다. 금산의
원님이 허균에게 시를 한 수 지어 달라 부탁했는데 그것을 넌지시 거절
하는 내용으로 보인다. 여기서 '여장'은 허균의 절친한 벗 석주石洲 권필
權韠(1569~1612)의 자(字)이다. 그는 당대 최고의 시인으로 꼽혔으나 변변
한 벼슬 하나 한 적 없이 야인으로 일생을 마쳤다. 궁류시(宮柳詩, 궁궐 내
부의 사물이나 사건을 소재로 지은 시)를 지었다가 그것이 시대를 비판한다는
혐의를 받아 해남으로 귀양을 가게 되었는데, 동문 밖에서 첫날밤을 묵

던 중 폭음을 하고 죽었다. 이 사건은 허균에게 굉장한 충격이었던 것으로 보인다. 이이첨, 유희분 등 권력자들은 광해군을 옆에 끼고 국정을 농단하고 있었고, 지식인들의 언로는 완전히 막혀 있었다. 권필이 필화 사건에 연루되어 울분에 차서 통음을 하다가 죽었다는 소식은 누구에게나 충격적인 사건이었을 터인데, 평생을 친한 벗으로 살아왔던 허균에게는 말할 것도 없이 엄청난 일이었던 것이다. 또한 허균 자신조차도 전라도 함열에서 귀양살이를 하다가 겨우 풀려난 뒤끝이었으니 더욱 그러했으리라.

역모로 사형을 당한 탓인지, 허균의 친필은 거의 남아있지 않다. 이 편지는 《근묵》(고려 말부터 근대까지의 시와 서간을 묶은 서첩)에 수록된 것인데, 글씨체를 보면 허균의 사람됨이 보이는 듯한 느낌이 든다. 얇고 날렵하면서도 유려한 느낌의 글씨에서, 나는 세련되고 재기 넘치는 허균을 보았다. 허균의 편지, 특히 자신이 '척독(尺牘)'으로 분류해 놓은 짧은 편지는 아름다운 감성과 빼어난 문장으로 그 예술적 성취가 높다. 《근묵》에 수록되어 있는 편지는 허균의 문집에 없는 것인데, 아마도 누군가의 가문에 전해오다가 살아남은 것으로 보인다.

처음 이 간찰을 접했을 때 첫 문장의 무게를 미처 알아차리지 못했다. 훗날 허균의 글을 읽으면서 그에게 있어서 글쓰기란 삶 자체라고 해도 과언이 아닐 정도로 중요한 것이라는 점을 깨닫게 되었다. 평생 글을 쓰면서 살아온 한 지식인에게 글쓰기를 빼면 무엇이 남겠는가. 특히 시를 쓰는 능력에 대해서는 자부심 넘쳤던 허균이니, 다시는 시를 쓰지 않겠다는 맹세를 하늘을 두고 했다는 말은 남은 생이 별 의미가 없을 정도

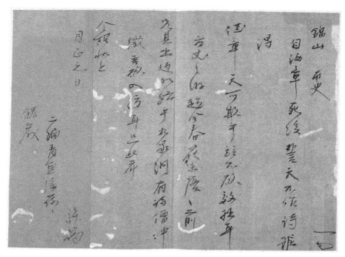

허균이 금산부사에게 보낸 편지

로 권필의 죽음이 주는 충격은 상상을 초월하는 것이었다.

그런데 이 편지에는 또 하나 흥미로운 구절이 들어있었다. 편지의 원문을 마치고 자신의 이름을 쓴 뒤, 무심한 듯 혹은 깜빡 잊었다는 듯 추가해놓은 글귀가 있었다. '이편청어 심하궤세(二編靑魚 深荷饋歲)'라는 말, 즉 청어 두 두름은 연말 선물로 잘 받았다는 뜻의 글이었다. 이로 보건대 이 편지는 권필이 죽은 1612년 이후 어느 해 겨울 금산부사가 허균에게 시 한 편을 지어달라는 부탁을 하면서 청어 두 두름을 함께 보냈음을 알 수 있다. 이에 대해 이듬해 정월 허균이 넌지시 거절하면서 이 편지를 보냈는데, 보내온 청어에 대해 아주 무심한 어투로 말미에 덧붙인 것이다.

● 흔하고 맛 좋아 제사상에도 올리던 겨울 음식 ●

청어는 우리나라 모든 해안에서 잡히는 어종이었다. 조선 전기에 편찬된 《신증동국여지승람》에는 각 지역마다 토산물을 수록하고 있는데, 청어를 기재한 지역이 많다. 황해도, 충청도, 전라도, 경상도, 함경도 등 강원도를 제외한 모든 해안에서 청어가 잡히고 있었음을 알 수 있다. 강원도가 빠진 것은 아마도 이 지역이 어업보다는 농업을 주력 분야로 했기 때문이 아닐까 추정된다. 사정이야 어떻든 겨울에 주로 잡히는 청어는 회로도 먹고 구이로도 먹고 과메기로 말려서도 먹고 탕으로도 먹는, 그야말로 전천후 식재료였다. 청어가 많이 잡힐 때면 알곡과 바꿔서 식량을 마련할 정도였다. 이순신이 청어 7천 마리를 가지고 양식으로 바꾸려 했던 기록을 보건대 근대 이전 청어의 쓰임새는 다양했던 것으로 보인다.

근대 이후 청어 관련 기록을 보면 어획량의 기복이 상당히 크다. 1930년대 후반에는 7만 톤 전후로 잡히다가 1990년대에는 1만 톤 정도로 줄었으며, 근래 다시 어획량이 조금씩 늘고 있다. 이런 사정은 조선 시대라고 해서 다를 바 없었다. 《경상감영계록(慶尙監營啓錄)》 고종 9년 (1872) 12월 12일조의 기록에 의하면, 날씨가 따뜻해지는 바람에 청어가 잡히지 않아서 진상하려는 물량을 맞추지 못한 죄를 받겠다는 문서에 대해 왕이 그를 처벌하지 말도록 하는 내용이 들어있다. 허균도 자신의 《도문대작(屠門大嚼)》에서, 명종 이전까지만 해도 많이 잡히던 청어가 요즘은 잡히지 않는다는 기록을 남겼다. 그만큼 청어는 환경에 민감하게 반응하면서 어획량에 커다란 차이를 보였다.

이 청어가 도대체 왜 이렇게 선물로 오갔던 것일까? 먹을 것이 귀했던 시절인 데다 지금처럼 바다 생선을 잡을 기회가 많지 않았기 때문에 연근해 해역에서 잡히는 물고기가 아니면 먹을 수 없었다. 겨울이라는 혹독한 환경에도 불구하고 청어는 상당히 많이 잡혔으므로 겨울 음식으로 좋은 재료였다. 가는 뼈를 발라내기 불편하지만 그래도 두툼한 살집과 담백한 맛 때문에 누구나 좋아하는 생선이었다.

시기에 따라 생산되는 물건은 늘 제례에 사용되었다. 그러한 제사를 천신(薦新)이라고 했다. 종묘에서도 천신을 하는데, 매월 제상에 올리는 물건이 달랐다. 《경모궁의궤》〈권2〉〈사전(祀典)〉조에 보면 어떤 물건을, 어디서 준비했는지 기록되어 있다. 1월에는 조곽(早藿, 일찍 따서 말린 미역) 2근(斤)을 올리는데 강원도와 경상도가 물건 준비를 담당하고, 5월에는 앵도와 살구 각각 1되5홉씩 준비하는데 장원서(掌苑署)가 담당한다. 11월에는 청어 8마리와 소금1홉을 올리는데 경상도와 함경도가 준비하도록 되어있다. 종묘의 제사상에 올라갈 정도로 청어는 각광을 받았고,

'감모여재도' 일부
조상에게 제사를 지낼 때 지방을 붙일 수 있는 사당을 화폭에 담은 그림 중 일부로 제사 상차림 또한 살펴볼 수 있다. 국립민속박물관 소장.

겨울을 대표하는 음식재료로 인식되어 있었다. 어쩌면 금산부사가 허균에게 선물로 보낸 것도 그 집안에서 천신을 할 때 사용하라는 의미일 수도 있다.

조선 사대부 가문의 경제생활에서 선물 문화는 매우 큰 부분을 차지한다. 자본의 유통이 활발하지 않았던 시절에 경제를 꾸려가기 위한 다양한 물건은 당연히 집안 내에서 자체적으로 마련하거나 물물교환을 통해서 이루어져야 했다. 그러나 이 역시 마뜩치 않을 때는 누구에게서든 필요한 물건을 얻어야만 했다. 그럴 때 주변 사람들이 전해주는 선물은 집안 경제에 요긴한 것들이었다. 지금도 우리나라에 상부상조 문화가 상당히 널리 퍼져 있다. 결혼식에 가면 축의금을 전해주고, 상가에 가면 부의금을 낸다. 크고 작은 행사에 가면 어떤 방식으로든 내 성의를 표시할 방도를 찾아 무언가를 해야만 한다. 자칫하면 뇌물로 오해받거나 뇌물성 선물로 주고받는 관행이 사회적 부패도를 높인다는 생각 때문에 오죽하면 부정청탁금지법을 만들었겠는가. 그만큼 우리 문화에서 선물의 의미는 유래도 깊고 복잡한 메카니즘으로 구성되었다.

◉ 별미 중에 진미라 선물로 애용되던 생선 ◉

조선 중기의 문인 조극선趙克善(1595~1658)의 《인재일록(忍齋日錄)》은 그의 나이 15세부터 29세까지의 생활을 적어놓은 일기다. 이 책에 보면 엄청난 양과 횟수의 선물이 오가는데, 그중에 철마다 청어를 선물로 받았다는 기록이 들어있다. 충청도 덕산 사람인 조극선은 꼼꼼한 기록을 통해 당시의 생활상을 잘 보여주고 있다. 그는 자기 집 여자종의 사위

돌똥이가 군역에 나갈 처지가 되었을 때 병사에게 말을 해서 군역을 면제시켜 준 적이 있었고, 또 다른 종인 맛종이의 억울한 사연을 들어준 적이 있었다. 그들은 고마움의 표시로 여러 가지 선물을 조극선에게 올린다. 돌똥이는 면포 6필과 꿩 1마리를, 맛종이는 쇠고기 한 덩이와 청어 두 두름을 진상한

다. 청어가 없는 살림에도 정성을 표시하는 선물로 선택된 것을 감안하면, 이 생선이 아주 헐값에 구할 수 있는 것은 아니었던 듯하다.

청어에 대한 기록이 고려 시대부터 나오는 것을 보면 오랫동안 한반도 백성들의 식탁을 풍요롭게 해온 것을 알 수 있다. 특히 고려 말 뛰어난 관료요 학자였던 이색李穡은 청어에 대한 몇 가지 흥미로운 기록을 남겼다. 김공립金恭立이 달력과 함께 청어를 보내준 것에 고마움을 표하면서 지은 시가 있는데, 그 앞부분에서 이렇게 읊었다.

黃曆資日用　　달력은 일상을 도와주는 물건이고
靑魚助晨湌　　청어는 아침 식사를 돕는 것이라.
吉凶判在目　　달력으로 길흉을 눈앞에 있는 것처럼 분명해지고
氣味充於肝　　청어의 맛은 간을 보충해 준다오.

(〈김공립이력일상송金恭立以曆日相送), 차궤청어且饋靑魚)〉, 《목은시고》권31)

내용을 보면 세밑(설을 앞둔 섣달그믐께)이라 김공립이 달력과 청어를 선물로 보내온 것에 대한 감사의 내용을 담았다. 일상생활에서 달력은 반드시 있어야 하고 그것을 통해 길흉을 판단해서 나날의 생활에 보조 자

료로 삼는다. 함께 보내온 청어는 아침상에 올려서 입맛을 돋울 뿐 아니라 영양 보충을 통해 건강을 유지하게 만들어준다.

이색은 또 다른 작품에서 청어를 노래했다.

斗米靑魚二十餘　　쌀 한 말에 청어 스무 마리 남짓
烹來雪盌照盤蔬　　끓여오니 흰 주발이 쟁반의 채소를 비춘다.
人間雋永應多物　　세상에 맛좋은 것 응당 많으리니
白浪如山擊大虛　　산 같은 흰 물결이 하늘을 때리는 곳에.

〈〈부청어(賦靑魚)〉,《목은시고》권14〉

이색은 하늘을 때리는 듯한 산더미 같은 흰 파도 속에 많은 별미가 들어있기는 하지만 청어가 바로 대표적인 진미(珍味)라는 점을 부각시켰다. 이 작품은 후대에도 널리 읽혔던 것으로 보인다. 앞서 언급했던 허균의 《도문대작》에 보면 "옛날에는 매우 흔했으나 고려 말에는 쌀 한 되에 40마리밖에 주지 않았으므로 목은 이색이 시를 지어 그를 한탄하였으니, 이는 난리가 나고 나라가 황폐해져서 모든 물건이 부족하기 때문에 청어도 귀해짐을 탄식한 것"이라는 부분이 나오는데, 바로 이색의 이 작품을 인용한 내용이다. 물론 20마리라는 것을 40마리로 쓴 것은 허균의 착오로 보이지만, 이색이 청어를 노래하면서 시세가 어느 정도인지를 쓴 구절은 후대 지식인들에게 꽤 인상적이었던 것 같다. 이 때문인지 허균은 명종 이전에는 쌀 한 말에 50마리를 주었는데 이제는 잡히지 않으니 괴이하다는 말도 덧붙였다.

많이 잡힌다고는 하지만 청어가 싼값에 거래되는 생선은 아니었다.

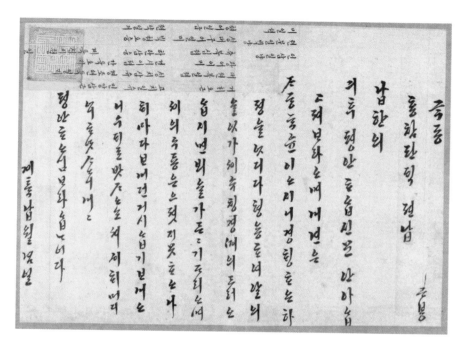

정조가 큰외숙모 여흥민씨에게 보낸 한글편지

재위 시절 정조가 큰외숙모인 여흥민씨(혜경궁 홍씨의 큰오빠 홍낙인의 처)에게 보낸 한글 편지다. 안부 인사와 함께 물목 단자가 딸려 있다. 여기에 청어도 포함된다. 인삼 한 냥, 돈 일백 냥, 쌀 한 섬, 솜 다섯 근, 큰 전복 한 접, 광어 두 마리, 추복 열 접, 생대구 한 마리, 청어 일 급, 살진 꿩 한 마리, 생치(生雉) 세 마리, 곶감 두 접, 새우알 석 되, 꿀 다섯 되, 전약(煎藥) 한 그릇, 민강(閩薑) 세 근, 서울산 담뱃대 한 개, 담배설대 다섯 개. 계축 십이월 일 [1793년 12월 일] . 국립한글박물관 소장.

바다에 나가 생선을 잡는 일이 쉽지 않았기 때문이다. 특히 동지 전에 거래되는 청어는 값이 높았다. 이익의 《성호사설》에서도 "청어는 북도(北道)에서 처음으로 보이기 시작하여, 강원도의 동해변을 따라 내려와서 11월에 이곳(울산·장기 지역)에서 잡히는데, 남쪽으로 내려올수록 점점 작아진다. 어상들이 멀리 서울로 수송하는데, 반드시 동지 전에 서울에 도착시켜야 비싼 값을 받는다"고 하였다. 이는 천신 때문에 제사상에 청어를 올리려는 수요가 많았다는 의미이다. 동지 전에 보내야 동지 제사와 연말연시 각종 제사에 청어를 올릴 수 있었고, 이를 반영해 값이 올라갔을 것이다.

❀ 온 성안에 퍼지는 청어 장수 외치는 소리 ❀

제사상에 올린 청어는 당연히 제사를 지낸 사람들의 몫이다. 청어는 밥상에 올라와 사람들의 입맛을 돋우어 주고 식사의 풍미를 한층 깊게 만들었다. 하지만 자식들 입장에서는 부모님께 겨울 별미로 청어를 준비하는 것이 큰일이었다. 전남 구례에서 공부했던 조선 후기 유학자 박광기朴光夔(1708~1761)의 행장을 같은 지역 출신의 한말 유학자 매천梅泉 황현黃玹(1855~1910)이 썼는데, 거기에 박광기의 효성을 증언하는 일화가 기록되어 있다. 박광기의 모친이 병으로 위독할 때 마침 청어가 많이 나는 철이었지만 어머니의 밥상에 한 번도 청어를 올리지 못했다. 이 때문에 평생 청어를 먹지 않았을 뿐 아니라 자손들에게도 자신의 제사상에 청어를 올리지 말도록 유언을 남겼다고 한다. 이는 박광기의 효심을 드러내는 것이기도 하지만 가난한 선비의 가슴 아픈 심정을 드러내는 일화라 하겠다.

또한 조선 후기 문신 이유원李裕元의 《임하필기(林下筆記)》(권27)에는 청어를 좋아했던 한 재상의 일화가 수록되어 있다. 한용구韓用龜는 청어를 좋아하여 끼니때마다 반드시 밥상에 올리게 하였다. 이 사실을 알게 된 권두(權頭, 하인들 중 우두머리)가 음식을 준비하는 종을 꾸짖었다. 재상의 밥상에 청어만 올리는 것은 볼기를 맞아야 할 죄라는 것이었다. 한 용구가 이 사실을 전해 듣고 "권두가 청어를 먹지 못하게 하려는 것"이라 말하며 웃었다고 한다. 이는 당시에 청어 한 두름 값이 3~4문(文) 정도로 아주 싸서 천한 사람들이 먹는 생선이라는 인식이 있었기 때문이다. 그만큼 청어는 많은 사람의 사랑을 받으면서 밥상의 귀물로 대접받았다.

이런 사정은 한용구와 같은 시기를 살았던 추사秋史 김정희金正喜(1786~1856)의 시에서도 보인다. 그는 〈청어〉라는 제목의 시에서 이렇게 노래했다.

海舶青魚滿一城	바닷배의 청어가 온 성에 가득한데
杏花春雨販夫聲	살구꽃 봄비 속에 생선 파는 사내의 소리
炙來不過常年味	구워보니 예년의 맛 그대로인데
眼逐時新別有情	시절 따라 눈이 끌려 각별한 정 생긴다.

(《완당집》 권10)

김정희 초상, 문화재청 제공.

이 작품을 읽으면 섬세한 미식가였던 김정희의 입맛을 떠올리게 한다. 그는 제주도에 귀양살이를 할 때도 본가에서 보내온 음식을 받아먹는 일이 많을 정도로 미각에 특별한 애착이 있었다. 언제부터 청어를 즐겼는지는 모르지만, 살구꽃 피는 봄날 청어를 사라고 외치며 다니는 생선 장수의 호객 소리에 얼른 사서 구이를 해 먹는 김정희의 모습이 눈에 선하다.

때로는 돈 있는 사람들의 밥상에, 때로는 가난한 이들의 밥반찬으로, 혹은 술상에 안주로, 혹은 제사상의 정성 어린 제물로 쓰였던 청어였다. 기후의 변화나 기타 여러 환경적 요인으로 많이 잡힐 때도 있었고 전혀 잡히지 않을 때도 있었다. 청어는 한반도 전 해역에서 잡히는 생선이었으므로 오랜 옛날부터 밥상의 친근한 벗이었다. 겨울철에 많이 잡혔기 때문에 청어 선물은 주로 연말연시에 주고받았지만, 단순히 반찬용으로 몇 마리 선물하는 차원은 아니었다. 제사상에 시절 음식을 올리라는 의미를 담았을 것이다. 게다가 매 끼니 먹어도 물리지 않을 정도로 풍미가 깊은 생선이었다.

허균의 친필 간찰 한구석에 무심히 써있는 구절에서 우연히 발견한 청어는 내게 선물의 의미를 새삼 일깨워 주었다. 그 맥락으로 보아 제사용인지 찬거리용인지 판단하기는 어렵지만, 시 한 편 부탁하는 편지와 함께 하인의 손에 들려 보냈을 청어 두름은 금산부사의 정성어린 마음이 깃들어 있었다. 그 마음을 차마 단호하게 거절하지 못하고, 세상을 떠난 친구의 일을 빌미로 삼아 넌지시 거절하는 허균의 마음도 아름다워 보인다. 청어를 사이에 두고 일어난 두 사람의 아름다운 사연이 몇백 년 세월을 넘어 지금도 내 마음에 울림을 준다.

청심환

한 알에 험한 여행길이
모두 풀리네

◉ 얻어맞더라도 구하고 싶은 청심환 한 알 ◉

연암 박지원은 뜻하지 않게 열하(만리장성 너머 북쪽에 있는 곳으로, 황제의 행궁行宮인 피서산장이 있었다)를 다녀오게 된 내력을 자신의 명저《열하일기》안에 상세히 기록하였다. 열하에서의 꿈같은 며칠을 보낸 뒤 다시 연경으로 돌아오게 되는데, 그 행로에서의 일을 기록한 부분이 〈환연도중록(還燕途中錄)〉이다.

1780년 8월 17일자 기록에 의하면 박지원은 한낮의 고북구(古北口, 북경에서 열하로 가는 도중에 있는 만리장성의 출입로)를 둘러본 뒤 인근의 한 절에 들르게 되었다. 그 마당에 오미자를 말리느라 펼쳐놓았기에 무심코 두어 알을 집어서 입에 넣고 씹어보았다. 순간 한 승려가 눈을 부릅뜨고 호통을 치면서 거칠게 무어라고 말을 하는 것이었다. 박지원은 놀라서 난간 옆으로 비켜섰다. 마침 마두(말몰이꾼) 춘택이 담뱃불을 붙이러 들어섰다가 이 광경을 목격한다. 그는 즉시 승려에게 쫓아가서 박지원을 위해 싸움을 한다. 너무 더운 날씨라 찬물 생각이 나서 그저 오미자 몇 알 집어 먹었기로서니 어찌 무례하게 어른의 체면을 깎느냐는 것이었다. 그러자 승려 역시 입에 흰 거품을 물면서 말대꾸를 했다. 춘택은 즉시 그 승려의 뺨을 후려갈기면서 조선말로 엄청나게 욕을 퍼붓는다. 그제야 그 승려는 손으로 뺨을 가리고 비틀거리면서 안쪽으로 들어간다. 박지원이 춘택에게 그만하라고 이야기를 해도 춘택은 여전히 화를 이기지 못하고 난리를 친다.

마침 부엌문 옆에 다른 한 승려가 있었는데, 그는 이 다툼에 끼어들지 않고 옆에서 빙긋이 웃으며 구경을 하고 있었다. 춘택은 그를 한 주먹에 두들겨서 엎어 메치고는, "우리 어르신께서 황제 폐하께 이 일을 아뢴다면, 아마도 네 놈의 대가리를 쪼개 버리든지 이 절을 밀어서 평지를 만들 것"이라면서 호통을 친다. 엉뚱하게 얻어터진 승려가 항의를 했지만, 춘택은 더욱 기세를 올리면서 청나라 황제를 운운하면서 폭언을 하자 그 역시 기세가 죽는다. 내친김에 춘택이 벽돌 하나를 뽑아서 던지는 시늉을 하자 두 승려는 별안간 웃으면서 도망쳤다가 잠시 뒤 산사(山楂) 열매 두 개를 가지고 와서 웃는 얼굴로 박지원에게 바치면서 혹시 청심환이 있으면 달라고 부탁을 하는 것이다.

《열하일기》를 읽다 보면 참 다양한 언어와 말투가 스며있는 것을 느낀다. 그중에서도 박지원의 유머는 참 대단하다. 약간 지루해진다 싶으면 슬며시 끼어있던 유머가 머리를 내밀고, 문득 웃음을 터뜨리게 된다. 앞서 소개한 일화도 내가 좋아하는 대목이다. 처음 이 부분을 읽었을 때 나는 춘택의 캐릭터가 흥미로웠다. 자신이 모시는 어른을 위해 과감하게 나선 것도 그러하지만, 화를 주체하지 못해서 승려를 때리면서 알아듣지도 못할 조선말로 욕을 마구 퍼붓는 대목은 생각만 해도 웃음이 번졌다.

마두라면 하인 중에서는 꽤 힘이 있는 사람이다. 사신단(연행사절단)에서 가장 중요한 관료인 삼사(三使) 옆에서 그들의 명령을 전달하고 자잘한 심부름도 하는 자리가 마두(馬頭)라서 그가 여러 하인에게 야료를 부리려면 얼마든지 가능한 일이었다. 당시 사신단의 책임자인 박명원朴明源이 박지원의 삼종형이라 잘 챙기느라 이 다툼에 끼어들었을지도 모르겠다. 어떻든 그 덕분에 오미자 몇 알이 큰 사건으로 발전해서 승려를 때리고 욕설을 주고받는 데까지 나아간 것이다. 눈을 부라리고 소리를 고래고래 지르고 뺨을 올려붙이는 모습이 눈에 선하게 떠오를 정도로 박지원의 묘사는 뛰어나다.

그런데 춘택에게 얻어맞으면서도 시금털털한 산사 열매 두 개를 손에 들고 박지원에게 와서 청심환 좀 얻을 수 있겠느냐면서 웃는 중국 승려의 모습도 머릿속에 떠오른다. 박지원이 이 글에서 쓴 것처럼, 아마도 이들이 오미자 몇 알을 집어먹는 박지원에게 시비를 걸었던 것은 분명 청심환을 얻을 요량이었을 것이다. 청심환 한 알을 얻은 중국 승려는 고맙다면서 머리를 조아렸지만, 박지원 자신은 오미자 몇 알이 가져온 사건을 돌아보며 여러 가지 생각을 하게 된다.

청심환 때문에 벌어진 이 사건은 당시 중국에서 조선의 청심환이 얼마나 이름난 약이었는지 단적으로 보여준다.《열하일기》를 보면 박지원이 청나라로 가는 연행사의 일원이 된 뒤 준비했던 물건을 짐작할 수 있다. 물론 그는 말 한 마리와 하인, 약간의 개인 물품을 가지고 갔다는 말을 남기기는 했다. 당시 연행사로 따라가는 사람이라면 중국과 조선 사이에 교역을 할 만한 물건을 일정량 가지고 가는 것이 일반적이었

청심원 약갑, 일제감정기 유물, 국립민속박물관 소장.

다. 조선의 인삼과 같이 청나라에서 고가에 팔릴 만한 물건을 가지고 가서 그것을 팔아 다시 조선에서 인기가 있는 품목을 사서 가지고 오면 상당한 돈을 벌 수 있었기 때문이다. 그런데 박지원은 가난한 살림에 조선의 물건을 대량 구매할 수 없는 상황이기는 했지만, 애초에 그럴 마음도 없었다. 중국에 가서 훌륭한 선비를 만나 학문적 토론을 하고 진리를 구하며 좋은 벗을 사귀고 싶은 마음으로 가득했다. 그러니 좋은 벗을 만나기 위해 필요한 약간의 선물을 준비하기만 하면 되었다.《열하일기》를 읽다 보면 박지원은 필요할 때면 늘 선물을 주곤 하는데, 부채와 청심환 등이 대부분이었다. 그러니 청나라를 향해 출발하면서 준비한 물건은 아마도 이러한 종류였을 것이다.

◉ 은밀한 사무역, 사절단 하인들의 비밀 ◉

조선 후기 많은 지식인이 청나라에 다녀와서 기록을 남겼다. '연행기', '연행록', '연기' 등으로 불리는 이들 기록은 조선 후기 이 땅의 지식인들이 중국을 어떻게 받아들였는지, 중국을 통해서 어떤 지식을 습득했는지 그리하여 자신의 생각을 어떻게 변화시키고 나아가 조선의 지식을 어떤 방식으로 변화시켰는지를 추정할 수 있는 귀중한 자료들이다.

이 기록들을 읽노라면 조선의 지식인들이 중국에 갔을 때 여러 종류의 선물을 주거나 받은 사실을 발견하게 된다. 당연한 말이지만 그들은 조선의 특산품을 다량 준비하는데, 행장을 꾸리기에 편리한 물건들이 대종을 이룬다. 작지만 조선을 드러내기에 적합한 것들, 예컨대 합죽선, 종이, 청심환 등이 인기 품목이었다. 청심환 선물은 많은 연행록 대부분에서 건네진 기록이 남아있다고 해도 과언이 아닐 정도로 인기가 있었다. 청심환의 인기는 청나라의 관료들 사이에서만 있었던 것이 아

니라 조선 사신단들이 오가는 연도의 이름 없는 백성들이나 산속 사찰의 스님, 도관의 도사들에게까지 퍼져 있었다. 홍대용 역시 산해관에 오르고 싶었는데 문을 열어주지 않자 청심환을 많이 주겠다는 말로 그 문을 열게 만든다.

인기가 많은 물품에는 언제나 돈이 따르고, 돈을 벌고 싶은 사람들은 그 물건을 어떻게든 확보하고 거래를 해서 판매로를 만들어낸다. 그러나 조선의 양반들에게는 체면이 중한 법,

대나무로 만든 약통
국립민속박물관 소장.

그들은 청심환이 아무리 인기가 높다 한들 노골적으로 장사를 하려 하지 않았다. 그들이 가지고 가는 청심환은 대부분 선물로 사용되었다. 그런데 이 청심환을 이용해서 경제적 이익을 도모한 사람들이 있다. 바로 하인들이었다. 그 사정을 알려면 청나라로 가는 연행사가 어떻게 구성되는지를 먼저 이해할 필요가 있다.

연사(燕使)라고도 하는 연행사는 청나라 수도인 연경으로 사신의 임무를 띠고 다녀오는 관료 또는 그 일행을 지칭한다. 연행사는 사신단의 총 책임자인 정사(正使)를 비롯하여 부사(副使), 서장관(書狀官)이 상층부를 형성하고, 이들을 보좌하는 여러 직임으로 구성된다. 어떤 목적으로 가는지에 따라 구성되는 인원에는 약간의 차이가 있지만 《만기요람(萬機要覽)》에 의하면 대체로 300명을 상회하는 것으로 기록되어 있다. 여기에는 아마도 비공식 사절단이 포함되어 있었던 것으로 보인다. 비공식 사절단 중에는 흔히 자제군관 자격으로 참여했던 조선 후기의 수많은 양반을 비롯하여 장사치에 이르기까지 그 구성의 스펙트럼은 매우 넓다. 공식 사절단 역시 앞서 언급한 관료층을 비롯하여 역관, 의원 등과 같은 중인들, 군관을 비롯한 군사들, 잡일을 담당하던 하인들에 이르기까지 다양한 사람들이 참여했다. 이들의 목적은 사신단이 꾸려질 때의 상황에 따라 규정되었지만, 공식적인 목적 외에도 중국에 대한 다양한 정보를 수집하여 외교와 국제 정세 분석에 사용하려는 의도도 있었다. 따라서 이들의 모든 행동과 만난 사람들은 서장관의 기록에 남았다.

사신들이 왕래하는 과정에서 국가 간의 공식적인 무역이 이루어지기도 했지만, 사신단에 끼어서 가는 사람들 사이에 엄청난 규모의 사무역

〈영대기관첩〉 중 '영대빙희'
강세황, 북경에 사신단으로 방문했을 때 본 기예를 연행록에 남겼다. 1784년 건륭제는 빙판 위에서 훈련하는 '빙희연'을 베풀었고 사신단은 이를 기록했다. 국립중앙박물관 소장.

이 이루어진 것도 사실이다. 관료를 비롯한 양반들이야 노골적으로 사무역에 뛰어들지 못했겠지만 중인 이하 계층 사람들 입장에서는 사무역을 통해서 경제적 이익을 얻으려는 사람들이 많았다. 그들은 중국 사람들이 좋아하는 조선 물건을 구매해서 중국에 판매한 뒤 거기서 얻은 수익금으로 조선 사람들이 좋아하는 중국 물건을 사서 귀국했던 것이다.

중국 사람들이 좋아했던 물건으로는 무엇이 있었을까. 박제가의 기록에 의하면 종이, 부채, 청심환 등이 선물로 주로 건네졌다고 했다.(《정유각집(貞蕤閣集)》 권4) 이 품목은 17세기부터 19세기 말까지 꾸준히 이어졌던 것으로 보인다. 연행에 관한 많은 기록이 남아있는데, 어떤 기록을 펼쳐보아도 이들 품목이 선물로 자주 선택되었던 것을 확인할 수 있다. 그만큼 이 물품은 청나라에서 매우 인기가 있었다.

인기가 많다는 것은 그 이면에 상당한 경제적 이익을 추구할 수 있는 기회를 제공한다는 점을 숨기고 있다. 특히 종이나 부채와는 달리 청심환의 경우에는 중국 사람들에게 꾸준히 인기를 끌었다. 종이와 부채는 중국에서도 품질 좋은 것들을 구할 수 있지만, 조선의 청심환은 그 약효에 있어서 타의 추종을 불허한다는 인식이 있었다. 중국에서도 청심환은 당연히 조제되는 약이지만 조선에서 만든 청심환의 약효에 비하면 비교 불능이라는 생각이 널리 퍼져 있었던 것이다. 게다가 청심환은 검지 손톱보다도 작은 환약이어서 소지하기가 편리한 데다 조선에서의 청심환 가격은 매우 낮아서 경제적인 부담도 적었다. 오죽하면 가난하기 그지없었던 박지원도 연경에 가면서 청심환을 다량 준비했겠는가. 그러니 신분이 낮은 사람들은 사행길에 참여하면서 외국 여행의 경험보다는 경제적 이익에 관심을 가질 가능성이 높았다.

사신단의 구성인원 중에서 신분이 낮은 사람들, 특히 일부 중인을 포함해서 하인이라 칭할 만한 사람들을 통틀어 하례(下隸)라고 한다. 《만기요람》에 의하면 하례들의 직임은 15종가량 되었다. 하례 중에서 우두머리 격에 해당하는 상판사마두(上判事馬頭)를 비롯하여 서자(書者, 기록하는 이), 좌견(左牽, 왼쪽에서 말을 끄는 이), 일산(日傘, 양산을 받치는 이), 건량고직(乾糧庫直, 음식을 만드는 이), 방료군관(放料軍官, 장교급 무관), 군뢰(軍牢, 군졸) 등 그 역할에 따라 직임이 세분화되어 있었다. 이들 모두가 그런 것을 아니지만 연행사로 참여하는 관료들의 편의를 도모하기 위해 경험이 있는 사람들을 중심으로 구성하다 보니 연행사로 참여하는 양반들은 하

'이덕형 일행의 사행' 일부

1624년(인조2) 명나라에 정사로 파견된 문신 이덕형의 행로를 그림으로 남겼다. 연행단을 수행하는 하례들의 모습도 볼 수 있다. 국립중앙박물관 소장.

례들에게 많은 부분을 의지해야만 했다. 일상에서의 통역은 물론이거니와 청나라 사람을 응대한다든지 필요한 물건을 구입한다든지 혹은 외출을 하거나 가고 싶은 곳을 찾아가는 것에 이르기까지 하례들의 손을 빌릴 곳은 널려있었다.

중국 여행의 경험이 많은 하례들은 자연히 어떻게 행동을 해야 하는지를 습득하고 있었으므로, 앞서 소개한 박지원과 중국 승려 사이의 다툼이 벌어졌을 때 춘택이 나서서 그들을 협박하고 구타하면서까지 해결을 할 수 있었다. 춘택의 신분이 바로 마두였음을 상기한다면, 하례들이 사신단 구성원의 일상에 속속들이 간여했음을 짐작할 수 있다.

❀ 중국서 3천 배로 팔렸기에 가짜 제조도 성황리 ❀

하례들이 경제적 이익을 도모할 때 가장 인기리에 매매되었던 품목이 바로 청심환이었다. 1860년(철종11) 부사 자격으로 연경에 다녀온 박제인朴齊寅(1818~1884)이 남긴 《연행일기(燕行日記)》 부록에 청심환과 관련된 흥미로운 기록이 보인다. 그는 하례들이 청나라에서 얼마나 문제를 많이 일으키는지 여러 사례를 들어서 기록하고 있는데, 그중에서 청심환과 관련된 기사 하나가 들어있다.

하례들은 압록강을 건너기 전인 의주에서 청심환을 대량으로 싼값에 구매한다. 이 약품들이 정상적으로 만들어졌을 리 없다. 설령 처방전대로 만들었다 해도 그 양이 얼마 되지 않았을 것이다. 그렇게 구매한 청심환을 중국에 가져가서 2천~3천 배 이상의 가격으로 팔아치운다. 그들이 비싼 값에 팔 수 있었던 것은 중국 사람들에게 조선의 청심환은 거의 만병통치약이나 다름없다는 인식이 있었기 때문이다. 18세기 중반에 연경을 다녀온 홍대용의 기록에서도 이미 조선의 청심환에는 가짜가 많다는 구절이 있는 것을 보면 중국 사람들 사이에서도 가짜가 많다는 사실이 널리 알려졌을 것이다.

박제인의 기록에 의하면, 옛날 어떤 하례 중의 한 사람이 청심환을 대량으로 가져가서 팔려고 했는데 잘 팔리지 않았다. 그러자 교활한 꾀를 냈다. 동료 중에 어떤 사람이 갑자기 쓰러진다. 주변 사람들이 놀라서 당황하는 빛을 보이는 사이에 그 광경을 목도한 중국 사람들이 몰려들기 시작했다. 사람들이 꽤 모여들자 조선의 하례들이 쓰러진 사람을 안고 팔다리를 주무르면서 응급처치를 하는 척하다가 갑자기 품에서 환약 하나를 꺼낸다. 바로 청심환이다. 환약을 물에 개어서 쓰러진 사람의 입에 흘려 넣어주자 잠시 뒤에 그 사람이 멀쩡하게 일어난다. 사정을 모르는 청나라 사람들은 청심환 덕분에 죽을 뻔했던 사람이 살아났다고 여겨서, 이때부터 조선의 청심환을 성스러운 신약(神藥)으로 여기게 되었다는 것이다.

청나라 사람들도 가짜인 줄 알면서 구입하고 조선 하례들 역시 뻔뻔하게 가짜 청심환을 판매하니 박제인 입장에서는 국제적 망신이라고 생각했던 것이다. 19세기 기록에는 중국에 판매되는 대부분의 청심환이 썩은 풀뿌리 같은 것들을 넣은 뒤 금박을 입힌 가짜였다는 말이 나온다.

● 이역만리 타국에서 벗을 사귀는 매개가 되어 ●

시중에 유통되는 청심환이 대부분 가짜라면, 진짜 청심환이 필요한 사람들은 어디에서 구했을까. 물론 그 시절에도 나름의 방법이 있었을 것이다. 조선의 청심환을 가장 확실하게 구할 수 있는 방도가 있었는데 바로 조선에서 오는 연행사 중에서 관료나 양반 출신의 주머니에 들어있는 청심환이다. 이들은 기본적으로 장사를 하기 위해 청심환을 가져온 것이 아니라 선물용으로 준비한 것인 데다 사회적 지위라든지 체면을 중시하는 일반적인 성향을 고려하면 그들이 가지고 있는 청심환은 진짜라는 믿음이 간다. 춘택에게 뺨을 얻어맞고 온갖 욕설을 들으면서도 웃음으로 얼버무리며 박지원에게 청심환 한 알을 얻으려는 중국 승려의 모습이 일견 이해할 수 없는 풍경이지만, 이런 사정을 고려한다면 그럴 수도 있겠다는 생각이 든다.

종이나 부채와는 달리 청심환은 인간의 건강에 직결되는 약품이다. 예나 지금이나 약품을 쓰는 사람의 병이나 체질 등에 따라 약효가 달라지기 때문에 선물로 택할 때는 조심에 조심을 거듭한다. 청심환은 중풍

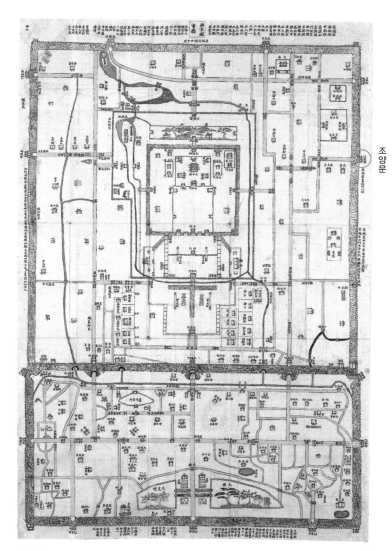

조양문

연경성시도

1828년, 채색필사본. 조선인의 중국 여행 중 으뜸으로 가는 곳이 연경(북경)이었으며, 북경 지도는 왕래했던 사람들에게는 매우 필요한 자료였다. 동문인 조양문(朝陽門) 아래에는 우리나라 사신들이 이 문을 통해 성으로 들어간다는 기록이 있다. 서울역사박물관 소장.

'송조천객귀국시장도' 일부
북경에서 중국 관리들이 조선 사신을 송별하는 장면이다. 국립중앙박물관 소장.

으로 쓰러졌을 때 효과가 있는 약으로 알려져 있지만, 갑자기 쓰러지거나 마음이 진정되어야 할 때 사용된다. 병원이나 의사를 접하기 어려웠던 19세기 이전에 진짜 청심환 한 알이 있다는 것은 가족들의 갑작스러운 발병에 대처하는 흐뭇한 상비약이었을 것이다.

머나먼 연경에 가서 새로운 문물을 만날 조선의 선비들에게 청심환은 큰 힘이 되었을 것이다. 중국에서 신성한 약으로 취급받는 청심환 한 알을 매개로 해서 그들은 새로운 벗을 사귈 수 있었고 출입이 어려운 곳을 들어갈 수 있었으며, 뜻밖에 당하는 황당하고 놀라운 사태에 신속히 대처할 수 있었고 자신의 고마운 마음을 전할 수도 있었다. 중국 사람들에게는 만병통치약이었던 청심환은 조선의 선비들에게는 이역만리 타국 땅에서 당당하게 새로운 사람과 문물을 만날 수 있도록 만들어준 마법의 약이었다. 작은 약이었을망정 그 선물 하나에 조선 선비의 한 생애가 아름답게 들어있었던 것이다.

귤

빌린 책 돌려드리며 보낸
달디단 귤 세 알

❀ 쟁반에 고이 받쳐 신하들에게 내린 왕의 과일 ❀

한강변에 있던 희우정(喜雨亭)은 원래 태종의 둘째 아들 효령대군의 별
서로 건립되었다. 1425년(세종7) 5월 14일, 세종은 농사 상황을 살피기
위해 궁궐 밖으로 나왔다가 이곳에 찾아와서 술과 음식, 말, 토지 등을
하사했다. 마침 파종을 하던 시기였는데, 비가 내리지 않아 모두 걱정
을 하고 있었다. 그런데 세종이 한창 연회를 베풀고 있는데 갑자기 비
가 내리기 시작해서 온종일 쏟아진 덕분에 파종에 문제가 없을 정도로
충분한 수량이 확보되었다. 이 때문에 왕은 기쁜 비가 내렸다는 의미를
담아서 '희우(喜雨)'라는 이름을 하사했고, 당시 부제학 신장申檣에게 현
판 글씨를 쓰게 해서 드디어 희우정이 탄생하였다. 효령대군은 당시 최
고의 문장가 변계량卞季良(1369~1430)에게 부탁하여 이 정자가 만들어지

희우정, 훗날 이름이 망원정으로 바뀌었다. 문화재청 제공.

게 된 내력을 담은 글인 〈희우정기(喜雨亭記)〉가 지어졌다. 이 일이 있은
후에도 세종은 매년 여러 차례 희우정을 찾아서 농사의 상황을 살피기
도 하고 한강에 전함(戰艦)을 띄워서 수군의 훈련을 살피기도 하고, 신하
들이나 왕자 및 공주, 종친들과 함께 연회를 열기도 하였다. 이 정자는
훗날 월산대군의 소유가 되면서 망원정(望遠亭)으로 이름이 바뀌었지만,
한강변의 많은 정자를 대표하는 명소로 조선 전기 지식인들 사이에서
명성을 누렸다.

　세종 때 왕이 이곳을 찾아 여러 왕자 및 신하들과 연회를 즐기고 있
었다. 한낮에 시작된 연회는 밤까지 이어져서, 많은 문신이 한강변의
희우정에서 즐거운 한때를 보낸다. 훗날 문종으로 등극하게 되는 동궁
도 이 자리에 참석했는데, 동궁이 직접 쟁반에 동정귤(洞庭橘)을 담아서
신하들에게 내린다. 귤을 하나씩 집어 들어 쟁반의 바닥이 나타났는데

거기에는 동궁이 직접 짓고 쓴 한시 한 편이 적혀 있었다. 그 작품은 이러했다.

檀栴偏宜於鼻　　전단의 향기는 유독 코에만 맞고
脂膏偏宜於口　　기름진 고기는 유독 입에만 맞을 뿐
最愛洞庭橘　　　동정귤이 가장 사랑스럽나니
香鼻又甘口　　　코에도 향기롭고 입에도 감미롭기 때문이로세.

　그 자리에 있던 신하들이 모두 놀라면서도 감격해서, 이날 밤의 일을 〈희우정야연도(喜雨亭夜宴圖)〉라는 그림으로 남긴 뒤 여러 사람이 한시 작품을 남긴다. 그때 지은 작품이 서거정의 문집에 남아있고, 당시의 일화가 《필원잡기》에 남아서 전한다. 이 사건은 조선 시대 전반에 널리 알려져서 아름다운 고사로 인식되었다. 《국조보감(國朝寶鑑)》에는 1750년(영조 26) 1~2월경 영조가 승정원 신하들에게 귤을 한 쟁반 하사한 기사가 나온다. 신하들이 귤을 모두 먹자 왕은 시 한 편을 내리고 당시 근무하고 있던 신하들에게 화답시를 지어 올리도록 명하였다. 이는 바로 문종의 고사를 염두에 둔 것이라고 기록되어 있다. 그만큼 희우정에서 귤을 하사했던 일화는 조선을 통틀어 널리 알려져 있었고, 왕과 신하 혹은 동궁과 여러 문신 사이에 있을 수 있는 아름다운 풍경으로 인식되고 있었다.

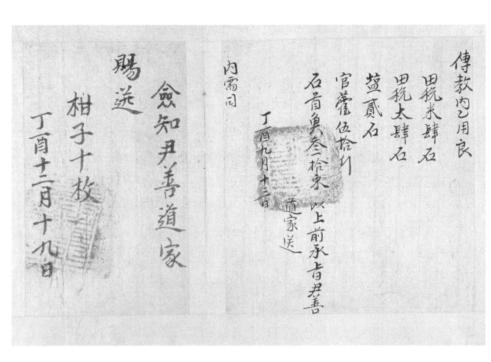

傳敎內乙用良

田稅米肆石
田稅太肆石
鹽貳石
官醬伍拾刁
石首魚叁拾束 以上前承旨尹善

丁酉九月十二日 道家送

內需司

賜送

念知尹善道家

柑子十枚

丁酉十二月十九日

효종이 스승 윤선도에게 감귤을 하사하다
첨지중추부사 윤선도의 집에 하사하여 보냄. 정유년(효종8, 1657) 12월 19일.
감귤(柑子) 10줄기(枚). 한국학중앙연구원 고문서연구실 제공.

❀ 공물 중 가장 귀하고 중요하게 취급받은 품목 ❀

누구나 음식에 대한 특별한 기억이 있을 것이다. 내게 귤은 늘 어린 시절 향수를 불러일으키는 과일이다. 우리나라의 70년대 시골 풍경이 대부분 그러하듯, 나처럼 산골 출신의 아이에게 바나나, 파인애플 등 열대 과일은 부유함의 상징이었다. 물론 실물은 구경도 못 해본 터였다. 귤도 마찬가지였다. 그런데 어느 날 하굣길에서 귤을 발견했다. 늘 지나다니던 학교 앞의 가게에 작고 둥글고 노란 과일이 몇 개 진열되어 있었던 것이다. 며칠을 두고 보았지만 누구도 사가는 사람이 없었던 듯하다. 진열된 과일의 개수가 줄어들지 않은 채 그 자리에 그대로 있었다. 겨울이 코앞으로 다가온 때였다. 가게 주인에게 과일의 이름을 물었는데 밀감이라고 했다. 혹시 귤이 아니냐고 했더니 그렇다고 했다. 드디어 말로만 듣던 과일을 본 것이다.

다시 여러 날이 지나 나는 가게에 들렀다. 어렵게 구한 돈으로 그걸 사서 먹어보기로 한 것이다. 지금도 잊혀지지 않는다. 50원을 주고 귤 두 알을 샀다. 손으로 만져본 귤은 진열한 지 시간이 꽤 흐른 탓인지 약간 시든 느낌이었고, 노란빛과 푸른빛이 뒤섞여 있었다. 아마도 제주도에서 수확한 귤을 육지로 보내서 유통시키려니 완전히 익기 전에 따서 상자에 넣었으리라. 그런 사정을 알 길 없는 나로서는 그 귤이야말로 내 마음속의 완전한 귤의 모습이었다. 아까워서 며칠 동안 먹지 못하고 손 안에서 만지작거리다가 드디어 하나를 까서 먹었다. 당시에 처음 느꼈던 새콤달콤한 맛을 지금도 잊지 못한다. 이제는 귤을 쉽게 구할 수 있으니 이런 이야기도 옛날의 아련한 추억이 되어 버렸다.

굴을 구하기 어려웠던 시절에는 굴 선물이 아주 귀한 사람을 위한 것일 수밖에 없었다. 물건의 희소성은 선물의 가치를 높여주는 중요한 조건이 아니던가. 남쪽 이역만리 먼 곳에서 온 과일은 희소성에 있어서 타의 추종을 불허했을 것이다. 용어에 따라 차이가 있을지는 모르지만 밀감, 감귤, 귤 등으로 불리던 이 과일은 오랜 옛날부터 제주도 지역에서 재배되어 한반도 지역에 알려졌다. 고려 문종 때 이미 굴은 진상용으로 기록에 나타나지만, 조선 시대가 되어서야 지방에서 궁궐로 올리는 공물 중 귀하고 중요한 품목으로 자리를 잡는다. 근대 이전의 기록에 굴의 명칭이 다양하게 나타나는데, 각각의 품목이 어떻게 같고 다른지 구별하기가 쉽지 않다. 생물학이나 원예학 등 관련 학문에서 굴의 범주를 어떻게 정의하고 있는지 자세히 밝히는 일은 내 능력 밖의 일이기도 하고 이 글의 목표를 벗어나는 일이므로 생략하기로 한다. 여러 종류의 굴을 그저 '귤'이라는 단어로 범칭할 수밖에 없다.

❁ 귤나무 부둥켜안고 애원한 농민들의 사연 ❁

허균은 자신의 《도문대작》에서 예전에 먹어보았던 과일의 종류를 언급하면서 네 종류를 기록하고 있다. 자세한 설명을 붙이지는 않았지만, 각각의 품목 뒤에 적어놓은 것을 보면 다음과 같다. 먼저 금귤(金橘)은 '제주에서 나는데 맛이 시다'고 되어 있다. 감귤(甘橘)은 '제주에서 나는데 금귤보다는 조금 크고 달다', 청귤(靑橘)은 '제주에서 나는데 껍질이 푸르고 달다', 유감(柚柑)은 '제주에서 나는데 감자(柑子: 귤의 일종)보다는 작지만 매우 달다'고 되어 있다. 이 중에서 '감자' 역시 굴을 지칭하는 단어로 보인다.

허균과 약간 뒤에 살았던 이건李健(1614~1662) 역시 제주도에서 8년 동안 유배생활을 하면서 《제주풍토기(濟州風土記)》라는 저술을 남긴 바 있다. 거기에서 이건은 귤의 다양한 이름을 소개하고 있다. 해당 항목의 내용은 이렇다. "감자(柑子)라는 종류의 이름은 아주 많다. 감자, 유자(柚子), 동정귤(洞庭橘), 금귤(金橘), 당금귤(唐金橘), 황귤(黃橘), 산귤(山橘), 유감(柚柑), 당유자(唐柚子), 청귤(靑橘) 등 모두 알 수가 없을 정도다." 그러고는 가을이 되어 열매를 맺기 시작하면 관아에서 집집마다 돌아다니면서 과일의 개수를 세어 장부를 만들고 그것이 익으면 진상하는 용도로 공급한다고 하며, 과일의 숫자가 줄면 즉시 주인을 징벌하므로 아무도 손을 대지 못하게 한다는 내용도 덧붙여 기록하고 있다. 그 정도로 귤은 공물로서의 높은 가치를 지녔기 때문에 아이러니하게도 귤을 재배하는 제주도의 농민들을 옥죄는 족쇄처럼 되어 버렸다.

정약용의 기록에는 제주도의 귤과 관련하여 흥미로운 내용이 보인다. 조선의 제도로 보아 제주도의 공물로는 귤과 말이 중심 품목이어서, 해마다 한겨울이 되면 공물을 운반하는 사람이 한양에 도착하곤 했다. 그런데 어느 해 공물이 도착하지 않는 일이 생겼다. 음력 11월이면 도착해야 할 공물이 도착하지 않으니 기다리다가 결국 12월이 되었고, 조정에서는 이에 대한 문책을 논의하기 시작했다. 그러던 중 12월이 거의 끝나갈 무렵 공물이 도착했다. 사정을 알아보니, 감귤 꽃이 한창 피었을 때 태풍이 불어 닥쳐서 꽃이 모두 떨어졌다는 것이다. 흉작을 넘어 귤을 수확할 수 없는 상황이 된 것이다. 이에 제주도의 백성들이 모두 귤나무를 부둥켜안고, "공물을 바치지 않으면 임금의 은택을 저버리

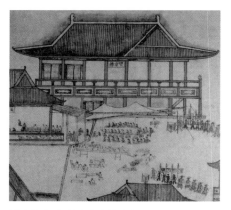

'탐라순력도' 중 '감귤봉진' 일부
김남길, 진상할 귤을 한데 모아 상자에 봉하는 과
정을 그린 것이다. 이 귤이 조정에 도착하면 유생
들에게 일부를 나누어주며 시험을 보기도 했는데
이것이 이른바 황감제(黃柑製)라는 과거 시험이다.

는 일입니다. 차라리 우리가 죽을지언정 귤만은 달리게 해주십시오" 하면서 울부짖었다. 그러자 열흘쯤 지나서 세 그루의 나무에서 다시 꽃이 피어났고 백성들은 놀라고 기뻐하면서 잘 보살폈다. 그 나무에 달린 귤을 수확해서 가져오느라 예년에 비해 늦었다는 것이었다. 이 일을 들은 정약용은 그 사정을 기록한 뒤 송(頌)을 한 편 지었

으니, 그것이 바로 〈탐라공귤송(毛羅貢橘頌)〉(《다산시문집》권12)이다.

　백성들의 눈물겨운 사연에 많은 사람이 감탄했겠지만, 나는 그들의 절박함이 새삼스러웠다. 임금의 은택을 갚는 것도 갚는 것이지만, 자신들에게 닥칠 엄청난 징벌과 불이익이 얼마나 두려웠을까 싶었다. 어떻든 제주도의 귤은 이래저래 많은 사연을 남긴 품목임이 분명하다.

　이렇게 진상되어 온 귤은 종묘에 제수로 사용되기도 하였고 왕실 음식으로 활용되기도 했으며 신하들에게 선물로 사용되기도 했다. 특히 황감제(黃柑製) 혹은 감제(柑製)라는 이름으로 성균관의 유생들에게 왕이 황감을 하사하고 그것을 기념하기 위해 과거 시험을 치렀던 것은 귤의 위상을 짐작케 한다. 1536년(중종 31) 처음 시행된 이래 조선 후기가 되면 《속대전(續大典)》에 규정이 올라갈 정도로 관례화되어 치러졌다.

❀ 고마운 이에게 귀한 마음으로 건네는 귤 몇 알 ❀

귤과 관련된 고사가 그리 많은 편은 아니지만, 우리나라 문인들의 글에 가장 자주 등장하는 것은 두 가지 이야기다. 하나는 '귤중희(橘中戲)' 고 사다. 파공(巴邛) 사람의 집 정원에 귤나무가 있었는데, 서리가 내린 뒤 유독 두 개의 귤은 세 되들이 항아리만큼 크게 달렸다. 그것을 쪼개 보 니 두 노인이 귤 하나에 들어앉아서 장기를 두면서 태연히 이야기를 하 는 것이었다. 그중의 한 노인이 "귤 속의 즐거움이 상산(商山)보다 못하 지 않으나, 뿌리가 깊지 못하고 꼭지가 튼튼하지 못한 탓에 어리석은 사 람이 따게 되었다"고 말을 한 뒤 네 노인이 용을 타고 하늘로 올라갔다 고 한다. 《현괴록(玄怪錄)》에 나오는 이야기라고 한다. 이 때문에 장기를 '귤중희'라고 부르게 되었다.

이 고사보다 더 유명한 것은 아무래도 육적陸績의 귤 이야기일 것이 다. 중국 오나라 사람인 육적은 여섯 살 때 구강(중국 장시성 북부 도시)에 서 원술袁術을 만났다. 마침 원술이 귤을 내놓는데, 육적은 귤 세 개 를 품에 넣었다. 하직 인사를 하려고 허리를 숙이는데 그만 품속의 귤 이 떨어졌다. 원술이 "손님으로 온 육랑이 품 안에 귤을 넣었단 말인가" 라고 하니, 육적이 꿇어앉아 "돌아가 어머니께 드리려고 하였습니다"라 고 대답했다.* 이 고사 때문에 육적회귤(陸績懷橘)이라는 단어는 부모님 을 생각하는 마음, 효도하는 마음을 뜻하게 되었다. 귤을 지칭할 때 육 적귤(陸績橘), 육랑귤(陸郎橘), 육씨귤(陸氏橘)이라고 하는 것도 여기서 연

---

* 《三國志》卷57 〈吳志〉 〈陸績傳〉.

'탐라순력도' 중 '귤림풍악' 일부
김남길, 제주읍성 안의 감귤 과원에서 풍악을 즐기는 모습이다.

유한다.

그 외에도 귤화위지(橘化爲枳), 즉 귤이 회수(淮水)를 건너서 남쪽에서 자라면 탱자가 된다는 뜻의 말도 널리 쓰였다. 기후와 풍토가 다르면 같은 품종이라도 달라지듯이, 사람도 자라는 환경에 따라 다른 유형의 사람이 된다는 뜻으로 사용되는 사자성어다.

이 때문에 귤과 관련된 시문에는 늘 위의 이야기들이 들어가서 작품이 구성된다. 그렇지만 이런 고사는 자칫 작품의 긴장도를 떨어뜨리는 결과를 가져오기도 하기 때문에 활용하기가 조심스럽다. 역시 귤 선물의 가장 중요한 포인트는 먼 지방에서 어렵게 구해온 귀한 물건이라는 점이다.

고려 후기의 문인 이규보李奎報는 제주태수 최안崔安이 동정귤을 보내오자 고마운 마음에 3수의 시로 화답을 한다. 거기에서 이규보는 귤이 제주도에서만 생산되는 귀한 것이어서 귀인이나 문벌가에서도 얻기 어렵다고 하였다. 그만큼 희귀한 것인데 먼 바닷길을 건너 자신에게까지 선물로 보내온 것에 감격하여 고마운 마음을 시에 담았다. 그렇지만 고려 문인들의 글에서 귤에 대한 기록을 찾기는 쉽지 않다. 아무래도 조선 시대에 와서야 기록에 자주 등장한다.

조선의 유학자 윤선거尹宣擧는 집안에 전해오는 오래된 수첩에서 우연히 유희춘柳希春(1513~1577)이 성혼成渾(1535~1598)에게 보낸 편지가 필사되어 있는 것을 발견한다.

> 삼가 내리신 소식을 받자오니 사의(詞意)가 정중하여 감사와 위안을 이길수 없습니다. 보내주신 《대학》은 제가 직접 베껴 적은 뒤 즉시 돌려보내드렸습니다. 이공(李公) 학문의 정묘함은 탄복한 지 오래되었습니다. 이중에 황귤은 남쪽 지방에서 온 곳인데 세 개를 올리오니, 이 또한 환서일치(還書一瓻)의 뜻입니다. 살펴주시기 바랍니다. 삼가 아룁니다. ※

유희춘의 편지 내용은 성혼에게 보낸 답장으로, 성혼이 보내준 《대학(大學)》을 직접 옮겨서 필사한 후 즉시 돌려보냈다는 것이었다. 문맥으로 보아 《대학》은 율곡 이이가 해설을 했든 메모를 했든 그의 학문적 숨결이 스며있는 책으로 성혼이 가지고 있던 것이었으리라. 그 책을 본 유희춘은 이이의 학문에 감탄하면서, 책을 빌려준 성혼에게 감사하는 답장을 보냈다. 이 편지의 뒤에 붙어있는 윤선거의 기록에 의하면 유희춘의 학문적 성취는 재주로만 이룩한 것이 아니라 노년에 이르도록 학문에 열심히 힘을 쓴 덕분이라고 하였다.

그런데 유희춘은 성혼에게 답장과 함께 감사의 선물로 귤 세 알을 보낸다. '환서일치(還書一瓻)'의 뜻이라고 했다. 이 말은 송나라 이후에 널리

※ 謹承垂報, 詞意鄭重, 不勝感慰. 所送大學, 躬自謄抄, 因卽還上. 李公學問之精, 服之久矣. 此中黃橘, 來自南鄉, 三枚汗上, 是亦還書一瓻之意也. 惟照亮. 謹拜白. (柳希春,〈答成持平渾書〉,《眉巖集》卷3)

쓰인 말인데 빌린 책을 돌려주면서 감사의 표시로 주는 선물을 지칭한다. 송나라 문인 장세남張世南의 《유환기문(遊宦紀聞)》에 "선배들은 책을 빌렸다가 돌려주면 모두 술 한 병으로 갚는다"고 했다. 유희춘은 성혼에게 귤 세 알로 갚으면서 고마운 마음을 전한다. 그만큼 이 시대에 귤은 귀한 선물 품목으로 꼽혔던 것이다.

앞서 소개한 유희춘의 편지에서 성혼에게 세 개의 귤을 보낸 것도 이 고사의 뜻을 원용한 것으로 보인다. 유희춘이 성혼보다 어른이기 때문에 지나친 해석은 자제해야 하지만, 그만큼 성혼에 대한 고마움을 표현하는 뜻을 담았을 것이다.

이 편지를 본 윤선거는 선현들의 공부를 새삼 돌아보면서 공부의 도를 마음에 새기는 계기로 삼고, 그 마음을 담아 한시를 한 편 쓴다.

黃橘三枚代一甁　황귤 세 개로 술 한 병을 대신하니
昔賢風範有如斯　옛 선현들의 풍모가 이와 같았네.
斯文赫世親仁契　유학으로 세상을 빛내고 어진 분과 친했으니
吾兩家人敢不知　우리 두 가문 사람들 감히 모를 수 있으랴.

유희춘의 편지에 덧붙인 윤선거의 글은 1630년에 지어진 것으로 보인다. 유희춘, 이이, 성혼 등 당대 최고의 유학자들 사이에 있었던 일을 읽으면서, 20대에 막 들어선 젊은 유학자 윤선거의 마음은 학문에 정진하고자 하는 열정으로 가득했을 것이다. 그의 눈에 귤을 보낸 사실이 얼마나 들어왔을지 모를 일이지만, 귤의 아름다운 향기만큼이나 학문의 향기가 가득한 서찰에서 젊은 한 유학자의 학구열이 불타올랐던 것만은

분명해 보인다.

　이제는 구하기가 수월해졌다고는 하지만, 제주도에서 보내온 귤을 선물로 받으면 귀한 과일을 받는 것처럼 반갑다. 먼 곳에서 물건을 준비한 뒤 내게 보내기까지의 과정이 다른 물건과는 차이가 난다는 생각 때문일 것이다. 오랜 세월 동안 귤이 우리에게 주었던 다양한 이미지와 사연들이 축적되어 하나의 문화 상징으로 굳어진 탓이 아닐까.

　주변에 물건이 넘쳐나는 소비 과잉의 시대를 살아가면서, 그 물건이 만들어지기까지의 과정이나 내 손에 들어오기까지의 과정을 사유하지 않는 우리의 삶이 고마움의 감정을 잊고 살게 만드는 듯하다. 귤 몇 알에도 고마움을 가득 담아 보내고, 받는 사람 역시 그 마음을 읽을 수 있는 시대는 이제 경험할 수 없는 것일까. 어릴 적부터 물신주의적 세계관으로 교육받아온 탓에 우리는 자본의 크기로 고마움을 계량화하는 버릇을 체화하고 있는지도 모르겠다. 옛사람들의 선물을 보면서, 새삼 내가 지금 살아가는 모습을 돌아보게 되는 것은 우리의 마음속에 너무도 거대한 자본의 그림자가 짙게 드리워있기 때문일 것이다.

술

한잔 기울이면
하늘도 땅도 보잘것없어

◉ 봄기운 담아 스님이 보내준 술 한 동이 ◉

4월 어느 날, 조선 중기 문신 황여일黃汝一(1556~1622)은 선물을 받는다. 멀리 백암산(白巖山)에서 수행하는 승려 인상인仁上人이 술을 보내온 것이다. 음력 4월이면 막 여름으로 접어드는 때다. 송홧가루가 노랗게 날리고, 땅의 수분은 더운 공기에 덥혀져 구름과 안개를 만들어 산을 온통 뒤덮는다. 스님은 이때를 놓치지 않고 소나무의 금빛 꽃술을 따서 산속 맑은 샘물을 부어 술을 만들었다. 잘 걸러서 스님이 지내는 방에 갈무리해 두었다가 이 술을 황여일에게 보내온 것이다. 평소에도 황여일은 술을 좋아하는 성품이었다. 그의 문집인 《해월집(海月集)》을 보면 술과 관련된 시문이 다수 보이는데, 모두가 술을 마시고 흥에 넘쳐 지은 작품들이다. 그 성품은 당시 주변에 널리 알려져 있었던 것 같다. 산중의 스님도 그런 성품을 알고 자신이 빚은 술을 보내온 것이다.

술동이를 받은 황여일의 반응은 그의 시에 잘 드러나 있다. 때마침 여름의 더운 기운 때문에 기갈병이라도 든 것처럼 목이 마르던 참에, 보내온 술을 받으니 얼마나 기쁜지 모르겠다는 것이다. 그는 "나의 창자는 때맞추어 내리는 비를 만난 듯, 가뭄에 타오르는 들판이 푸르러지면서 점점 살아나는 듯"(肝腸得時雨, 赤野青漸活)하다면서 감격에 겨워했다. 술항아리 주둥이를 열 때 코끝에 설

심사정, 정선 최북합벽첩, 국립중앙박물관 소장.

핏 스치는 강렬한 주향은, 듣기만 해도 온몸을 흥분에 휩싸이도록 만든다. 백자 사발에 따라놓으니 흰 술빛은 눈에 비치어 맑다. 살구죽에 계피향이 설핏 어린 듯, 맛있는 차에 꿀을 탄 듯하다. 향기에 취하고 색깔에 취하고 맛에 취하여 한 잔 또 한 잔 기울이다가 어느새 술의 멋 속으로 흠뻑 들어갔다. 마시다 보니 하늘과 땅이 보잘것없는 물건처럼 보인다. 어느새 혼은 끝없이 천지 사이를 노닐고 몸은 아득한 옛날 태평시대에 누워있는 듯하다. 신선이 된 듯한 마음이다.

스님에게 받은 이 술을 황여일은 '혼돈주(混沌酒)'라고 불렀다. 송화주 계통의 막걸리로 추정되는 이 술 이야기를 읽으면서 술꾼이라면 글자마다 짜릿한 흥분이 솟구쳤을 것이고 구절마다 술맛을 떠올리며 입맛을

다셨으리라. 술 선물에 대한 아름다운 답례품으로 이 한시만한 것이 있겠는가.

불교에서 재가신도에게조차 요구되는 오계(五戒)에 술을 마시지 말라는 '불음주(不飮酒)'가 있다. 하물며 출가 승려 입장에서 술을 마시는 것은 금기 중의 금기였다. 그런데 황여일이 감사의 한시를 지어서 보낸 인상인은 마시는 것은 고사하고 자신이 직접 술을 담갔다. 담그기만 하고 마시지는 않았다고 주장하면 할 말은 없지만, 어떻든 스님이 술을 담근 것은 그 자체만으로도 흥미롭다. 스님들도 중생인지라 술을 마시지 말라는 기본적인 계율의 제약에도 불구하고 술을 마셨다. 일부 득도한 스님들은 계율이 가지고 있는 한계를 과감히 벗어버리는 상징적 행위의 하나로 술을 마시는 일도 있었다. 그러나 지금까지도 대부분의 스님은 중생으로서의 욕망을 벗어버리지 못해서 술을 마시는 일이 적지 않다. 조선 시대도 마찬가지다. 기록이 없기 때문에 인상인이 어떤 스님이었는지 정확하게 알 수는 없지만, 그는 당시 사대부들과 자주 교유하는 처지였을 것이다. 그 교유의 깊이를 드러내는 하나의 방법으로 술을 빚어 선물한 것이리라.

☻ 반야주가 깨끗하여 되레 정신이 맑아졌어라 ☻

요즘도 '곡차'라는 말을 쓴다. 불가에서 술을 지칭하는 상징어 혹은 은어다. 곡식으로 만든 차라는 뜻이다. 술이라 하면 '불음주' 계율에 저촉되니, 그것을 곡차라고 하여 술 마시는 행위에 제약으로 작동하는 오계의 범주를 넘어서려는 말이다. 술 마시는 행위를 정당화하기 위한 말장

난이라고 치부할 수도 있고 계율 너머의 자유로움을 드러내기 위한 장난스러운 표현으로 볼 수도 있다. 이런 식의 은어가 요즘에만 만들어진 것은 아니다. 오랜 옛날부터 있었다.

앞글에서도 말했듯 조선 초기의 명신인 서거정은 생육신의 한 분으로 꼽히는 김시습과 절친한 사이였다. 하루는 김시습이 술을 가지고 서거정을 찾아온다. 비 그치고 맑게 갠 날, 연꽃은 깨끗하게 피어난 여름날이다. 소매 잡아 만류하면서 술잔을 기울이다가 산달이 떠오를 때까지 마신다. 이 만남을 두고 서거정이 시를 남겼다. 그 첫 구절은 이렇게 시작한다.

袖中般若湯   소매 속에 반야탕을 넣어
來餉紅塵客   속세의 나그네에게 와서 먹인다.

우리나라 최초의 백과사전으로 알려진 《지봉유설(芝峯類說)》을 쓴 이수광李睟光은 자신이 꿈을 꾼 내용을 시로 남겼다. 1613년(광해군 5) 9월 17일 밤, 이수광은 꿈에 어떤 궁궐로 들어간다. 웅장하고 화려한 건물에 넓고 탁 트인 정원이 있는 곳이었다. 그곳에는 많은 스님이 빽빽하게 도열해 있다가 자신이 들어가자 기뻐하면서 건물 안으로 안내하는 것이었다. 그리고는 차 한잔을 권하면서 이것이 '반야탕'이라고 했다. 이 차를 마셔보니 향과 맛이 몹시 좋아서 정신이 매우 상쾌해졌다. 꿈에서 깬 뒤에도 너무 생생하게 기억이 나서 시를 지었다고 했다. 꿈에서는 스님들이 반야탕을 차라고 했지만, 그는 이 꿈을 소재로 한시를 쓴 뒤 당나라 승려 한산자寒山子의 시 구절을 주석으로 붙여놓았다. 훗날 한산의

시집을 읽다가 우연히 발견한 구절, "반야주
가 깨끗하고 차가우니, 마시자 정신이 맑
아졌어라."(般若酒淸冷, 飮啄澄神思) 하
는 부분을 읽으면서 자신이 꿈에서
꾸었던 것과 너무 맞아떨어져서 신기
했다는 것이다. 이런 점을 보면 이수광
의 꿈속에서 스님들에게 받은 반야탕
이 바로 술과 통하는 것이었음을 알 수 있다.

반야탕은 바로 술을 지칭하는 일종의 은어다. 반야란 불교의 깨달음
이요 지혜다. 지혜를 가져오는 탕이라는 뜻이다. 술을 마시면 평상시
에 경험하지 못하는 다양한 심리적·육체적 경험을 하게 되는데, 이것
이 깨달음을 불러일으키는 계기를 만든다는 뜻이다. 어쩌면 불음주 계
율을 어긴 상황을 우스개로 넘기려는 과정에서 나온 말일 수도 있겠다.
이수광은 자신의 《지봉유설》에서 이렇게 기록한 바 있다. "천축국에서
는 술을 수(酥, '연유'라는 뜻)라고 한다. 마치 우리 조선에서 술을 '수아(酥
兒)'라고 하는 것과 같은 경우다. 또 스님들은 술을 반야탕이라고 하는데
불교 경전에서 나온 말은 아니다. 대개 은어로 불교의 계율을 피해보려
는 것이다."[*]

사실 술을 반야탕이라고 한다는 말을 기록으로 남긴 초기 인물은 송
나라의 문장가 소식蘇軾이다. 그는 《동파지림(東坡志林)》에서 이렇게 썼
다. "스님들은 술을 '반야탕'이라고 하고, 물고기를 '수사화(水梭花)'라고

---

[*] 小說曰: 天竺國謂酒爲酥, 如我國以酒爲酥兒也. 又僧謂酒爲般若湯, 非出釋典, 蓋廋辭以避法戒耳.
(李睟光,《芝峯類說》卷16)

하며 닭을 '찬리채(鑽籬菜)'라고 한다. 결국 아무 이익은 없고 단지 자신을 속일 뿐이라 세상 사람들은 늘 그들을 비웃는다."** 반야탕이 지혜의 탕이라는 뜻이라면, 수사화는 물속을 오가는 물고기들이 마치 베틀에서 베틀북이 왔다 갔다 하는 것과 같다고 해서 붙인 이름이다. 찬리채는 울타리에 구멍을 뚫는 채소라는 뜻으로 닭을 반어적으로 지칭하는 단어다. 한편으로 보면 육식과 음주를 하지 말아야 할 스님들이 그것을 일상적으로 먹으면서 파계를 하고 그 파계를 그 너머의 새로운 경계로 들어가는 증좌로 삼으면서 우스개처럼 이름을 붙인 것이며, 다른 한편으로는 금지된 음식을 마치 고기나 술이 아닌 것 같은 이름을 붙여서 부르는 현실을 통해 불교를 비판하는 마음을 담은 것이기도 하다.

● 귀양살이 적막하지만 항아리엔 혼돈주가 익어가고 ●

혼돈주(混沌酒)라는 술이 있다. 조선 전기 기록에서 보이는 이 술은 어떻게 담그는지 알려져 있지 않다. 이 술에 관한 가장 자세한 기록은 조선 전기 문신 정희량鄭希良(1469~1502)의 한시 〈혼돈주의 노래(混沌酒歌)〉다. 그는 서문에 해당하는 제법 긴 글을 앞에 붙인 뒤 13운(韻) 26구(句)의 한시를 지었다. 정희량은 1498년 무오사화 때 탄핵을 받아 장(杖) 100대를 맞고 3천리 유배형 처분을 받았다. 평안도 의주에 유배되었다가 1500년 5월 경상도 김해로 이배되었다. 어느 배소(配所)에서 지었는지 분명하지는 않지만, 그는 유배된 이래 늘 술을 직접 담가서 마셨다고 했

※※ 僧謂酒爲'般若湯', 謂魚爲'水梭花', 雞爲'鑽籬菜', 竟無所益, 但自欺而已, 世人常笑之. (蘇軾,《東坡志林》,〈僧文葷食名〉)

다. 술이 익으면 거르지도 않고 짜지도 않은 채 퍼서 마셨는데, 그 술을 '혼돈주'라고 명명했다는 것이다. 그렇게 보면 혼돈주라고 하는 이름은 정희량에게서 시작된 것이라 하겠다.

정희량과 같은 시기에 활동했던 박은朴誾(1479~1504) 역시 자신의 시에서 "이불을 두르고 돌다리에 기댄 채, 술동이를 여니 혼돈주가 익어간다"(擁被倚石矼, 開尊潑渾沌)고 하면서 "정희량이 탁주를 좋아하여 혼돈주라고 이름을 붙였다"는 주석을 더한 바가 있다.* 또한 박은과 절친하여 그의 사후 문집을 엮어주기도 했던 이행李荇(478~1534) 역시 자신의 시에서 "귀양살이 비록 적막하지만, 한 말 쌀을 도모할 수는 있지. 항아리에 혼돈주 담았으니, 이 이름은 우리 벗이 지은 것"(謫居雖寂寞, 斗米亦可謀. 甕中渾沌酒, 此名之設由吾儔)이라고 노래했다. 그러고는 주석에서 정희량이 탁주를 좋아해서 혼돈주라는 이름을 붙였다고 기록하였다.** 또한 시문을 평가하기로 정평이 나있던 허균許筠(1569~1618)도 자신의《성수시화(惺叟詩話)》에서 정희량의 시문을 평가하면서 〈혼돈주의 노래〉가 소동파의 글에 필적할 만한 뛰어난 작품이라며 극찬을 아끼지 않았다.

이처럼 혼돈주는 원래 탁주를 지칭하는 단어였다. 그렇다면 왜 혼돈주였을까? 우리는 정희량이 술을 담가서 마시던 주변 상황을 살펴볼 필요가 있다. 우선 그는 유배를 당한 상태였다. 무오사화는 조선 전기 사림파의 거두였던 김종직金宗直이 살아생전 썼던 〈조의제문(弔義帝文)〉을 사초(史草)에 올린 것이 계기가 되어 연산군을 등에 업은 훈구파에 의해 일어난 정치적 사건이었다. 이 사건으로 인해 김종직의 묘는 파헤쳐져

---

* 朴誾, 〈藏魚寺橋上, 中秋翫月, 用擇之韻〉(《挹翠軒遺稿》卷1)

** 李荇, 〈楓瓢〉(《容齋集》卷5)

부관참시를 당했고, 그의 문도 그룹에 속하는 젊은 사람들이 사형을 당하거나 멀리 유배형을 받았다. 이 정도의 사건이었으니 정치적으로 위중한 것이었고, 이런 사건에 연루되어 온 귀양바치에게 정성스럽게 뒷바라지를 해줄 사람은 없었다. 정희량이 유배생활을 하는 동안 의식주를 도와줄 사람이 거의 없었다는 것이다. 자신이 마실 술을 직접 담글망정 술을 마실 수 있는 처지라는 것 자체만으로도 고마워해야 할 상황이었다.

쌀과 같은 곡식과 누룩 등으로 술을 빚어서 항아리에 두면 발효가 되면서 거품이 일고, 그 상태가 지나면 거품이 가라앉으면서 맑은 술이 위쪽으로 뜨게 된다. 물론 거기에 용수를 넣고 거기에 고인 맑은 술을 떠내기도 하지만, 이런 과정을 거치지 않고 탁한 술을 그냥 퍼서 마시기도 한다. 정희량의 경우는 여러 도구를 사용할 형편이 되지 않았던 것 같고, 술이 웬만큼 발효되면 그것을 떠서 마셨던 것으로 보인다. 걸러서 마시나 거르지 않고 마시나 술의 도수는 차이가 없었을 것 같지만, 쌀과 같은 곡식의 양이 많으면 많을수록 도수가 20도 가까이 높아졌던 것을 생각하면 정희량이 마신 혼돈주는 제법 높은 도수의 술이었을 것이다. 몇 잔 마시면 술이 오르고 정신이 혼미해지기 때문에 '혼돈주'라는 이름을 붙였을 것이다. 술 몇 잔에 몸과 마음이 혼돈스러

술 항아리에 용수를 넣은 모습
문화재청 제공.

운 상태가 되는 술이라는 뜻이리라. 그리고 이 명칭이 탁주를 지칭한다는 그 시대 사람들의 증언도 정희량 자신이 말한 것처럼 거르지 않고 그냥 마셨다는 것을 보여준다.

탁주를 지칭하던 혼돈주는 조선 말기가 되면 다른 용도로 사용된다. 1837년에 필사된 것으로 추정되는 《양주방(釀酒方)》이라는 책이 1977년에 발굴된 적이 있다. 이 책에는 77종가량의 술 담그는 법이 소개되어 있는, 아름다운 한글 필사본이다. 이 책에 혼돈주를 소개하고 있는데, 그 내용은 다음과 같다.

"혼돈주는 막걸리에 소주를 타서 먹는 것이다. 좋은 합주를 반 사발쯤 담고 좋은 소주 한 잔을 합주에 가만히 한쪽 옆으로 일 푼을 따른다. 그러면 소주가 속으로 들어가지 않고 위로 맑게 떠오르나니, 그제야 마시면 다 마시기까지 합주와 소주가 같이 입 안으로 들어온다. 합주는 차고 소주는 더워야 좋다. 홍소주를 타면 빛이 곱게 된다. 맛은 좋지만 아무리 대주객(大酒客)이라 해도 이렇게 다섯 잔 이상을 마실 것이 아니니, 단 술보다 매우 취하느니라."

여기서 말하는 합주(合酒)는 찹쌀로 빚어서 여름에 마시는 막걸리로, 꿀이나 설탕을 타서 마시기도 한다. 즉 시원한 막걸리에 소주를 일 푼가량 살며시 따르면 맑은 소주는 위로 뜨고 탁한 막걸리는 아래로 가라앉는다. 이것을 마시면 막걸리와 소주를 동시에 마시게 되고, 시원함과 따뜻함을 동시에 느끼며, 두 가지 술을 동시에 즐기게 된다. 다만 다른 술과는 달리 다섯 잔 이상을 마시면 아무리 술꾼이라 해도 대취하니 조심하라는 내용이다.

조선 말기가 되면 혼돈주는 탁주를 지칭하는 개념에서 두 가지 술을 섞어서 높은 도수로 즐기는 술을 의미하는 것으로 바뀐다. 요즘 말하는 폭탄주의 원류라 해도 과언이 아닐 정도로 즐기는 방식이 흡사하다.

❀ 늘 선물로 애용되던, 늘 후하게 퍼주던 우리의 술 ❀

근대 이전 기록에서 선물로 자주 등장하는 품목을 살펴보면 생필품이 제법 많다는 사실을 발견하게 된다. 아무래도 자본이 구성하는 지금의 사회와는 다른 방식으로 돌아가기 때문일 것이다. 생활을 하기 위해 양반들이 할 수 있는 일은 관직이었는데, 문제는 연봉이 그리 많지 않았다는 점이다. 가족들을 부양하기 위해서는 연봉이 부족했고, 그 부족분을 채운 것은 주변 사람들에게 받은 선물이었다.

그러나 빈부와 관계없이 늘 선물로 자주 애용되었던 것 중의 하나가 바로 술이었다. 예로부터 우리나라 사람들의 담배 인심과 술 인심은 정평이 나 있었다. 술자리에서 모르는 사람이라도 술 한잔 권하기 일쑤였고, 주머니 사정이 좋지 않아도 호기롭게 술값을 내는 경우가 많았다. 술 선물에 대한 기록을 찾아보면 의외로 많지 않은 것은 아마도 다른 사람 집에 방문할 때 술을 가지고 가는 것이 일상이었기 때문일 수도 있으리라는 생각이 든다.

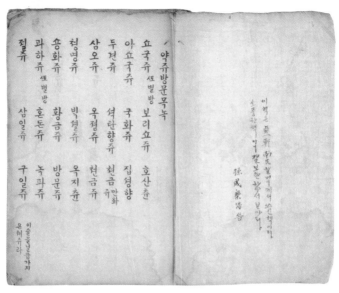

각방별양

조선 후기 정일헌 남씨가 술과 음식의 조리법을 담은 책이다. 혼돈주, 소국주, 국화주 외 다수의 술 제조법이 수록되어 있다. 국립민속박물관 소장.

일상에서의 술 한잔이 힘들고 험난한 세상을 헤쳐나가는 힘을 주기도 하지만, 때로는 본의 아닌 실수를 유발해서 천고의 죄인이 되기도 한다. 술은 늘 두 얼굴을 가지고 있어서, 어떤 얼굴의 술을 만나서 즐기는가에 따라 나의 삶이 달라진다. 양주동 선생의 《문주반생기(文酒半生記)》라든지 변영로 선생의 《명정사십년(酩酊四十年)》 같은 책은 술과 풍류와 문화를 담은 명저들이 아니던가. 그 속에서 술과 함께 문학과 예술과 인생을 노래하며 살아갔던 당대 재사들의 삶을 읽어낸다.

게다가 청록파 시인으로 알려진 조지훈 선생은 〈주도유단(酒道有段)〉

한자리에 모인 청록파 시인들
왼쪽 둘째부터 박두진, 박남수, 조지훈, 박목월. 중앙포토 제공.

이라는 글에서 술을 마시는 사람들의 급수와 단을 분류하기까지 했다. 술을 마시지 못하는 '부주(不酒)'를 9급으로 정한 것을 시작으로 술의 진짜 경지를 배우는 '학주(學酒)'를 1급으로 놓았고, 술의 취미를 맛보는 '애주(愛酒)'를 1단으로 놓고 술 때문에 세상을 떠나는 '폐주(廢酒)' 혹은 '열반주(涅槃酒)'를 9단으로 놓았다. 이 글을 쓰던 당시 조지훈 선생은 학주라 자처했지만 결국은 열반주를 마신 9단의 경지에 이르렀으니, 술이란 참으로 인생을 논하는 다양한 모습과 단계가 있다는 생각이 든다.

굳이 주도에 급수와 단을 따지지 않더라도, 우리나라 사람들은 누구나 술과 관련한 일화를 몇 개씩은 가슴에 품고 살아간다. 그만큼 우리 삶 속에서 술은 없어서는 안 될 음료였고, 내 인생의 벗이었다. 술도 혼자 마시는 것을 즐기는 사람이 있는가 하면 여러 사람이 어울려 왁자하게 즐기는 사람도 있다. 어떤 것이 좋은지는 사람의 취향에 따라 다르겠지만, 나는 벗과 함께 호젓이 마시는 술이 좋다. 청나라 초기의 문인 장조張潮(1650~?)가 쓴 《유몽영(幽夢影)》에 이런 구절이 나온다.

> "정월 대보름에는 호탕한 벗(豪友)과 마셔야 하고, 단오에는 고운 벗(麗友)과 마셔야 하며, 칠석에는 운치 있는 벗(韻友)과 마셔야 한다. 추석에는 담박한 벗(淡友)과 마셔야 하며, 중양절에는 뜻 높은 벗(逸友)과 마셔야 한다."

그렇지만 누군들 어떠랴. 함께 앉아 술을 마시는 벗이 있다면 그것만으로도 충분히 행복해할 만한 일이다.

책을 마치며

선물, 우리와
공동체를
건강하게 만드는 힘

● 선물과 뇌물 사이의 경계 ●

조선 후기 가사문학의 대표 작가로 꼽히는 박인로朴仁老(1561~1642)는 〈누항사陋巷詞〉에 흥미로운 일화를 수록하였다.

농사일을 해야 하는데 밭을 갈 소가 없으니, 민망함을 무릅쓰고 옆집에 가서 소를 빌려야 한다. 달도 없는 황혼, 초경初更이 훨씬 지난 시간에 허둥지둥 달려가서 닫힌 문 앞에서 기침을 크게 하고 자신이 온 용건을 어렵게 꺼낸다. 염치없지만 소를 빌려달라는 말을 하자, 소 주인은 즉시 거절한다. 공짜든지 값을 치르든지 소를 빌려주면 좋겠지만, 어젯밤 다른 사람이 수꿩 한 마리를 잘 구워내고 갓 익은 술을 걸러서 취하도록 자신을 대접하기에 소를 빌려주겠다고 약속했다는 것이다.

박인로 자신의 경험이 스며있는 듯한 이 일화를 읽으면서, 시골에서 소 한번 빌리는 데에도 이렇게 접대를 해야 하니 그마저도 사정이 안 되는 사람들은 어찌 했을까 하는 생각을 해본다. 소 주인에게 꿩고기와 술을 대접하는 것은 선물을 증여하는 형태를 띠고 있지만, 자세히 따져보면 선물 문화와는 일정한 거리가 있다. 꿩고기와 술을 주고 소를 빌리는 것은 대가를 치르고 필요한 것을 얻는다는 점에서 오히려 상품에 가깝다. 개인적 이익을 위한 공여와 다름없기 때문에 선물보다는 뇌물이라고 하는 쪽이 더 그럴듯하다. 물론 온전히 뇌물인가에 대해서는 논란의 여지가 있지만, 적어도 선물이 가지고 있는 호혜성과는 분명히 차이가 있다.

조선 후기 문인 윤기尹愭(1741~1826)는 청탁과 뇌물에 대한 글에서 이런 말을 한 적이 있다. "사람에게는 수오지심(羞惡之心)이 있으니, 이것이 본연의 성품이므로 끝내 세속을 따라 변하지 않아야 한다"고 하면서 옛 책에 나오는 '공평(公平)'이니 '청렴하다[廉介]'느니 하는 말은 이제 쓸모없는 것이 되고 말았다는 것이다. 그리하여 "크게는 윤리에 맞는지의 여부, 의리에 합치되는지의 여부, 국가의 계책, 관직의 좌천과 승진에서부터 작게는 공적으로나 사적으로 빌려주고 빌리는 것, 농사의 품팔이와 경작, 매매와 출납, 원근에 따른 편리함과 불편함에 이르기까지 세간의 일이 모두 뇌물과 청탁 때문에 뒤바뀌어 나오니, 천리가 끊기고 사욕이 횡행하여 세상의 도의와 사람의 마음이 극도로 패악하고 문란하게 되었다"고 했다.* 선물과 뇌물의 차이를 여기서 볼 수 있다. 중요한 것은 어떤 물건을 주고받을 때 개인적인 욕심이 개재해 있는지, 그리하여 사회의 공적 관계를 깨는 부분이 있는지 하는 점이 판단 기준이라 할 수 있겠다.

❀ 뒤틀린 관행 앞에서 변질되는 선물의 가치 ❀

자본이 지배하는 우리 시대에도 여전히 선물 문화는 일상의 큰 축을 담당하고 있다. 결혼식이나 장례식에서 축의금이나 조의금을 주고받는 행위는 그 폐해를 꾸준히 지적하고 있음에도 불구하고 사회적 관행으로 인식되어 여전히 시행된다. 뿐만 아니라 친척이나 지인이 삶의 중요한 변곡점을 맞았거나 생일 같은 특별한 날을 당하면 선물을 주면서 축하와 격려의 인사를 전하곤 한다. 함께 근무하다가 사직을 하거나 이직을 할 때 식사라도 한 끼 하면서 그동안의 노고를 치하하고 미래를 축하하

※ 蓋人有羞惡之心, 是本然之性, 故終有不隨俗而變者 …(중략)… 古紙上所謂公平廉介等字, 遂作無用底物事 …(중략)… 其他大自倫紀離合義理向背軍國猷爲內外黜陟, 細至公私借貸田土備作買賣輸納遠近便否, 世間萬事, 罔不從這裏變幻出來 …(중략)… 蓋至此而天理滅絕, 私慾橫流, 世道人心, 悖亂極矣. (尹愭,〈論請託賄略〉,《無名子集》文藁 第10冊)

곤 한다. 이러한 것들이 모두 선물의 문화를 구성하는 행위다.

　그러나 이러한 행위의 이면에 자칫 선물을 넘어서 뇌물의 경계로 들어가는 경우가 많다. 선물과 뇌물의 경계는 대단히 모호해서 판단하기 어려운 것이 사실이다. 앞서 윤기의 발언처럼 사람 마음에 수오지심이 깃들어 있고 하늘의 이치와 공평함이 살아있다면 물건의 공여는 아름다운 선물로 이해될 수 있다. 그렇지만 어디까지가 공평함인지는 사람에 따라 그리고 행위가 위치하고 있는 삶의 맥락에 따라 다르게 해석될 수 있다. 그 일의 당사자들조차 해석을 달리할 수 있다. 우리 시대에도 뇌물을 판단하는 중요한 근거로 대가성이 있는지 여부를 논의하지만, 어디까지가 대가를 바라고 한 일인지 분명하게 구분하는 것은 어렵다.

　이러한 문제가 늘 개재해 있기 때문에 청렴함을 중시하는 사람들은 아예 오해될 만한 소지를 없애기 위해 애를 쓴다. 뇌물을 받았다는 것이 알려지는 순간 개인의 명예뿐만 아니라 가문의 지명도 역시 추락하기 때문에 뇌물을 받은 것이 사실이라 하더라도 끝까지 아니라고 주장하기 일쑤다. 조선 시대 기록에서 가장 자주 등장하는 뇌물은 인사 청탁 때문이다. 좀 더 좋은 자리로 옮기기 위해, 혹은 승진을 위해 뇌물이 전달되는데 심한 경우에는 아예 집을 한 채 뇌물로 건네기도 했다. 그중에서도 가장 공공연하게 이루어지는 것은 전별금 같은 것이었다. 한 관료가 근무지를 떠나게 되면 그동안의 노고에 감사를 표하고 앞날을 축복한다는 의미에서 건네는 약간의 노잣돈을 전별금이라고 한다. 전별금의 전통은 지금까지도 남아있어서 언론에 심심치 않게 오르내린다. 과연 전별금이 뇌물인가 아닌가 하는 문제는 우리 사회의 오랜 숙제와 같은 것이었다. 전별금을 마련하는 사람들이 자발적으로 한 것인지에 따라 선물과 뇌물로 구분되는 것이지만, 문제는 하나의 관행처럼 굳어져서 전별금을 건네지 않으면 오히려 이상한 상황이 되어 버리는 것이었다.

대부분의 관료가 전별금과 함께 자신을 위해 세워주는 선정비(善政碑)에 흐뭇한 마음을 가지고 다른 임지로 떠나지만, 이조차도 불편하게 생각한 관리들은 자신에게 주어지는 전별금을 단호하게 거절하기도 했다. 지역민들이 한사코 전별금을 건네면 자기만의 방식으로 그 문제를 해결하기도 했다.

17세기 초 허균의 〈호서장서각기(湖墅藏書閣記)〉(《성소부부고》권6)에 흥미로운 이야기가 전한다. 허균이 강릉에서 잠시 지낼 때 당시 강릉부사를 지내던 유인길柳寅吉(1554~?)이 다른 곳으로 옮겨가게 되었다. 그는 허균에게 명삼(明蔘) 32냥을 건네주면서 처리를 부탁한다. 공납을 하고 남은 것이라고 했다. 허균 역시 오해받기 싫어서 강릉 고을의 학자들과 함께 사용하겠노라고 하였다. 훗날 그가 중국에 사신으로 갔을 때 그 돈으로 《육경사자(六經四子)》, 《성리대전(性理大全)》, 《국어(國語)》, 《사기(史記)》, 이백과 두보와 한유와 구양수의 문집 등 많은 책을 구입해서 강릉향교로 보냈다. 그런데 강릉향교의 선비들은 명삼을 처리하는 논의에 참여하지 않았다는 이유로 책을 받지 않았고, 이에 허균은 경포호변에 있는 별장에 책을 넣어두고 강릉의 유생이라면 누구라도 와서 볼 수 있도록 했다. 어쩌면 공공성을 띤 사설도서관의 첫 사례일 것이다.

공적인 재산을 함부로 처리하여 오해를 받지 않으려고 애를 쓰는 사람들의 모습이 이 글에 잘 드러나 있다. 이 역시 처리하기 곤란한 명삼을 되도록 공적인 방식으로 사용하고 그 결과를 구성원들에게 공개함으로써 뇌물의 혐의를 완전히 벗어나고 있다.

❀ 사회의 건강함을 이루는 데 큰 역할을 맡은 '선물' ❀

근대 이전과는 달리 자본주의 사회로 전환되면서 우리 시대에 선물은 매우 민감하고 조심스러운 것이 되었다. 오죽하면 〈부정청탁 및 금품 등 수수의 금지에 관한 법률〉이 시행되어 선물의 범위와 규모를 정하기까지 하겠는가. 그동안 우리 사회가 선물이라는 이름으로 엄청난 뇌물이 오갔다는 것을 반증하는 사건이다. 당장 이 법안 때문에 우리 사회의 청렴도가 높아질 것으로 보이지는 않는다. 뜻하지 않은 폐해도 속출했다. 그러나 청렴함에 대한 사회적 인식은 높아졌고, 선물의 이름으로 행해지는 뇌물 역시 구성원들의 눈초리를 이전보다 더 강하게 받게 되었다. 선물의 이름으로 자행되는 뇌물의 고리를 끊어버리고 이로 인해 사회적 인식이 변화하면 우리 사회 역시 더욱 청렴해질 것이다.

그렇다고 해서 자신의 마음을 담아 누군가에게 소중히 물건을 전하는 선물이 완전히 없어져야 할 것인가. 전혀 그렇지 않다. 구성원들이 하나의 사회를 이루면서 조화롭게 살아갈 수 있는 이면에는 서로에 대한 신뢰와 함께 구성원 개인이 수행하고 있는 역할에 대한 고마움이 전제되어 있다. 신뢰와 고마움에 대한 보답으로 우리는 즐거운 마음으로 선물을 건넬 수 있어야 한다. 선물의 크기와 화폐가치를 논하자는 것이 아니라, 그 안에 담긴 마음의 무게를 생각하자는 것이다. 받은 사람은 자신에게 선물을 준 사람에게 답례의 의무를 다해야 하지만, 그 답례가 증여한 사람만을 향하는 것은 아니다. 누구에겐가 받은 기쁨은 전혀 다른 사람에게 향하면서 사회적 파급력을 강하게 가진다.

물건이 건강한 순환을 할 때 우리 사회의 경제 역시 건강하다. 건강한 순환에 기여하는 물건이야말로 선물의 본질이다. 근대 이전의 선물에 대한 기록을 읽노라면 당시 사람들의 일상생활은 선물로 꾸려졌다 해도 과언이 아닐 정도로 많은 선물이 다양한 계기로 증여되고 순환되었다. 우리 주변을 돌아보면 우리의 일상 역시 엄청난 선물로 구성되어 있고 꾸려져 가고 있다는 점을 깨닫게 된다. 나도 모르는 사이에 주기도 하고 받기도 하면서 수많은 선물이 우리를 거쳐서 흘러간다. 그러나 자본의 힘이 거대하면 할수록 선물의 영역 중에 넓은 부분이 점점 상품의 영역으로 포획되어 가고 있다. 그것은 동시에 선물을 통해 구성원들 사이에 형성되었던 인정과 유대감이 옅어지고 있음을 의미한다.

　공동체의 구성에 기여하는 선물의 역할은 말로 아무리 설명해도 이해시키기 어렵다. 실제로 선물을 주고받은 경험이 있어야 선물의 중요성을 알게 된다. 선물을 주었을 때의 기쁨이 받았을 때의 기쁨보다 더 큰 경우가 있다는 것을 어떻게 설명할 것인가. 그런 기쁨을 어떻게 객관적 지표와 논리로 설명할 수 있겠는가. 분명한 것은 사심 없이 즐거운 마음으로 선물을 주고받아야 비로소 우리 사회가 조화로운 공동체로 유지되어 갈 것이다. 그리고 그 안에서의 건강한 순환은 상당 부분 선물의 몫이다.

물건과 사물

인물

《부안김씨우반고문서》, 한국정신문화연구원, 1983.

강혜선, 〈사화를 겪은 매화 분재〉, 《문헌과해석》 제62호, 태학사, 2013.

김상호, 〈정조연간의 사각역서발매사건 연구〉, 《서지학연구》 제66호, 한국서지학회, 2016.

김풍기, 《독서광 허균》, 그물, 2013.

김혁, 〈조선 시대 지방관의 선물정치와 부채〉, 《영남학》 제15집, 경북대학교 영남문화연구원, 2009.

마르셀 모스 지음, 이상률 옮김, 《증여론》, 한길사, 2002.

박성래, 〈한국 전근대 역사와 시간〉, 《역사비평》, 2000년 2월.

심호남, 〈조선 후기 부채에 대한 실증적 연구〉, 《동아시아고대학》 제49집, 동아시아고대학회, 2018년 3월.

유기옥, 〈나헌용의 벼루 소재 묘갈명의 의인화 양상과 의미 연구〉, 《우리문학연구》 제38집, 우리문학회, 2013년 2월.

이민희, 〈여용국전 연구〉, 《동방학지》 제135권, 연세대학교 국학연구원, 2006.

이정모, 《달력과 권력》, 부키, 2001.

이창경, 〈조선시대 관영제지생산에 관한 고찰〉, 《아시아민족조형학보》 제7집, 아시아민족
　　조형학회, 2001년 12월.

전경목, 〈분재기에 나타난 조선시대 생활 풍속의 변화〉, 《대동사학》 제1집, 대동사학회,
　　2002.

전혜수·우미옥, 〈조선후기 가전체 소설 〈여용국전〉에 나타난 우리나라 전통화장문화〉,
　　《한복문화》 제15권 제1호, 2012.

정복남, 〈갖옷에 관한 연구〉, 《복식》 제23권, 한국복식학회, 1994년 11월.

정성희, 〈조선 후기 역서의 간행과 배포〉, 《조선시대사학보》 제23집, 조선시대사학회,
　　2002.

한문 원문 인용서는 별도의 참고문헌으로 작성하지 않았습니다.

목록에 수록하지 않은 도판은 작품명 등을 본문에 기재하였습니다.